此书获西南交通大学马克思主义学院
学术著作出版资助

中国共产党创办的报刊是传播党的理论和政策的权威平台，关系党的声音能否“到群众中去”，亦是反映群众意愿与人民心声的大众化媒介，蕴含党和人民群众在特定时代的原创性资料、原始性文本。作者对20世纪40年代《群众》周刊在香港的舆论宣传进行了深度挖掘，展现了《群众》周刊香港版关注时局、回应时局的办刊思想，体现了中国共产党人的家国情怀、求实精神与时代眼光，具有重要学术价值和现实意义。

——陈金龙　华南师范大学中共党史党建研究院院长、教授，博士生导师，教育部“长江学者”特聘教授，国家“万人计划”领军人才。

20世纪40年代，《群众》周刊曾作为中国共产党的理论刊物公开在香港出版发行。在尖锐复杂的斗争环境中，它所发挥的历史作用、所提供的历史经验、所带来的深刻启示，在中国近现代史和中国共产党的新闻宣传史上都占有重要地位。作者选取1947—1949年《群众》周刊在香港这个特殊地区和重要历史节点作为研究主体，将中国共产党的党刊宣传置于战后国共关系的大背景下进行深入探讨，以揭示1947—1949年中国共产党在香港意识形态领域的活动图像。这样的切入方式和主题研究，学界以往鲜有触及。该书为我们提供了一项有重要价值的研究成果，有助于我们更好梳理在上述时段政治宣传与政党政治兴衰之间的关系。

——仝华　北京大学马克思主义学院教授，博士生导师。北京大学中国特色社会主义理论体系研究中心研究员。教育部“中国近现代史纲要”课教学指导委员会委员，中央马克思主义理论研究和建设工程重点教材《中国近现代史纲要》编写组主要成员。

《群众》周刊创办后，伴随着跌宕起伏的时局先后辗转于汉口、重庆、上海，最后在国共内战正酣的 1947 年迁到香港。"首先是战士，然后才是学者"，在香港中共通过《群众》周刊与国民党展开了激烈的舆论争夺。在这场没有硝烟的战争中，《群众》周刊既是反蒋反美的急先锋，亦是中共在港宣传自身、开展统战工作的先行官。作者巧妙地将《群众》周刊放置在"斗争"的大背景下，研究该刊如何利用香港的特殊地位，如何营造"众声喧哗"讲好中共故事等内容，原本沉闷的学术研究一下子变得生动、活泼。

——杨宏雨　复旦大学马克思主义学院教授，博士生导师。长期从事中共党史和中国近现代思想文化研究，在《复旦学报》《华东师范大学学报》《中共党史研究》《学术界》《江淮论坛》《安徽史学》等刊物上发表学术论文 80 多篇。文章多次被《新华文摘》、人大报刊复印资料转载。所著论文《〈论联合政府〉毛泽东对中国现代化的首次全方位设计》获 2020 年获第九届张静如中共党史党建优秀论文三等奖。

香港一域，地方虽小，但国际政治形势极其复杂，政治斗争形势也极为激烈。来自美国、英国、蒋介石政权等等的各种力量盘踞于香港社会的方方面面，中国共产党要在这重重的包围圈中突围、要在香港成功开辟新的舆论宣传阵地，本身就是一件"不可能的任务"。但是，《群众》周刊的出现及发展，正好向世人验证了"事在人为"的硬道理。透过对《群众》周刊的研究，本书为我们在千头万绪的研究材料中，深刻地彰显了老一辈文化战士的艰苦卓绝之行，非有远大文化理想及政治抱负者实不能矣！作者翔实地厘清了《群众》周刊撰稿群体的历史使命与时代担当，不但让我们从中了解到他们的活动细节及历史贡献，同时还为我们进一步深入研究香港的社会历史脉络提供重要的观察视角。

——陈学然　中国近代史专业博士，香港城市大学中文及历史学系副主任及副教授；博士生导师。研究领域包括：近代中国与香港、香港文学与文化专题、中国文化要议。香港国史教育中心顾问，香港教育局委托"教师专业课程发展系列：高中中国语文科优化措施——课程及评估的规划与实施"课程主任。著作《五四在香港》获第八届香港书奖；《国家之间：五四在香港百年回望》获第三届香港出版双年奖、社会科学出版奖。

《群众》周刊在香港

CHUIN CHUNG WEEKLY

何薇 著

中共党史出版社

图书在版编目（CIP）数据

《群众》周刊在香港 / 何薇著 . -- 北京：中共党史出版社，2023.8

ISBN 978-7-5098-3513-5

Ⅰ . ①群… Ⅱ . ①何… Ⅲ . ①中国共产党－刊物－史料－香港 Ⅳ . ① G219.29

中国国家版本馆 CIP 数据核字（2023）第 099778 号

书　　名：《群众》周刊在香港
作　　者：何薇

出版发行：中共党史出版社
责任编辑：王鸽子　朱丹（特约）
责任校对：申宁
责任印制：段文超
社　　址：北京市海淀区芙蓉里南街 6 号院 1 号楼　邮编：100080
网　　址：www.dscbs.com
经　　销：新华书店
印　　刷：北京盛通印刷股份有限公司
开　　本：720mm × 1000mm　1/16
字　　数：280 千字
印　　张：20.75
版　　次：2023 年 8 月第 1 版
印　　次：2023 年 8 月第 1 次印刷
书　　号：ISBN 978-7-5098-3513-5
定　　价：60.00 元

此书如有印装质量问题，请联系中共党史出版社读者服务部 电话：010-83072535

目　录

导　论 /1

第一章　《群众》周刊与国共两党在香港的舆论争夺战 /18

第一节　《群众》周刊从汉口到香港 /21

一、中国共产党党刊溯源以及《群众》周刊的创办 /23

二、中国共产党在香港开辟新的舆论宣传阵地 /26

三、《群众》周刊编委构成以及发行情况 /34

第二节　1947—1949 年国共在香港的宣传部署与策略 /38

一、国民党在香港加强宣传部署 /38

二、1947—1949 年中共中央对新闻宣传的相关指示 /46

三、中国共产党严格和规范党刊的新闻宣传制度 /51

第二章　《群众》周刊对中国共产党土地改革的宣传 /59

第一节　对《中国土地法大纲》的宣传 /61

一、对 1946 年以来的土地改革的总结 /61

二、对《中国土地法大纲》展开宣传攻势 /66
三、设立“解放区报道”专栏，介绍土地改革成就 /75
四、读者专栏的作用 /79
第二节　对纠正“左”的偏向的宣传 /80
一、刊发纠偏的相关文件，报道土改整党的典型经验 /83
二、专论分析“左”的偏向的原因以及纠偏的案例 /86
三、对新区土改的宣传 /88

第三章　《群众》周刊对国共军事较量的报道和宣传 /93
第一节　战火硝烟中的战事报道和宣传 /94
一、“登什么”“怎么登”/94
二、对内战初期东北战局的报道 /101
三、对中国共产党高级将领的人物专访 /111
第二节　对人民解放军转入战略进攻的报道 /117
一、对西北战场宜川大捷的评述 /117
二、对济南战役的报道与评述 /121
三、对三大战役的报道 /127
第三节　颂扬长征故事、将革命进行到底 /141
一、《群众》周刊讲述《长征故事》/141
二、《群众》周刊宣传《长征故事》的意图 /148
三、《长征故事》与中国共产党“将革命进行到底”的新使命 /153

第四章　由美国对华白皮书引发的一场批判与宣教 /160

第一节　严斥美国大规模援蒋 /160

一、中国共产党对美蒋发起舆论斗争 /160

二、《群众》短评专栏揭批美国军事和经济援蒋 /165

三、《群众》周刊发表社论集中火力反对美国援蒋 /170

第二节　对白皮书的批判 /179

一、批判白皮书所引发的热议 /181

二、对“摇摆不定”的知识分子宣教 /183

第三节　中国共产党“严防美国在华新闻侵略” /189

一、美国新闻处在华活动 /189

二、中国共产党“严防美国的新闻侵略” /191

第五章　“首先是战士，然后才是学者”——《群众》周刊撰稿人群体 /202

第一节　《群众》周刊撰稿人 /205

一、枪杆子和笔杆子一起抓的方方 /205

二、精于国际问题分析的乔冠华 /211

三、学识渊博、文风泼辣的华岗 /215

四、解读新民主主义工商业政策的许涤新 /222

五、深刻剖析知识分子问题的胡绳 /230

六、办刊能手章汉夫 /238

第二节　《群众》周刊编委在外围刊物上撰文及其影响 /244

第三节　《群众》周刊以“友声”专栏营造“众声喧哗” /249

一、“友声”专栏的来由 /250
二、《群众》周刊香港版“友声”专栏的作用 /253
三、对华人华侨的宣传 /257

结　语 /275
附　录 /281
参考文献 /315
后　记 /325

导　论

一、研究缘起

抗战胜利后，中国共产党在香港创办的报刊有《正报》《华商报》《群众》周刊，各自担负着不同的使命：《华商报》主要是对在港各民主党派给予舆论支持；《正报》作为中共广东区委机关报，主要任务是转载《解放日报》社论、时事评论和解放区的通讯报道；《群众》周刊是在中国共产党控制区外公开出版的党的理论刊物。选择1947—1949年的《群众》周刊作为研究对象，基于以下几个原因：

其一，《群众》周刊自身的史料价值。

《群众》周刊作为中共中央机关刊物，其目的是向香港和海外及时准确地传达中国共产党的声音。1947—1949年《群众》周刊在香港共刊登140多篇新华社社论，通过这种直接影响社会舆论的宣传手段，宣告中国共产党的立场和观点。除每期以大量版面实时报道中国共产党的重大政治、经济、文化、军事新闻外，还登载抨击国民党统治的时评、短评文章170多篇；涉及人物介绍文章共有51篇，例如，《王震将军和他的部队》《三千万人的舵手——聂荣臻将军》《天才指挥家——刘伯承将军》《三位妇女领袖的简历——蔡畅、邓颖超、张琴秋》等；登载了毛泽东、朱德、陈毅、彭德怀、聂荣臻、徐向前、叶剑英、刘伯承等重要人物的照片；反映人民解放军攻占沈阳、长春等大城市的场景以及国民党被俘将领、投诚将领的照片多达100幅；刊载中国人民解放军总部公布的战绩和军情分析文章300多篇，同时配有中国人民解放军军事攻势图；刊载的讽刺漫画280余幅。

以上粗略统计可以看出，1947—1949年的《群众》周刊香港版体裁广泛、内容有极强的现实针对性和纪实性，是梳理和揭示战后初期中国共产党为建构政党政治合法性进行舆论宣传活动的重要史料；是对国共两党政治宣传和意识形态活动进行比较研究的重要史料。

其二，《群众》周刊阵容强大的撰稿群体。

这个撰稿群体按身份可以分成三个类别：

一是《群众》周刊的主要负责人和编委：乔冠华、华岗、潘梓年、章汉夫、许涤新、戈宝权、林默涵、范剑涯。

二是中国共产党新闻战线上的领导，如：夏衍（1944年8月任《新华日报》代总编辑）、熊复（重庆《新华日报》编辑部主任、总编辑）、张友渔（1946年任中共四川省委副书记兼宣传部长、《新华日报》社长）、杨赓（历任新华社东北前线分社社长、《东北日报》通讯采访部部长、新华社东北野战军总分社社长等职）、石西民（1946年10月任新华通讯社社委和《解放日报》副总编辑）、杨放之（晋冀鲁豫边区《人民日报》总编辑）、李普（1948年7月新华社中原总分社成立，任采访部主任）、朱世纶、陈舜瑶（抗战期间在重庆第十八集团军办事处周恩来身边任宣传秘书）。

三是中国共产党统战和财经工作专职人员。蔡北华（1946年5月先后在重庆南方局和上海中共办事处机关开展工商界统一战线工作，研究财政经济问题。同年11月任中共香港工委、经商委员会委员、香港《经济导报》主编、建中工商专科学校校长等职务。后任上海市委统战部部长)、徐光霄(1946年参加中共驻南京代表团，从事统一战线工作)。任以沛(中共香港工作委员会外事委员会委员)、方卓芬(曾在红岩八路军办事处稽要科、南方局宣传部、统战委员会经济组工作，1946年任上海工委财经委秘书，在中共香港工委领导下办了一个经济资料室，她着手搜集国民党的经济情报，为准备接管大城市，编写一批国民党四大家族资料，中纺公司，资料委员会有关资料，以及国民党区的动态资料)。

这个撰稿群体在中国共产党的理论刊物上发表建言，阐述对中国共产党重大政策的认识、对建立民主国家的期盼、对时局的见解、对民主的追求，对构建中共党刊政论语体作出了历史贡献。

其三,《群众》周刊在香港刊发的特殊性及其重要的历史节点。

从1947年1月30日至1949年10月20日,《群众》周刊在香港公共文化领域中为构建一幅宏大而合理的民主国家愿景，为获取社会心理的广泛认同，对中国社会的意识形态动员与政治“形塑”作出了重要贡献。《群众》周刊是一个巨大的资料宝库，有待我们去进一步挖掘和开发。

其四，1947—1949年《群众》周刊在香港传播对中国共产党形象塑造发挥着重要功能和作用。为获取社会各界的广泛认同，最大程度地在公共文化领域中进行新政权意识形态的动员。

二、研究的目的与意义

1. 研究目的

本研究主要梳理清楚以下几个问题：

一是评价1947—1949年《群众》周刊的历史作用。

1947年1月30日《群众》在香港创刊，按照中央和周恩来的指示，《群众》周刊在香港的办刊方针是：揭露国民党的法西斯统治，揭露破坏“停战协定”、破坏“政协”协定，进攻解放区的背信弃义；揭露国民党为打内战，不懈向美帝国主义出卖民族利益，使中国殖民地化危机愈加严重；揭露国民党官僚资本的掠夺、苛捐杂税、恶性通货膨胀；大力介绍和宣传中国共产党解放区的成就。围绕这个宣传方针,《群众》周刊向港澳和海外地区及时、准确地宣传中国共产党的各项政策，竭力引导社会舆论了解和认识新民主主义理论；较全面地记录 1947—1949 年在香港部署舆论宣传和实施成效的全过程，集中反映中国共产党娴熟的宣传技巧和宣传理念。

二是《群众》周刊对中共新政治形象的“形塑”做出的重要理论贡献。

1947—1949 年的《群众》周刊广泛深入地宣传中国共产党各项政策；及时报道国共战局发展趋势；剖析国统区政治经济社会危机；竭力宣讲政党政治理论，发挥党媒的舆论引导力和影响力。为完成中国共产党新政治形象的“形塑”，为赢得民众对中共的最大支持和认同,《群众》周刊作出了重要理论贡献。

三是《群众》周刊撰稿人群体的理论贡献和历史作用。

集中选取章汉夫、华岗、方方、许涤新、胡绳、乔冠华等人作个案研究并进行群体分析。梳理他们对新民主主义政治、经济、军事、文化、社会等理论与政策的理论贡献和历史贡献。

四是《群众》周刊的舆论引导力。

1947—1949 年《群众》在统战策略下实现了“众声喧哗”，打破国民党舆论控制，著名民主人士和各民主党派负责人为党刊撰文，实现对社会舆论的引导作用。

2. 研究意义

《群众》作为报刊研究的个案，其研究的模式具有重要的学术价值。首先,《群众》作为中国共产党的理论刊物公开在香港出版发行，与中国共产党在解放区所创办的报纸不同，它处于尖锐复杂的斗争环境，它所发挥的历史作用、所提供的历史经验、所带来的深刻启示，在中国近现代史上和中国共产党的新闻宣传历史上都占有极其重要的历史地位。其次，从政党新闻宣传历史作用来看,《群众》周刊研究为我们提供一份有价值的范本和借鉴，有助于我们更好地梳理剧变年代下政治宣传与政党政治兴衰成败之间的关系。

本书选择1947—1949年《群众》周刊在香港这个特殊的地方和重要的历史节点作为研究主体，试图将中国共产党的党刊宣传与战后国共之争作联系，以揭示1947—1949年中国共产党在香港的意识形态领域的活动图像。这样的切入方式和主题研究在目前学界鲜有触及。

特别值得注意的是，1997年中共中央宣传部发出通知，要求将“宣传”一词由过去的“propaganda”改为“publicity”，将“宣传”定义为“publicity”，中国共产党巧妙地消除了岁月附在“宣传”语义上纠缠不清的歧义与误读，展现向世界客观、全面地介绍和报道中国的政治智慧与胆识。这一年恰好是《群众》周刊在香港创刊50年。这其间有着怎样的暗合和启示是值得深思和考量的。1947年1月30日在香港创办党刊的活动已成为历史，但利用党刊控制香港舆论宣传阵地，凝聚共识、创新对外宣传方式，进行卓有成效的人民民主统一战线活动，这些历史记忆有着重要的启示意义。

三、学术史回顾

1. 关于《群众》周刊研究

报刊研究是近年来的热点，由于报刊具有及时、真实、资料丰富等特点，历史与新闻报刊之间关系显得尤为密切。① 研究者把报刊作为史料来利用，专门研究某一报刊的成果日益增多。报刊研究的成果主要集中在《大公报》《东方杂志》《观察》。与此同时，中共党刊也逐渐被重视起来。曾任《红旗》杂志社副总编辑的方克著有《中共中央党刊史稿》（红旗出版社2008年版），以翔实的材料，深入的分析，论述中国共产党在不同历史时期所办刊物的情况，帮助我们了解党刊地发展历程，对中国共产党党刊研究作出了开拓性贡献。之后，王鹏程在《〈中国青年〉周刊研

① 雷戈：《第三种历史：一个历史新闻学的文本》，人民出版社2007年版。

究（1923—1927 年）》（华中师范大学博士论文 2011 年）论著中，对《中国青年》杂志作梳理考察，分析刊物的缘起、创办宗旨、编辑特点、出版方法、发行策略等；统计作者、编者与读者群，揭示了《中国青年》与这一时期的青年运动互动关系，选取的新视角和研究的新方法都大大推进了对中共党刊的专题研究。

学界关于《群众》周刊的研究成果大致情况如下：

首先，最早的研究成果是《群众周刊史（1937—1949 年从武汉重庆上海到香港）》（郑新如、陈思明，中共党史出版社 1998 年版）。该书将《群众》周刊分为汉口、重庆、上海、香港四个时期，较为详细地梳理《群众》周刊在各个艰险历史环境下完成宣传任务的概况。如：概括性地介绍敌后游击战和抗日根据地创建时期；在抗战进入相持阶段《群众》周刊发表文章揭露日军的政治诱降阴谋，以及亲日派和民族失败主义散布妥协投降论调，组织文章驳斥张君励反共言论；对 1943 年抗日根据地的经济建设、政治民主建设成果进行宣传，介绍毛泽东《在延安文艺座谈会上的讲话》在国统区进步文化界进行传达的历史情况。以上内容占据该书三章篇幅。第四章主要介绍《群众》在上海的办刊情况。涉及内容大致有：对美国扶蒋反共政策的揭露；对蒋介石独裁统治压制民主力量，以及国统区爱国民主运动的宣传；概略性地介绍《群众》在上海被停刊的简要过程。第五章对涉及国共军事较量、国统区经济总崩溃、国统区的爱国民主运动等历史主题的专论进行统计。

其次，对《群众》周刊文献进行整理的成果。

（1）《群众》周刊影印本（新华日报群众周刊史学会编著，中国和平出版社 1987 年版），把武汉、重庆、上海、香港四个时期的版本全部影印，成为完整的合订本，共计 14 分册，并新编出版《索引》上、下两册，为研究者掌握全套文本进行深入研究提供了便利。

（2）《群众周刊大事记》（红旗出版社 1987 年版）。该书以编年体的形式记叙了 1937—1949 年间《群众》的宣传内容，编辑整理了《群众》

周刊在12年间经历的重大历史事件，较清楚地反映了《群众》周刊经历的时代背景，对中共党刊研究的方法提供了可资借鉴的思路。

（3）中国共产党历史资料丛书以及各地纪念馆编撰的资料也有关于《群众》周刊的介绍。如：中共中央南方局党史资料征集小组编著的《南方局党史资料》（重庆出版社1990年版）；八路军武汉办事处旧址纪念馆编著的《八路军武汉办事处旧址纪念馆》（文物出版社2008年版）；中共“一大”会址纪念馆，上海革命历史博物馆筹备处合编的《上海革命史资料与研究第4辑》（上海古籍出版社2004年版）；中国共产党代表团驻沪办事处纪念馆编著的《上海周公馆中共代表团在沪活动史料》（上海人民出版社1994年版）；《记〈新华日报〉、〈群众〉周刊在上海的筹创》。

第三，《群众》周刊编委成员的回忆录和文集大致有：《新华之光——〈新华日报〉、〈群众〉周刊史学术研讨论文集》，《风狂霜峭录》（许涤新著，生活·读书·新知三联书店1989年版），《上海文化界奋战在“第二条战线”上史料集》（金炳华主编，上海人民出版社1999年版），《华岗纪念文集》（郑友成主编，青岛出版社2003年版），《杜埃散文新集》（杜埃著，重庆出版社1989年版），《方方文集》（广东人民出版社1990年版），胡绳全书（1—7卷）（人民出版社2003年版）。

第四，中国近现代新闻史、报刊史领域涉及对《群众》周刊介绍的专著大致有：《中国新闻事业通史》（方汉奇主编，中国人民大学出版社1996年版，第2卷）一书在“共产党报刊的公开出版”中介绍《群众》周刊的创办及初期的宣传；《中国新闻事业史》（彭红燕主编，武汉大学出版社2011年版）第九章“国统区的共产党报纸”对《群众》周刊也有部分简介；《建国前中国共产党报刊研究》（钱承军著，中国文联出版社2009年版）简要介绍《群众》周刊基本情况、主要栏目、历史作用。《抗日战争文化史（1937—1945）》（肖效钦、钟兴锦主编，中共党史出版社1992年版）第二节“国民党的新闻统制”介绍《新华日报》、《群众》周刊的艰辛历程。《广东革命报刊史》（1919—1949）（叶文益著，中共党史出版社 2001 年版）介绍了《群众》周刊在香港出版的情况。

第五，近年来《群众》周刊逐渐进入年轻学者的研究视野，硕博论文和专论成果有：《媒体的力量——抗战时期的〈新华日报〉及其影响》（王永恒，华中师范大学 2004 年博士论文），其论文第三部分《介绍〈新华日报〉发生影响的事证》中涉及《群众》周刊，梳理了《群众》周刊的发展脉络。《抗日战争〈群众〉周刊研究》（刘甜，中共中央党校 2012 年硕士论文），从文本的角度，研究《群众》周刊，利用大量图表进行归类整理。《〈群众〉杂志与中共抗战时期的社会动员》（胡俊修等，《光明日报》2013 年 1 月 30 日），从立意点、维度和方法三个方面提供了一个研究的新视角。《论群众周刊在抗日战争初期的动员》（张红春、雷国珍，《中共党史研究》2013 年第 6 期），《群众周刊的抗战政治动员研究》（张红春，湘潭大学博士论文 2013 年），对《群众》周刊在抗日战争时期社会动员的地位与作用进行系统研究，指出在抗战初期《群众》周刊围绕团结抗战进行政治动员，体现研究的新视角。

第六，2016 年所刊发的学术论文，研究成果表现为：对抗日战争时期《群众》周刊为广泛传播马克思主义所作出的贡献（郭启才，《群众》周刊与马克思主义中国化，《南开学报》2016 年第 3 期）；研究抗战时期《群众》周刊采取灵活多样、贴近实际的传播方法，认为它扩大了马克思主义在中国传播的范围、推动了中国化马克思主义的发展（何建娥、陈金龙，《群众》周刊与马克思主义在国统区的传播，《安徽史学》2016 年第 4 期）。

第七，对《群众》周刊人物研究的成果大致有：《周恩来革命舆论宣传及对中国抗战之路的贡献——基于〈群众〉周刊的分析》（崔璇，《延安党校学报》2015 年第 3 期）；《章汉夫与新华日报和〈群众〉周刊》（陈雷刚，《百年潮》2015 年第 8 期），《章汉夫在香港办群众周刊》（陈雷刚，《福建党史》月刊，2015 年第 5 期）。

综上可知，越来越多的研究者或以“政治动员”或以“马克思主义中国化传播的历史作用”为视角，聚焦抗日战争时期的《群众》周刊。同时，一些学者也开始关注《群众》周刊撰稿人的历史贡献。

2. 关于“中共宣传”的研究成果

以“中共宣传、传播、舆论”为关键词，检索与此相关的博士、硕士论文，成果如下：《中国共产党政治传播研究》（殷晓元，2012年湖南师范大学博士论文），《中国共产党的政治传播机制研究》（宋黎明，2007年中共中央党校博士论文），《近代中国舆论思想演迁》（倪琳，2010年上海大学博士论文）、《新民主主义革命时期中国共产党新闻管理思想研究》（刘江船，2006年苏州大学博士论文）。

这些成果总结了中国共产党在各个历史时期的新闻宣传实践，为党报党刊的个案深度研究提供了较为宏观的历史视野和历史场景。

以“propaganda in China”为关键词，检索国外博硕论文数据库，海外至今没有涉及1947—1949年中共意识形态宣传研究，更没有以《群众》周刊为个案的研究。

3. 关于中共在香港活动的研究成果

以“中共在香港”为关键词，在CNKI学术期刊网上进行检索，1988年11月—2016年11月间的相关学术论文共约15篇。如果以“中国共产党的对外宣传”为关键词，以“中国近现代史”为学科范围，在CNKI学术期刊网上进行检索，截至2017年1月，相关学术论文显示为8篇。再据中国国家图书馆网查询，以“中共在香港的宣传”为主题查询，显示成果如下：

《战后初期中共与香港进步文化》（袁小伦，广东教育出版社1999年版）；《中华民国专题史》第17卷《香港与内地的关系》（张宪文，张玉法主编；张俊义，刘智鹏著，南京大学出版社2015年版）。

综上所述，以战后初期（1945—1949年）为历史节点，关于中国共产党在香港的舆论宣传专题研究呈现出如下特点：

（1）介绍抗战胜利后中国共产党对香港工作的决策和香港分局成立、

对华南武装斗争的统一部署、在香港创办达德学院，以及在海外华侨中开展宣传工作，开辟自己的宣传文化阵地，到 1949 年 5 月中共中央华南分局从香港迁出，较为清晰地总结了 1945—1949 年中共在香港开展的文化、统战和宣传工作。大致有：《解放战争时期中共在香港的活动——一段罕为人知的香港历史》（杜云，《社会科学研究参考资料》1996 年第 3—4 期）；《建国前中国在香港的主要活动》（李信，《江苏统战》1997 年第 6 期）；《解放战争时期香港〈华商报〉的历史地位和特点》（康满堂，《贵州文史丛刊》2006 年第 4 期）；《统一战线报纸的典范〈华商报〉》（康满堂，《新闻界》2012 年第 4 期）；《解放战争时期中共在香港的活动》（潘琦，《党史博览》2015 年第 2 期）。

（2）论述战后初期中国共产党在香港利用所控制的文化阵地进行卓有成效的人民民主统一战线活动。（王垒、袁小伦：《论解放战争中后期香港文化阵地与中共财经统战工作》，《广东社会科学》2004 年第 2 期）。

（3）分析民国政府统治时期香港与内地的政治、经济、文化、商贸等交流，归纳概括了中共香港分局财经委负责人许涤新对香港工商界所进行的统战工作及其作用（《中华民国专题史》第 17 卷《香港与内地关系研究》第五章“战后的香港与内地”）。

查询作为港澳和海外研究中国历史的权威机构香港中文大学图书馆数据库，获得关于中共在香港活动的两本专著：

《地下阵线——中共在香港的历史》（陆恭蕙著，香港大学出版社 2010 年版），《中共在香港》（梁上苑编著，香港广角镜出版社 1989 年版）。作者陆恭蕙曾任香港立法局议员，2000 年 6 月退出政坛后致力于政策研究，现任思汇政策研究所行政总监。该书分析了 1920 年以来各个时期中国共产党在香港的活动，提出“中共打着茶叶批发公司的招牌在香港活动”，书中附录了大量中国共产党关于统一战线活动的主要目标，这对中共在香港的历史活动研究有重要的参考价值。

综上所述，学界对全民族抗日战争和全国解放战争时期中国共产党在香港开辟自己的宣传阵地、广泛宣传中国共产党的政治主张，打破国民党的新闻封锁和压制等历史活动进行了广泛而深入研究。学界初步提出了“在战后初期的香港，中国共产党创办的《群众》周刊与《华商报》《正报》一起成为中国共产党在香港的主要宣传喉舌”的观点，为中国共产党在香港办刊的专题研究打下了一定的基础。

上述研究对本文写作有很大的启发，但也存在一些不足，还有不少有待深化和拓展的空间。

其一，从研究范围来看：已有关于《群众》周刊的研究都集中在抗日战争时期政治动员这个主题上，对1947—1949年中国共产党在香港出版发行《群众》的历史作用、理论贡献及其思想价值着墨不多，需要作进一步深入思考和研究。

其二，从研究视野来看：已有的研究没有多样性历史资料，其报刊文献单一性制约了挖掘《群众》周刊思想内容及其存在价值。只有将同时期其他在香港有典型代表的报刊融入比较研究视野，才能呈现《群众》周刊在香港进行舆论宣传的时代意义和作用。

其三，从研究主体来看：已有的研究没有涉足《群众》周刊写作群体的理论贡献。例如《群众》周刊的主要作者潘梓年、章汉夫、许涤新、熊复等，他们在《群众》周刊上发表文章所产生的影响力需要作进一步分析和研究。郑新如还特别提到：许涤新为周刊撰写了大量有关经济问题的文章，特别是其中对解放区经济发展、国统区经济凋敝的文章曾经产生了很大影响，许涤新从1937—1949年为周刊写作文章就达到127篇，也需要作进一步的深入分析。

将时间锁定在抗战胜利后的1947—1949年，有几个问题值得进一步探讨：

（1）抗战胜利后由于英国政府解除了战时新闻检查，标榜出版自由，香港成为国共两党争取港澳和海外同情、支持，以及赢取国外友邦理解与支援的重要阵地。民主党派也先后到香港办报，图谋发展。在各派政治力量激烈斗争的香港，《群众》周刊要成为中国共产党的宣传喉舌，它们登什么、怎么登？

（2）《群众》周刊集结着阵容强大的编委和撰稿人群体，如：章汉夫、乔冠华、方方、许涤新、胡绳、夏衍等人，他们身居要职，不仅是党刊的笔杆子，还在香港的其他刊物上发表大量文论，他们作出了哪些理论贡献？同时对当时的香港公共舆论有什么影响？

（3）战后中共党刊利用所控制的香港宣传阵地进行卓有成效的人民民主统一战线活动，把进步知识分子聚集在党刊周围，对今天"一国两制"下凝聚共识，创新对外宣传方式，有着怎样的历史借鉴？

1873年由于倍倍尔和李卜克内西坐牢，德国社会民主工党的委员会被拉萨尔分子所掌握，他们利用委员会的权力力图改变党的机关报《人民国家报》的方针，恩格斯就此事写信给倍倍尔，恩格斯指出："根据我们的已经由长期实践所证实的看法，宣传上的正确策略并不在于经常把个别人物和成批的成员争取过来，而在于影响还没有卷入运动的广大群众。"① 在国共战争及其相关的政治、经济变迁史中，中间力量并不是一开始就跟着共产党走。《群众》周刊在香港的日子里，组织知名人士和民主人士为刊物撰稿，他们的社会影响力推动着党刊宣传工作；同时，《群众》周刊积极与其他新闻媒介进行广泛沟通、互动，这些都需要我们进行深入研究，但已有研究大多不涉猎这些问题。

基于以上分析，需要对1947—1949年在香港的《群众》进行专题研究。

四、研究的思路、方法与创新之处

1. 研究思路

第一步：对《群众》周刊进行文本数据分析，归纳其宣传方式和宣传策略，表现党刊鲜明时代特点。

---

①《马克思恩格斯全集》第33卷，人民出版社1973年版，第591页。

第二步：将《群众》周刊对重大问题的阐发与香港的其他政论刊物如：《理论与现实丛刊》《观察》《时代批评》《现代华侨》《大众文艺丛刊》等进行比较，借此探寻党报党刊与香港公共舆论的互动关系，准确定位党报党刊的舆论影响力。

第三步：收集整理《群众》周刊的撰稿群体在香港其他政论刊物上发表的文论，展现中共政论家对香港公共舆论的影响力。

2. 研究方法

第一，文本文献法。通过系统梳理与分析相关文献内容，归纳出相应的理论观点及其依据。

第二，比较分析法。比如，对《群众》周刊栏目特色、宣传功能和宣传作用进行比较，揭示中国共产党对外宣传的策略；再如，将《群众》周刊与香港的其他政论刊物进行比较，展现中共报刊对舆论的引导力。

第三，系统研究法。多学科、多层面地开展研究。强调和重视新闻学、历史学、社会学、政治学等多学科的理论视角，突出研究的理论性、综合性和多学科性。

3. 创新之处

历史研究是要力争超越文献透视历史，重新解释历史，发现新问题。本项研究的创新点在于：

一是广泛挖掘和利用材料。本研究以《群众》周刊（1947—1949年）为主体材料，对《中央日报》《革新周刊》《观察》《时与文》《展望》《政治新闻》等报刊关于中国共产党重大政策的报道、评论、攻击，进行整理和比较，呈现出内战时期国共之间在舆论宣传领域激烈对抗与复杂图景，由此也表现《群众》周刊对香港社会舆论的引导力和党媒传播影响力。

二是本项研究的视角新颖。对《群众》周刊的研究聚焦在中国共产党土地改革宣传；对国共军事较量的综合、连续报道；对白皮书的批判和对摇摆知识分子的宣教，进而展现中国共产党在香港舆论宣传的特点以及时代特色。同时对1947—1949年《群众》周刊写作群体进行研究，选取典型代表，分析和总结政论家们的主要理论建树和理论贡献，力图在历史场景中思考他们的理论价值及其对政党话语构建的影响和贡献。

三是本项研究的方法新，实现点、线、面结合。从点上而言：聚焦重要专论文章，挖掘《群众》周刊政论与中共宣传部署间的关联；从线上而言：清晰地勾勒出1947—1949年中国共产党宣传工作的基本原则、立场、策略及其部署，展现国内各政治势力在香港激烈较量与角逐下，《群众》周刊进行意识形态活动的历史图像。

4. 材料运用

本书使用的史料主要分三类：

第一类史料是报刊。主体材料是《群众》周刊（1–14册）影印本。本文以《群众》周刊与社会舆论的互动为视角，《群众》周刊的文字研究是重点和关键；同时，国民党的党媒《中央日报》《革新》周刊，中间派刊物《观察》、民主党派刊物《展望》《时与文》等，都将成为参照物，进行对比研究。这些周刊都可以在民国期刊数据库中查到，给研究带来许多便利。

第二类史料为资料汇编。包括中央档案馆、广东省档案馆、四川省档案馆组织编订的档案汇编资料。包括中国共产党历次宣传工作会议的决议，党刊宣传工作部署，党刊发行规则和流程，以及毛泽东、周恩来、刘少奇、邓小平年谱和文集。这些资料有助于了解中国共产党如何进行党刊理论宣传的。

第三类史料是回忆录和《群众》周刊编辑纪念文集，包括自传或他传。比如《新闻史研究资料》、全国各地的《文史资料选辑》，可以追溯党刊负责人的人际交往。这些资料帮助我们研究《群众》周刊的写作群体。

五、研究的主要内容

本书内容分三大部分：导论、正文和结语。

第一部分导论，内容包括本文选题的意义、研究现状、研究的思路和方法。

第二部分正文，共分五章。

第一章对《群众》周刊从抗战时期创办的缘起、创办人、作者群以及发行和迁移等情况进行概括；集中介绍战后初期香港的历史环境和新闻舆论环境，对比分析国共两党宣传工作要点；通过归纳中国共产党关于新闻宣传指示与精神，说明中国共产党在香港发行《群众》周刊的政治意图。

第二章主要研究《群众》周刊对中国共产党土地改革的宣传。统计《群众》周刊宣传《中国土地法大纲》的中央文件和领导人重要讲话以及新华社重要社论。归纳分析著名民主人士和知名学者发表的有关专论和署名文章，将其专论的理论贡献聚焦于几个问题：一是为什么要提出土地问题；二是土地改革的目的是什么；三是平分土地是否会损害民主统一战线。追踪1948年后中共进行土改纠偏和新区土改政策转向过程中，《群众》周刊与中共中央的理论互动。重点介绍国民党对中共土地改革的舆论攻击，以及国内主要报刊《农工月刊》《观察》《时代批评》和《野草文丛》对中国共产党土地改革发表的重要专论，剖析国内学人对土地改革政策的深度分析和不同立场，表现《群众》周刊对中国共产党土地改革政策和运动的宣传策略以及对社会舆论的引导作用。

第三章对300多篇军情文章和社论进行统计，集中表现《群众》周刊对东北战场、西北战场以及三大战役进行的连续报道、深度报道和综合报道。列举《群众》周刊为展现中共军事战略指挥家和战略家的气魄与胆识，对中共将军人物的专访文章。通过分析专论文章，再现“以歼灭国民党有生力量为主而不是以保守地方为主”的战略方针，和集中优势兵力，打歼灭战，诱敌深入先打弱者，速决战和连续作战等灵活的战术策略的历史画面。分析《群众》周刊连续三期刊载《长征故事》的时代意义及其宣传意图，揭示中国共产党以宣传长征故事、提炼长征精神的时代内涵，借此凝聚力量、增强信心、培育革命文化的目的和作用。

第四章整理《群众》周刊刊发的33篇关于反对美国援蒋的政治短评文章、77篇反对美国援蒋的社论和专论文章，这些专论文章剖析美国对华政策的实质是帝国主义性质和霸权主义、强权政治的特质；这些专论文章向社会民众揭露美国援华的目的就是要把中国变成美国的附庸。在此基础上，对《群众》周刊刊发23篇批判白皮书的专论进行专题分析。批判白皮书对使摇摆不定的知识分子消除对美国抱有的幻想，让知识分子群体为新生政权作出智力贡献起到重要作用。文章还详细考察《群众》周刊大力抨击美国在华新闻活动，动员新闻工作者进行批评与自我批评，为构建中国共产党崭新的新闻宣传体制而作出的努力。

第五章对《群众》周刊著名的政论家章汉夫、华岗、方方、胡绳、乔冠华、许涤新进行个案研究。对章汉夫在香港写作的19篇文章作评析，认为其主要内容包括三个方面：一是对国民党统治的抨击；二是对中国共产党统一战线政策的解释；三是对多党合作政治协商制度的解释。乔冠华为《群众》周刊撰写的27篇文章，分析国际形势和中美关系。统计方方为《群众》香港版撰写的26篇文章，重点分析方方在党的建设和整党问题上，对马克思主义政党建设理论作出富有探索性和拓展性意义的理论贡献。华岗为《群众》周刊撰写19篇专论文章，对“什么是毛泽东思想”华岗作了权威解读，他对社会发展一般规律和中国历史发展特殊规律的自觉探寻，对马克思主义史学的学术体系构建作出了重要贡献。胡绳以沈友谷为笔名在《群众》周刊香港版上发表14篇文章，其中两篇关于知识分子专论文章，如:《新中国知识分子的典型》《关于知识分子问题》，从知识分子为何“恐慌”，知识分子的阶级性及“思想问题”，以及知识分子的出路等几个方面，对中国共产党关于知识分子政策问题作出深刻解释。许涤新为《群众》周刊撰写39篇文章，对中国共产党关于工商业政策、城市政策作出的深刻思考，表现了许涤新对新民主主义经济理论的学术贡献。论文还分析了《群众》周刊设立“友声”专栏的背景，表现党外著名知识分子和民主党派负责人在“友声”专栏发表专论，对中国共产党一些重大方针政策发表真知灼见。表现《群众》周刊在香港利用“友声”专栏达到了营造“众声喧哗”的目的，也进一步说明这一时期中国共产党对媒体传播技巧运用娴熟。

第三部分结语。依据全文研究得出结论：1947—1949年中国共产党的政治精英与文化精英聚集在《群众》周刊周围，在香港公共文化领域中构建一幅宏大而合理的民主国家愿景，获取社会心理的广泛认同，增强中共对未来国家和政权设计的合法性，最大程度地推动实现民众对“国家”的认同，完成对中国社会意识形态动员与政治“形塑”。

第一章

《群众》周刊与国共两党在香港的舆论争夺战

1950年元旦，蒋介石在台湾首次发表告全国同胞书，他痛心疾首地说："在这四年中间，共产国际宣传的因素，铸成一般社会错误的观感，使大家误认为共匪是民主政党，误认所谓'土地改革'是为农民谋福利；尤其是误认我反侵略的民族战争是为了党争，而加以反对。……这些错误的观念，在国内则损害了政府的威信，……在国际则混淆了民主国家的视听。"①1949年3月底，蒋介石在《上月反省录》中表示，要彻底检讨丢失大陆的原因，他反省了13条，最后一条就是，未能"宣传"社会经济政策与民生主义，蒋认为这是"唯一之致命伤"。②

三年多的内战过去，蒋介石反省失败原因，耿耿于怀的还是中国共产党实施的宣传战术。

"宣传"（propaganda）一词源于拉丁文，意思是植

---

① 彭歌:《新闻三论》,"中央日报社"出版部1982年，第31、32页。

② 杨天石:《蒋介石在日记中如何反省》,《同舟共济》2009年第10期。

物的嫁接或观点的移植。17世纪初罗马教皇建立宣传信仰教会，全称是“Congregatio de propaganda fide”（信仰宣传委员会），简称“宣传”（propaganda），此后这个概念就有了“传播观念”的含义。在法国大革命以及美国独立战争时期，“宣传”这个概念得到广泛运用。到了20世纪初叶，propaganda有了现代含义的“传达”“互相传布”之意，新文化运动期间，留日的中国学生将日语中的“宣伝”一词返引回中国，作传播鼓动之用。在现代传播学视阈下，宣传就是运用各自符号，选播一定的观念以及影响和引导人们的态度、控制人们的行动的一种社会性传播活动。1934年美国传播学学者拉斯韦尔对宣传定义是：“宣传，从最广泛的含义来说，就是以操纵表述来影响人们行动的技巧。”① 但宣传不是万能的，如果宣传的观点与社会发展的进程相悖，即使使用暴力也不能真正达到宣传的目的。恩格斯在《反杜林论》中明确表达了这个立场与观点：“弗里德里希·威廉四世在1848年之后，尽管有‘英勇军队’，却不能把中世纪的行会制度和其他浪漫的狂念，灌输到本国的铁路、蒸汽机以及刚刚开始的大工业中去。”② “我们不知道有任何一种权力能够强制那处于健康而清醒的状态中的每一个人接收某种思想。”③

进入20世纪的最初几年，中国政治舞台上各个阶级、各个政党、各个团体和各派政治力量，都无不高度重视新闻宣传，并竭力利用新闻宣传为自己政党政治利益服务。孙中山在总结辛亥革命成功的经验时，充分肯定革命党人办报宣传的作用。他说：“此次革命推倒满清，固然有赖

① 陈力丹：《新闻理论十讲》，复旦大学出版社2013年版，第286页。

② 恩格斯：《反杜林论　第二编政治经济学》，《马克思恩格斯全集》第20卷，人民出版社1971年版，第199页。

③ 恩格斯：《反杜林论　第一编哲学》，《马克思恩格斯全集》第20卷，人民出版社1971年版，第94页。

于军人们的力量，但是海内外人心一致则是报馆宣传之功”。[①] 又说：“革命成功极快的方法，宣传要用九成，武力只可用一成。”[②] 在二次革命失败后陈独秀到日本加入章士钊创办的《甲寅》杂志编辑出版工作，发出过这样的感慨：“让我办 10 年杂志，全国思想都改观。”[③]

中国共产党创立前高度重视舆论宣传，各地共产党早期组织在酝酿建党时就纷纷创立报刊，进行宣传鼓动。中共一大通过的《中国共产党的第一个决议》第二条明确规定：“一切书籍、日报、标语和传单的出版工作”，“均受中央执行委员会或临时中央执行委员会的监督”。[④] 建党后，中共先后创办了机关报刊和各类新闻阵地，通过新闻媒体，宣传政治主张。张国焘在《北京共产主义组织的报告》中说：“我们面临着需要立即着手解决的两个重要问题：第一，怎样使工人和贫民阶级对政治感兴趣，怎样用暴力精神教育他们，怎样组织他们和促使群众从事革命；第二，怎样打消他们想成为学者并进入知识界的念头，促使他们参加无产阶级的革命运动，怎样使他们成为工人阶级的一员。”[⑤]1921 年 11 月中国共产党中央局就“关于建立与发展党团工会组织及宣传工作”发出通告，要求：“中央局宣传部在明年七月以前，必须出书（关于纯粹的共产主义）二十种以上。”[⑥] 这篇通告由陈独秀起草，他还在这篇通告上亲笔签上了他的英文名字“T.S.Chen”。

---

① 孙中山：《在广州报界欢迎会上的演说》，《孙中山全集》第 1 卷，中华书局 1986 年版，第 357 页。

② 孙中山：《革命成功全赖宣传主义》，《孙中山全集》第 8 卷，中华书局 1986 年版，第 722 页。

③ 转引自唐宝林等：《陈独秀年谱》，上海人民出版社 1988 年版，第 65 页。

④《中国共产党第一个决议》，《建党以来重要文献选编》第 1 册，中央文献出版社 2011 年版，第 4 页。

⑤《北京共产主义组织的报告》（1921 年 7 月），《建党以来重要文献选编》第 1 册，中央文献出版社 2011 年版，第 9 页。

⑥《中国共产党中央局通告——关于建立与发展党团工会组织及宣传工作等》（1921 年 11 月），《建党以来重要文献选编》第 1 册，中央文献出版社 2011 年版，第 47 页。

1924年5月中国共产党举行扩大执行委员会会议，讨论了党在国民党党内工作的问题、劳动运动和青年运动问题，会议特别强调了宣传工作的重要性。会议通过《共产党在国民党内的工作问题议决案》，指出："一个政党的扩大，只能在经常不断普遍全国的反对帝国主义及军阀的宣传及行动的过程里"，"宣传更重要于组织"。①会议经过讨论专门通过了《党内组织及宣传教育问题议决案》，宣称："此次扩大执行委员会认为必须使我们的党及其各个机关能有更明显的组织形式，在宣传和鼓动方面是如此，在党务组织方面亦是如此。"②"地方委员会由三人组织之：委员长兼宣传部，秘书兼组织部，组织部之下另有'统计分配'及'交通'的职务——'交通'的职务便是发送秘密宣传品"，"中央及区亦分设宣传、组织、工农等部，分担责任"。③

在这次会议决议精神指导下，中国共产党成立了中央出版部和中央机关报编辑委员会，由中共中央领导的出版工作机构及其格局基本形成。中共中央宣传组织机构的构建，不仅保证了信息的畅通传播，同时为中国共产党机关刊物的出版和发行提供了坚实的组织保障。

第一节 《群众》周刊从汉口到香港

1949年1月6日《群众》刊载了一篇署名格列布涅夫的文章，这篇文章译自1948年5月9日苏联的《真理报》。文章标题为《布尔什维克报纸的伟大力量》，一语道破党报的使命与作用，即完成宣传鼓动和组织的强大武器。它还进一步介绍了"在从资本主义过渡到共产主义的时

---

①《共产党在国民党内的工作问题议决案》，《建党以来重要文献选编》第2册，中央文献出版社2011年版，第61—62页。

②《党内组织及宣传教育问题议决案》，《建党以来重要文献选编》第2册，中央文献出版社2011年版，第73页。

③《党内组织及宣传教育问题议决案》，《建党以来重要文献选编》第2册，中央文献出版社2011年版，第72页。

期，需要什么典型的报纸”，“如何把报纸变成社会主义建设的武器”等问题。文章引用列宁关于党报的一个指示：

> 党应当几乎是重新解决这一任务，这就是把报纸变成为人民大众的经济教育的重要机关，变为启发群众与教育他们在没有地主与资本家的国家里生活和建立自己的家业的武器。
>
> 我们的第一个主要的工具就是报纸，它揭露每个劳动公社经济生活中的缺点，无情地打击这些缺点，公开揭露我们经济生活中的一切腐烂的东西，从而惩前毖后，治病救人。①

这篇文章同时介绍了布尔什维克党关于新闻宣传的经验：

> 中央的、各个共和国的，以及各省的报纸编辑部，必须竭力做到要有系统地、而不是零零碎碎地发表关于布尔什维克主义的历史和理论的文章，关于目前党的政策问题的文章，读者问答，以及帮助青年共产党员的文章。②

文章特别强调：“布尔什维克报纸之所以有力量，就在于它是千丝万缕地同人民联系在一起的。”③（注：原文如此）

这段文字帮助我们很好地理解了中国共产党为什么要把自己的理论刊物取名为“群众”。《群众》周刊在香港发行的目的是引导群众、教育群众、凝聚力量、增强共识。

---

① 格列布涅夫：《布尔什维克报纸的伟大力量》，《群众》1949年第3卷第3期，1949年1月3日，第18页。

② 格列布涅夫：《布尔什维克报纸的伟大力量》，《群众》1949年第3卷第3期，1949年1月3日，第19页。

③ 格列布涅夫：《布尔什维克报纸的伟大力量》，《群众》1949年第3卷第3期，1949年1月3日，第19页。

一、中国共产党党刊溯源以及《群众》周刊的创办

中国共产党在各个历史时期创办过多种党刊，大致有:《共产党》，1920年11月7日上海共产党早期组织创办，只办了6期;《新青年》，1921年8月创办;《向导》，1922年9月13日创刊于上海，1927年大革命失败后被迫停刊;《前锋》，1923年7月1日由瞿秋白主编的中共中央机关刊物，在上海创刊，仅仅出版3期就停刊;《中国共产党党报》，1923年11月创刊，1924年6月也被迫停刊;《中央政治通讯》，于1926年9月创刊，1926年11月中断，它是党内最机密、最重要的政治刊物。[①]

大革命失败后，土地革命战争时期中国共产党在所控制的区域里，除继续出版《中央政治通讯》外，先后创办了《布尔塞维克》《红旗》《党的生活》《实话》《党的建设》《斗争》和《党的工作》等刊物。抗日战争时期中国共产党先后创办了《解放》《群众》和《共产党人》3种党刊。抗战胜利后内战再度爆发，中国共产党为突破国民政府的新闻封锁，发起了猛烈的宣传攻势，这一时期解放区外唯一刊行的中共机关刊物只有《群众》周刊。

1937年7月10日周恩来同夏衍谈话，要他今后以进步文化人士的身份留在国民党统治区开展统一战线工作，同时还谈到要在国民党统治区办一张党报。[②]8月，周恩来在南京同国民党谈判期间，就中共在国民党统治区创办报刊事宜同国民党中央宣传部部长邵力子商定，邵力子签署文件，正式批准中共南京办事处在南京筹办《新华日报》。周恩来又同朱德一起探望国民党中央执行委员会委员于右任，商谈中国共产党在南京办《新华日报》，还请于右任为该报题写报头。[③]9月22日，国民党中央通讯社播发了《中共中央为公布国共合作宣言》，次日，蒋介石在

① 方克:《中国共产党历史上的党刊》，《红旗文稿》2008年第3期。

②《周恩来年谱（1898—1949）》（上），中央文献出版社2007年版，第378页。

③《周恩来年谱（1898—1949）》（上），中央文献出版社2007年版，第386页。

庐山发表谈话，承认中国共产党在全国的合法地位。国共合作宣言和蒋介石谈话的发表，标志着以国共两党合作作为基础的抗日民族统一战线正式形成。蒋介石接受了中共出版一份日报和一份期刊的要求。10 月根据周恩来指示，潘梓年、章汉夫、杨放之、徐迈进、钱之光、许涤新等陆续聚集南京，开始筹备出版《新华日报》《群众》周刊。上海、南京相继失守，不得不转移到武汉继续进行报刊筹备工作。1937 年 12 月 11 日《群众》周刊在汉口创立。1938 年 1 月 11 日《新华日报》在武汉创刊。《群众》周刊的刊头"群众"二字是魏碑体，选自龙门古阳洞。①《群众》创办后直属长江局领导。②《群众》周刊设在《新华日报》馆内，潘梓年兼任社长，许涤新任主编，华岗、许涤新任编委。不久，《新华日报》在广州、重庆、长沙、成都等地相继建立发行部。为了避免《群众》周刊发行工作的搁浅，报社发行工作者顶着风险，设法进行分销。首先，由《新华日报》营业部发给各个进步书店和营业商铺零售。其次，群众杂志社工作者会经常对分布在重庆、四川、广西、云南等地的学校、工厂、机关单位等作深入调研，发掘长期订阅的群体，作有针对性地宣传。并由群众杂志社建立读者群，通过组织读者，参加学习谈论会，邀请编辑为读者解答疑惑，以此发展一批长期稳定的订户。据调查，《群众》周刊的主要受众是工厂里的工人、广大学生和知识分子。③再次，群众杂志社还组建了"报丁""报童"队伍，专门为读者送报刊，发行遍及市郊四周数十公里，他们不仅送货到家，还为住地交通不便的读者购买生活用品。

---

① 叶再生：《中国近代现代出版通史》（第三卷），华文出版社 2002 年版，第 115 页。

② 设立长江局目的是领导中共在南方各省的工作，进一步推动统一战线工作，加强对南方各省和新四军党的工作的领导。1937 年 12 月中共中央政治局会议决定：由项英、周恩来、博古、董必武在武汉组成中共中央长江局。由于中共代表团同长江局领导成员大致相同，为工作集中和便利起见，在 23 日召开的中共代表团和长江局第一次联席会议上，决定合并两机构，对外称中共中央代表团，对内称中共中央长江局。

③ 新华日报群众周刊史学会南京分会、中共江苏省委群众杂志编辑委员会编：《群众周刊回忆录》，群众杂志社 1989 年版，第 71 页。

此外，考虑到国统区工人和学生的生活艰苦，只收取他们一半的订阅费用，并请读者中的热心人士帮助发展订户。在这样一些发行策略下，《群众》周刊的发行量与日俱增，曾达到几万的日销量。

《新华日报》和《群众》周刊的创办，是中国共产党在抗日民族统一战线方针下推进宣传文化工作的重大突破。周恩来对《群众》周刊的发行工作作出专门指示：

> 《群众》的编辑方针，同《新华日报》毫无二致，差别在于《群众》是党刊，是理论性刊物，它要更多地从马克思列宁主义出发，要更多地从理论的角度出发，帮助广大读者理解抗日战争的正义性，理解抗日战争胜利的必然性。同时，还要从理论上批判一切不利于抗战以致破坏抗战的反动谬论。①

《群众》周刊作为抗日战争期间中国共产党在国统区公开出版的理论刊物，与《新华日报》一刊一报，构建抗日战争时期中国共产党在国统区的舆论平台，二者承担的主要任务大体相同，都是中国共产党开展对敌斗争的有力武器。《群众》周刊与《新华日报》区别主要体现于宣传文体的风格上：《新华日报》发行周期短，时效性强，通讯和短文占比重，侧重于时事报道与政策宣传；相对而言，《群众》周刊出版周期较长，无法及时向读者提供资讯，但每期体量较大，专论文章较多，文章篇幅偶尔长达十几个版面，侧重于学术研究和理论阐发，更具理论色彩，倾向理论宣传。

1938 年 10 月 24 日深夜日本侵略军进逼武汉，周恩来在秘书陈家康（时任中共南方局外事委员会委员）的陪同下来到汉口新华日报社，为报

---

① 许涤新：《群众周刊大事记序言》，《群众周刊大事记》，红旗出版社 1987 年版，第 4、5 页。

纸口授最后一篇社论。[①] 由于周恩来的周密布置，在董必武率领下已先期到达重庆的《新华日报》工作人员，在武汉陷落的第二天，在重庆出版了第一张《新华日报》。[②]8 年后，当国民党政府实施严厉的报刊新闻管制，中共运用智慧与胆识，在 1947 年 3 月 5 日《群众》周刊工作人员随同中共代表团驻沪人员一起撤离上海，《群众》周刊上海版被迫停刊[③]，但 1 月 30 日《群众》周刊已在香港成功发行。

在民主革命时期，中国共产党在国统区创办的报刊历经艰险、几经转移，无论面临怎样的艰难与危局，中国共产党冲破一切险阻得以让党报党刊不间断地发行，让民众和社会听到中国共产党发声。

二、中国共产党在香港开辟新的舆论宣传阵地

1937 年 12 月北平、天津、上海、南京相继失守，沿海诸港口或沦陷或遭封锁，香港成为中国对外交往的主要渠道，也是中国共产党打开国际通道、联络海外党组织机构和华人华侨的重要枢纽。日本侵占香港之前，香港成为国内外各种政治势力角逐的特殊战场，考虑到香港特殊的政治和地理环境，为了更好地加强对华侨和港澳同胞以及民主人士的统战工作，争取国际友人对八路军、新四军的人力和物力的支援，1938 年 1 月八路军驻香港办事处成立。

八路军驻香港办事处的建立有历史基础，中共在香港的党组织发展可以追溯到更早的时期。为了培训中共抗日干部队伍，卢沟桥事变爆发前后，中共领导机关曾在香港举办干部训练班。1937 年 12 月，中共南方委员会宣传部长饶彰风通过社会关系，在香港九龙城借龙津书院校址开办训练班。分散在两广及南洋各地的中国共产党干部聚集在香港向中共南方委员会请示汇报工作。他们须要留下来集中学习中共中央关于抗

① 《周恩来年谱（1898—1949）》（上），中央文献出版社 2007 年版，第 433 页。

② 中共四川省委党史研究室编：《中共中央南方局的文化工作》，中共党史出版社 2009 年版，第 4 页。

③ 《上海革命文化大事记（1937—1949）》，上海翻译出版社 1991 年版，第 225 页。

日民族统一战线政策文件。据连贯回忆：在香港的廖承志、潘汉年、乔冠华参与到培训干部的工作中。他们晚上从香港坐渡船过海到九龙城为干部们做报告。他们还有明确分工，例如：张文彬[①]讲抗战的政治形势，饶彰风[②]讲统一战线，廖承志讲马列主义与联共党史，潘汉年讲辩证唯物主义，乔冠华讲国际问题。[③]

1937年12月18日周恩来在武汉亲自面晤英国驻华大使阿奇博尔德·克拉克·卡尔，请他转告香港总督说：八路军和新四军英勇抗日，得到海外华侨的热爱和支持，纷纷捐助钱物，有大批药品、汽车等物资在香港无人接收，需要八路军、新四军派人前去管理。中共代表还表示，成立驻港办事处后，将不公开挂牌，不会影响港英政府的中立地位。[④]英方很快同意中共提出的这一合理要求。1938年1月八路军驻香港办事处正式建立。周恩来在着手这件事的同时，12月11日中共中央机关报《群众》周刊在国民党统治区公开出版。

八路军驻香港办事处初期属中共长江局领导，1939年1月中共中央南方局成立，八路军驻港办事处改由南方局领导。作为英国统治的自由贸易港，香港与许多国家和地区贸易往来频繁，只要不反对港英政府，不煽动香港工人罢工，不搞游行示威，不扰乱"治安"，港英政府允许一般言论、出版、集会、结社的活动。八路军驻港办事处巧妙地利用港

---

① 张文彬，原名张纯清，湖南平江人，1910年生。1927年转为中国共产党党员。曾任中共中央南方工作委员会书记等职。1942年6月6日在广东大埔高陂镇被国民党当局逮捕。1944年8月25日在江西牺牲。

② 饶彰风，广东大埔人，1936年加入中国共产党。曾任中共广东省委、东江特委宣传部部长，粤北省委统战部部长，东江纵队司令部秘书长，中共中央香港分局秘书长。新中国成立后，历任中共中央华南分局统战部副部长，中共广东省委统战部部长，广东省第一届政协副主席和省科委、省文教办公室副主任，广州外国语学院院长兼党委书记。

③ 金阳：《抗战初期中共广东省委训练班情况》，载《广东党史资料》第12辑，广东人民出版社1983年版，第26—28页。

④ 连贯：《我所经历的营救工作》，载《东江纵队史料》，广东人民出版社1984年版，第641页。

英政府对香港言论、发行管制较为特殊的环境，首先在香港本地创办《华侨通讯》，这份油印刊物大力揭露日本帝国主义的侵华罪行，宣传中国共产党的抗日主张，报道中国抗战实况，介绍八路军、新四军抗日杀敌的战绩；同时也向海外华人华侨宣传《新华日报》、《群众》周刊，在香港构筑中国共产党的外宣阵地。

中国共产党要在香港做好对外宣传工作，须要配备一支骨干力量。由于国民党在国统区迫害文化、新闻界知名人士，夏衍、茅盾、胡绳、张友渔、韩幽桐、戈宝权、胡风、萧红、章泯、胡考等大批文化、新闻界人士撤离国统区，迁往香港。他们成为中国共产党在香港的舆论宣传骨干。依托八路军驻港办事处的领导和支持，他们很快创办了一批爱国抗日报刊，这些刊物是:《大众生活》《世界知识》《青年知识》《文艺阵地》《大地画报》。为了加强和扩大党对华侨和港澳同胞的统战宣传工作，八路军驻香港办事处根据周恩来的指示，筹办了《华商报》。在香港银行家邓文田、邓文钊的支持下，1941 年 4 月《华商报》在香港正式出版，由邓文田出任"法人"代表，黎兆芳任经理，张惠通任营业部主任，邓文钊负责经理部，廖承志负责政治指导，夏衍主管文艺版，张友渔主管社论、时事评论等，此报销量很快达到几万份。《华商报》在香港大力宣传抗日民族统一战线政策，是获取爱国华侨支持中共抗战的重要舆论阵地，其影响迅速增长。但是，1941 年末香港沦陷，以上这些刊物都被迫停刊。

抗战胜利后，国共和谈破裂之际，为了开展反对内战、反对国民党统治的新斗争，中国共产党立即部署在香港重建宣传工作的新战场、新阵地。1945 年 8 月 22 日毛泽东在审改中央的一个指示稿中指出："对大城市仍应积极派人去发动群众、争取伪军，出版报纸，布置秘密工作，争取我党在城市中的地位。"[①]9 月 14 日，在重庆的毛泽东、周恩来致电中共中央并转张云逸、饶漱石、李先念、尹林平，强调："上海《新

① 《毛泽东年谱（1893—1949）》下，中央文献出版社 2002 年版，第 10 页。

华日报》及南京、武汉、香港等地以群众面目出版的日报，必须尽快出版……早出一天好一天，愈晚愈吃亏。”[①]10 月 17 日，周恩来致电中共中央转饶漱石：要在沪指定专人负责文化宣传工作，最好派钱俊瑞、范长江、阿英去开展工作。10 月 18 日，周恩来电告毛泽东，“我党在沪必须筹备一大的党报和通讯社”，请董必武在美国订购印刷机，已派夏衍、徐迈进筹备，将派廖沫沙、戈宝权去。[②]

1945 年 8 月 23 日，中共广东区委书记尹林平向周恩来和中共中央报告，提出以香港为中心开展城市工作的设想：

> 各大城市（包括广州、香港、澳门、广州湾、汕头、厦门等）中之文化宣传、组织工人、团结华侨、推广民主等工作，又极为重要。为此拟以香港为中心，由梁广（正）、黄会斋（副）用特派员名义，专负指导城市工作。将来有必要时，再成立完整的领导机构。[③]

8 月 27 日，中共中央复电区委和尹林平：

> 同意以香港为中心建立城市工作，但上中层统战工作与城市工作必须严格区分，不能混合，领导人亦须定两套，直属区党委。梁黄两同志可至香港工作。[④]

① 《毛泽东年谱（1893—1949）》下，中央文献出版社 2002 年版，第 24 页。

② 《周恩来年谱（1898—1949）》下，中央文献出版社 2007 年版，第 638 页。

③ 《林平致恩来并中央电》（1945 年 8 月 23 日），中央档案馆、广东档案馆编：《广东革命历史文件汇集》（中共广东省委文件 1941—1945），第 509 页。

④ 转自袁小伦：《战后香港进步文化活动》，摘自中共广东省委党史研究室编：《香港与中国革命》，广东人民出版社 1997 年版，第 262 页。

1945年10月9日尹林平致电中央汇报与英方谈判的初步结果，表示英方同意中共在香港设立办事处，并帮助中共建立秘密电台。[①]

1945年11月20日广东区党委向中央汇报：

> 在香港对国际宣传工作已开展，现由驻香港办事处（半公开）发出一种《十日电讯》（系将所收到新华广播摘要译成英文），每期仅能发五十份（打字机复印版），分发给西报馆、香港官方及非官方之英领事及团体、美国领事、澳门领事及国外与我有关系之国际友人（澳门、英伦），收效颇大。香港两家西报均表示同情我，采用我电讯发表，如高树勋起义成立民主军通电等，且写明“新华社延安七日电”字样。[②]
>
> 由于我处工作干部能力弱，技术低，在翻译电讯时颇有困难，且常弄错，尤其是抗议书、通牒、宣言等公文，更不易择译。我们曾努力收听新华社英文广播，但不知何故，毫无所闻。曾由分社向总社请求，亦无结果，兹再请转总社改善，直接发给我们，则对国际宣传政治上得有保证，不致错误。同时并深盼能派一通晓英文之干部来主持。[③④]

中国共产党在香港为冲破新闻封锁、利用国际舆论宣传，打开新局

---

① 《林平致中央电——关于我与英方谈判的初步结果》（1945年10月9日），中央档案馆、广东档案馆编：《广东革命历史文件汇集》（中共广东省委文件1941—1945），第529页。

② 《林平致恩来并中央电》（1945年8月23日），中央档案馆、广东档案馆编：《广东革命历史文件汇集》（中共广东省委文件1941—1945），第509页。

③ 《广东区党委致中宣部及中央电——关于港办十日电讯情况》（1945年11月20日），中央档案馆、广东档案馆编：《广东革命历史文件汇集》（中共广东省委文件1941—1945），第545页。

④ 《林平致恩来并中央电》（1945年8月23日），中央档案馆、广东档案馆编：《广东革命历史文件汇集》（中共广东省委文件1941—1945），第509页。

面，急需新闻宣传的干部和专业人才、翻译人员。为此，中共中央从几个方面进行部署：

第一，为了开展对港澳统战、文化与上层侨运工作，根据中共中央南京局1946年6月2日指示，成立工作委员会。该机构由林平、连贯、廖沫沙、左洪涛、蒲特（饶彰风）五人组成，林平兼书记。① 按照“建立社会关系、多交朋友，提高自己社会地位”的策略，该机构将港九、新界区、澳门和中山区域的大约700多名中共党员汇聚起来。②

第二，1947年1月中央决定，设立中共香港分局。香港分局下设各区党委、城市工委和香港工委，负责领导广东、广西、江西、云南、福建等地区党的工作。香港分局直属南京局，但有关全局工作，由中央直接指示。③1947年6月，香港分局调整和充实了工委的领导机构，将港粤工委改称香港工委，大大加强中央对港澳地区宣传、文化、统战和群众工作的直接领导。

第三，1946年10月初周恩来指示章汉夫到香港筹备《群众》周刊出版工作，接着派乔冠华、龚澎、刘宁一、许涤新、方卓芬到香港工作。新华社香港分社由章汉夫、乔冠华负责。

第四，中共广东区委机关刊物《正报》在香港出版，为《群众》周刊的主要编委在香港进行创刊工作，特别是以创刊发行工作为掩护的其他各项工作，如统战工作、情报工作做了前期铺垫。

抗战胜利后英国重新接管香港，中共广东区委（香港分局前身）书记方方指示东江纵队机关报《前进报》社长杨奇立即带领6名报社人员前往香港建立宣传阵地，1945年11月13日由杨奇任社长兼总编辑的中

---

①《尹林平致中央转南京局电——关于港工委意见》（1946年6月23日），中央档案馆、广东档案馆编：《广东革命文件汇集》（广东区党委文件1946.1—1947.6），第81页。另参见：《中共中央南京局》，中共党史出版社1990年版，第63—64页。

② 中共广东省组织部、中共广东省委党史研究室、广东省档案馆：《中国共产党广东省组织史资料》（上册），中共党史出版社1994年，第393页。

③《周恩来年谱（1898—1949）》下，中央文献出版社2007年版，第734—735页。

共广东区委机关刊物《正报》在香港出版。按照南京局的指示，孟秋江在香港重建国际新闻社，恢复向国内外报纸和南洋华侨报刊提供新闻稿件。[①]

1945年11月13日《正报》发行，它采用延安新华社电讯，打破国民党中央社消息和西方国家的电讯在香港一统天下的局面。截止到1948年11月13日停刊，《正报》共发行225期。1946年1月4日《华商报》在香港复刊，编委有：章汉夫、许涤新、廖沫沙、夏衍、乔冠华、张铁生，作为中共在港进行统战工作的联络点。依托这两份报刊，1947年1月31日《群众》周刊在香港正式出版。

第五，周恩来亲自部署在香港的出版发行工作及其策略。

1947年1月20日周恩来起草中共中央致蒋管区各中央局、分局负责人电文中明确指示："目前正是揭穿美、蒋和谈欺骗，将群众对美、蒋斗争提高一步的关头，各地统一宣传与活动步骤，加紧进行。"[②]宣传方式上要理直气壮地向各方说服解释。1947年2月10日他给香港的廖承志、范长江去信，特别叮嘱：办好中文专播，要多听各方意见，适应各方需要。[③]2月28日周恩来对蒋管区工作指示中，涉及宣传策略，他说："针对目前蒋的镇压政策，我们应扩大宣传，避免硬碰，争取中间分子，利用合法形式，力求从为生存而斗争的基础上，建立反卖国、反内战、反独裁与反特务恐怖的广大阵线。"[④]3月8日周恩来和任弼时听取钱之光等

① 《中共中央南方局的文化工作》，中共党史出版社2009年版，第305页。
② 《周恩来年谱（1898—1949）》下，中央文献出版社2007年版，第735页。
③ 《周恩来年谱（1898—1949）》下，中央文献出版社2007年版，第737页。
④ 《周恩来年谱（1898—1949）》下，中央文献出版社2007年版，第741页。

人的汇报。[①] 周恩来说：现在香港成为唯一可以公开活动的地方，已去了党的干部，民主人士也将陆续迁入。要钱之光带人到解放区沿海口岸设法和香港建立联系。[②]

承担《群众》周刊印务和出版的机构是新民主出版社和有利印务公司。《群众》周刊在海外发行业务则由纽约、旧金山、伦敦、巴黎、马尼拉等地的代销处经销。同时，通过伪装、改换封面或者先打好纸型等办法，经过地下运输线在上海秘密发行。许涤新回忆，1949 年 5 月，他与潘汉年、夏衍从香港到北京，在北京饭店遇见中央大学任教的梁希（新中国成立后任林业部长）[③]，梁希对许涤新说："你们在香港出版的《群众》的光芒竟从香港射到南京了。"[④] 当时梁希把《群众》当作必读刊物。可见《群众》周刊冲破国民党的新闻管制，在国统区的读者中产生了很大影响。"中国经济事业协进会"南京分会经常把《群众》周刊的重要文章油印并发给会员作为学习材料。

1947 年《群众》周刊在香港成功发行，是抗战以来中国共产党着眼于香港特殊地区的对外联系和国际战略地位，长期进行干部队伍培养和文化宣传部署的结果。随着 1947—1949 年《群众》周刊南移香江，中国

---

① 钱之光，1900 年 11 月生，浙江诸暨人。1927 年 2 月加入中国共产党，曾任两浙盐运使署支书，大革命失败后，在沪负责党中央秘密印刷厂。1933 年到中央苏区，任苏维埃中央政府国民经济委员会委员、对外贸易总局局长、商业大学校长。1934 年参加二万五千里长征，到陕北，任西北区对外贸易总局局长。1936 年随李克农赴洛川与张学良、王以哲会谈，达成苏区与白区互通贸易协定。1937 年春到太原筹办军需，夏又被派赴上海协助毛泽民转移国际捐款至西安。抗日时期，任八路军、新四军驻武汉、重庆、南京办事处处长。1944 年任中共重庆中央局工作委员会委员。1945 年任中共中央南方局委员。1946 年任中共南京中央局财经委员会副书记，南京中共代表团办公厅主任。解放战争时期，中共派去香港做经济工作，创建华润公司，任董事长。并奉命接送在港著名民主人士到解放区参加新政协。

②《周恩来年谱（1898—1949）》下，中央文献出版社 2007 年版，第 743 页。

③ 梁希，浙江吴兴人。1913—1916 年在日本东京帝国大学农学部林科学习，1923 年赴德国塔朗脱高等林业学校（现为德累斯顿大学林学系）研究林产制造化学，1927 年回国，任国民政府林业部部长、研究员。

④ 许涤新：《风狂霜峭录》，生活 · 读书 · 新知三联书店 1989 年版，第 348—349 页。

共产党宣传精英迅速活跃于香港公共舆论之中，这一切都显得成竹在胸、游刃有余、有惊无险、有声有色。

三、《群众》周刊编委构成以及发行情况

1847年恩格斯在批评德国激进派政论家卡尔·海因岑的鼓动时说："除了一定的信念、善良的愿望和斯腾托尔的嗓子而外，还需要一些别的条件。……党的政论家需要更多的智慧，思想要更加明确，风格要更好一些，知识也要更丰富些。"[①]宣传者的素养直接影响宣传的效果。

选拔得力的人来负责党刊的出版发行和编辑工作是实现党刊重大使命的关键所在。1946年10月周恩来决定派章汉夫到香港筹备《群众》周刊，潘汉年、许涤新、夏衍、胡绳、乔冠华等，也在1946年分别到达香港工作。他们同时担负着中共香港分局的组织工作。

香港分局的组织和工作机构设置情况如下：[②]

书　记：章汉夫

副书记：连贯[③]

常　委：章汉夫、连贯、夏衍、许涤新、乔冠华

---

① 恩格斯：《共产主义者和卡尔·海因岑》，《马克思恩格斯全集》第4卷，人民出版社1958年版，第304页。

② 中共广东省组织部、中共广东省委党史研究室、广东省档案馆：《中国共产党广东省组织史资料》（上册），中共党史出版社1994年版，第387页。

③ 连贯（1906—1991），原名连学史，广东大埔人。1936年他受组织派遣前往香港，担任全国各界救国联合会华南区总部秘书，并任中共党组书记。后任中共南方工委委员、中共港九工委委员，负责南方统战和侨务工作。按中央的指示，他和廖承志、张文彬、乔冠华一起安排800多名文化界人士离开香港，经大鹏湾，进入东江抗日游击区，再转移到中央苏区和安全的地方。后担任粤港分局委员、中共华南分局委员、中共香港工委副书记。新中国成立后他历任中共中央统战部秘书长、中央人民政府华侨事务委员会委员、中共中央对外联络部副部长、全国人大常委会副秘书长、北京市侨联主席、国务院侨务办公室副主任等职。

组织部长：苏惠[①]

党总支书记：苏惠

文委书记：夏衍

副书记：冯乃超（1948 年任）[②]、邵荃麟[③]

除了《群众》周刊固定编委，为逃避国民党政治迫害撤离、聚集到香港的各民主党派负责人、文化界作家、新闻记者以及知名教授，他们

① 苏惠，1909 年 4 月生，广东海丰人。原名庄启芳，1925 年 2 月参加革命，任海丰县妇女解放协会执委。1935 年春到澳门安南党的机关做掩护工作。同年冬在香港中共南方工委领导下，做恢复党组织接头工作和民族解放大同盟统战及宣传工作。1946 年 5 月到香港，负责香港工委审干及建党训练班工作。1947 年至 1949 年 4 月任中共香港分局港澳工作委员会（又称香港工委）委员。1947 年 6 月任中共香港工委组织部部长兼党总支书记，并亲自建立达德学院女生党支部。1949 年 4 月后任中共华南分局香港工作委员会委员。

② 冯乃超，原籍广东南海，1901 年 10 月 12 日出生于日本横滨华侨家庭，是日本著名侨领、横滨兴中会主干冯镜如、冯紫珊的后裔。1927 年大革命失败后，他毅然弃学回国参加革命工作，编辑、主编《文化批判》和《创造月刊》，成为著名文学团体创造社后期的中坚和主将。后与鲁迅等筹组中国左翼作家联盟，起草左联《理论纲领》，并任左联第一任党团书记兼宣传部部长。后任中共中央宣传部文化工作委员会书记、中国左翼文化总同盟党团书记，并编辑中共中央机关刊物《红旗周报》。任中共中央南方局“工委”委员、“文委”书记；任中共中央香港分局“工委”委员、“文委”书记，主管香港文化和统战工作，编辑《大众文艺丛刊》任华北人民政府教育委员会委员，第一届政协代表，中华全国文学艺术工作者代表大会代表资格审查委员会主任。新中国成立后历任中央人民政府政务院文化教育委员会副秘书长兼人事处处长、中共中央宣传部干部处处长、中央纪律检查委员会委员、中央直属机关党委文教分党委书记、中央人事部第一任副部长兼第四局局长等职。

③ 邵荃麟，浙江慈溪人，1906 年生于四川重庆。原名邵骏远，早年就读于复旦大学经济系，参加学生爱国运动。1926 年加入中国共产党。曾参加 1927 年上海工人第三次武装起义。1934 年任反帝反战大同盟宣传部长。同年，被捕入狱。1937 年经中共党组织营救出狱后，从事革命文艺创作和翻译工作。抗战爆发后，1938 年任中共浙江省委文化工作委员会书记，先后在杭州、金华、丽水等地参与领导抗日宣传和文化工作，并编印刊物。1941 年 1 月“皖南事变”后，转移到桂林工作，任中国共产党的文化工作组组长，主编《文化杂志》，创办《青年文艺》，积极扶持文艺新作，对青年作者做了大量的辅导工作。1946 年转赴香港，任中共香港工作委员会文委委员、工委副书记，后任中共中央香港分局文委书记。主编《大众文艺丛刊》，参与领导香港和国民党统治区的文艺运动。

积极为《群众》周刊撰稿。这支写作力量主要是中国共产党从援救的党内外进步人士中发展而来的。

1946 年 9 月底，周恩来听取了中共香港工委负责人连贯、杨琳的汇报，随即指出：蒋介石完全撕毁和谈假面具，全面内战已经爆发，国民党迟早要赶走我们，我们也准备再穿几年草鞋，有些民主人士、文化人以至我们的干部要疏散到香港、东南亚一带，香港工委要做好准备。[①]

港澳工委按照周恩来的指示，配合上海、南京、重庆等城市地下党组织，帮助大批民主人士转移到香港，先后接待和安置的著名爱国民主人士有 100 多人。到 1947 年底，内地大部分民主党派领导人均安全抵达香港，如李济深、沈钧儒、郭沫若、何香凝、沈雁冰、蒋光鼐、蔡廷锴、章伯钧、章乃器、马叙伦、谭平山、朱蕴山、柳亚子、邓初民、许宝驹、李章达、陈其尤等。港澳工委千方百计尽量安排来港人员在港工作，能教书的就安排当教员，能办报的就办报。原十九路军军长蔡廷锴将自己香港新墟青山脚下的别墅“芳园”提供给达德学院作校舍，从 1946 年 9 月注册立案，10 月 10 日正式开学，开办到 1948 年结束。来此学院任教的多为内地疏散到港的文化名人，如郭沫若、茅盾等。另外安排一部分人去《华商报》工作，撤退人员中无法留港的，也安排去南洋和海外。

《群众》周刊编委充分利用在香港的党外进步人士为周刊撰稿，其中有郭沫若、季方、邓初民、陈其瑗、曾昭抡、谭平山、马叙伦、李章达、侯外庐等，与国民党党媒展开了激烈的舆论宣传战（见附录 15）。

《群众》周刊香港版创刊号的刊头“群众”二字字体是从鲁迅手迹中选出的两个字拼成。[②] 鲁迅手迹“群众”二字下方为英文印刷体“CHUIN CHUNG WEEKLY”。封面还印有出版日期和目录。作为大刊，排版是 A3 对折，每期栏目和内容包括：社论、短评、专论、各地通讯、境外通讯、读者来信、群众中来、漫画。封底印有“本刊价目表”，它标明：

① 《周恩来年谱（1898—1949）》（下），中央文献出版社 2007 年版，第 712 页。

② 《〈群众〉周刊大事记》，红旗出版社 1987 年版，第 238 页。

“零售每册八角”。订阅价情况是：一月（四期）价3元；三月（十二期）8元；半年（二十四期）15元；全年（四十八期）28元。“国外、海外另收邮费”。邮费是：国内1元2角，法国4元5角；美国、越南4元；缅甸、菲律宾2元；英国、马来西亚、澳洲为3元。《群众》周刊上清楚标明：“本定价以港币为单位，外埠订户得以当地钱币汇款，敝社当以市价折合计算。分销十份起码，七折收费，邮费自付，需预交至少一月刊费及邮费，详章函索即寄。”①

周刊的封底印有：“编辑出版者：群众周刊社，督印兼发行人：章瀚，地址：香港皇后大道中三三号洛兴行二楼有利印务公司承印。”②

《群众》周刊从第二期开始，以列表的方式标明周刊发行的地区、国别、平邮价和航空价格。发行地区有：本港、国内、英国、马来亚、澳洲、缅甸、菲律宾、越南、法国、美国（分绕道英伦、直达航线）。

这是中国共产党自创办刊物以来，首次向海外发行的党刊。《群众》周刊在香港发行，凸显出中国共产党利用香港这个“国际宣传以及华侨运动”的中心地带传递党中央声音的政治雄心。

据考察《群众》周刊在香港每期的发行量约3400份，其中三分之一在国内发行。当时面临最难的问题是如何把《群众》周刊运送到内地，特别是运到上海，一旦被政府查处，是有掉脑袋的危险。

抗战时期，中国共产党主要通过翻印航空纸版的办法在各地翻印和发行《新华日报》，同样，《群众》周刊也是采取这个办法，只不过这是用香港的《经济导报》的纸型夹带《群众》周刊的纸型，经过航空寄运到上海。在新民主出版社和有利印务公司的密切合作下，将《经济导报》与《群众》周刊的纸型可以结合得天衣无缝，《群众》周刊的纸型可以安全运到上海黄河书店。同时《群众》周刊用别的书名，不标出发行者和承印者的名字，国民政府新闻检查查不出任何问题。就这样，经过周密

①《群众》香港版创刊号，1947年1月30日，第24页。
②《群众》香港版创刊号，1947年1月30日，第24页。

安排和机巧运送方式，在军警、特务严密监视的国统区——上海，《群众》周刊通过浇版、印刷、装订等一系列的工序后[①]，这份在香港发行的中共理论刊物就在国统区秘密传播开来。从 1947 年 1 月 30 日到 1949 年 10 月共两年 9 个月的时间里，《群众》周刊在香港每周定期出版，一共出版了 143 期。主编章汉夫于 1948 年年底离开香港，后来由许涤新接替周刊的审稿工作。1949 年 1 月 31 日北平解放，为迎接新中国成立，大批新闻人员陆续回到北平。杜埃和陈夏苏留下来负责《群众》周刊发行的后期工作，到 1949 年 10 月 20 日《群众》周刊在香港出版最后一期，完成了她的历史使命。

第二节　1947—1949 年国共在香港的宣传部署与策略

一、国民党在香港加强宣传部署

抗战期间，国民党非常重视利用舆论宣传维护和加强统治。国民党在港澳地区的宣传方针主要有三点：一是沟通海外侨胞情谊，协助政府推进战时政令；二是争取友邦同情与援助；三是以纠正分歧错杂的言论思想为主旨。[②] 为了充分实现国民党对外宣传意图和成效，1939 年 6 月 6 日，国民党中央党部在香港创办了机关报——《国民日报》[③]，该报肩负多重任务，既要宣传国民党的抗战政策，还要对不利于国民党及国民政府的言论进行反击。事实上，《国民日报》既要与汪伪政权操纵的《南华

① 广东省政协文化和文史资料委员会编：《广东文史资料精编》下编第 4 卷，《民国时期文化篇》，中国文史出版社 2008 年版，第 248 页。

② 金以林：《战时国民党香港党务检讨》，载《抗日战争研究》2007 年第 1 期。

③ 1939 年 6 月 6 日在香港创办，是国民党中央党部在香港的机关报，由当时的国民政府拨款创办。陶百川为社长。其办报方针是："新闻力求确、速，言论力求公、直；小品力求趣、实、洁；辟邪说，增益民智，团结人心，以求抗战之成功。"社址设于中环摆花街 25 号。总编辑何西雅，经理黄祖耀（黄苗子）。1941 年 12 月 25 日停版。1945 年日军投降后复刊。战后第一任社长是张湖生，主笔是黎晋伟，总编辑是黄伯飞。摘自《港澳大百科全书》，花城出版社 1993 年版，第 388 页。

日报》作斗争，也不放过那些亲共的报刊，还要与《华商报》打口水仗。由于国民党在港澳地区的组织政出多门，《国民日报》与“党部之宣传科无密切之联系”。此外，“亦因经费困难，同时下级党部又多不能积极运用社会的人力与财力，所以亦不能发挥很大的效果。特别是宣传技术的呆板低劣，有时且不免弄得民众对于宣传人员，发生厌恶轻视的观念，致削弱宣传的功效”，甚至引起“盟邦对我不免苛责”。① 吴铁城在其所作的《党务检讨报告》中不得不承认：

> 因为派在国外的宣传人才，实在不多，动员海外侨胞宣传的技术，不够精到，宣传经费亦不很充足，总感觉到我们的责任，还没有能够完全尽到。老实说，我们同志在国际上的宣传战，远不及将士在国内的军事战。②

内战爆发，国民党军费开支剧增，国民党党务经费更加拮据，1945年中央规定：“各级党部之工作人员，除少数必须专任人员外，均为无薪给职。”③ 一年后更是“推行党员义务为党服务制度”④。然而，战后恶性通货膨胀，国民党上层专于派系斗争、忙于抢夺各类资源、劫收牟利；基层党工薪资微薄，为养家糊口，只能自谋职业，根本无心过问党部事务。即使这样的状况，国民党中央也从未放松在香港进行宣传部署。

1947 年 2 月 3 日国民党中央行政院新闻局对香港报界宣传业务作情况汇总，明确指出国民党在香港进行宣传的工作要点，内容如下：

---

① 吴铁城：《党务检讨报告》（1915 年 5 月 7 日），见《革命文献》（第 76 辑），第 163 页。

② 吴铁城：《党务检讨报告》（1945 年 5 月 7 日），见《革命文献》（第 76 辑），第 463—465 页。

③《六全大会关于筹措党费之决议案初步实施办法》（1945 年 12 月 10 日），中国第二历史档案馆编：《中国国民党中央执行委员会常务委员会会议录》，第 41 册，第 244 页。

④《三十六年度党务工作方针》（1946 年 12 月 6 日），中国第二历史档案馆编：《中国国民党中央执行委员会常务委员会会议录》，第 41 册，第 54 页。

（一）以坚决鲜明之态度，制止“中间路线”之产生与滋长，对于共党外围之伪装“中间路线”，尤必须予以无情的破坏与打击，以减少盲从。

（二）对于各报之主持人与记者，务以不亢不卑之态度，作经常的、深切的联系，以期修正各报之态度。

（三）尽量搜罗英美以及欧美其他各国之反共资料，加以充分之运用，庶为港侨所乐于接受。

（四）国内政令尤以关于商业金融者，务作贴切之说明，以减低由市面不景气而诱发之反感，国内建设尤以关于华南方面者，多作兴奋性之介绍，以增刺激，以弭失望。

（五）需要软性刊物，抑低品位，加强刺激，作侧面宣传，期于低级趣味之中，收影响社会之效。

（六）国内定期刊物之有裨宣传者，无碍宣传面有益青年知识者，在港广为推销，以替代共匪刊物。①

这份报告特别强调了香港所处的地理和交通位置，在香港加强宣传可以波及广东、闽南以及南洋一带，也就做到了事半功倍。②

1948 年 2 月 3 日国民党中央宣传部就宣传纲领和宣传口号等问题致电行政院新闻局，强调宣传工作极端重要性，要求：“现值剿匪戡乱加紧进行之际，宣传工作亟应加强，期能配合军事，争取胜利。”国民党中央宣传部部署和制定详细的宣传纲领及宣传口号，目的是“集中力量，并统一论调，以攻击的姿态，压倒他的宣传活动”③，“以展开剿匪宣传新阵

① 《国民日报社与香港报界以及一般业务情况报传》（1947 年 2 月 3 日），《中国民国史档案资料汇编》（第五辑第三编文化），凤凰出版社 1999 年版，第 169 页。

② 《国民日报社与香港报界以及一般业务情况报传》（1947 年 2 月 3 日），《中国民国史档案资料汇编》（第五辑第三编文化），凤凰出版社 1999 年版，第 169 页。

③ 《国民党中央宣传部检查宣传纲领及口号致行政院新闻局代电》（1948 年 2 月 3 日），《中国民国史档案资料汇编》（第五辑第三编文化），凤凰出版社 1999 年版，第 25 页。

容”。在这份报告中，明确提出宣传纲领：暴露共匪以土革为中心的斗争的真相；粉碎共匪所谓爱国民主战争的理论。针对不同宣传受众作出详细具体的宣传注意事项规定。

对知识分子宣传注意要点是：

> 须彻底认识能否争取自由主义者使其谅解政府倾向本党，为本党成败的关键。对教授及曾受高等教育的知识分子说话要切实，要诚恳，要以国家民族为重。对青年知识分子说话要坦白，要勇敢，要坚决，要以切身利害，同时也要含有高远理想。①

对一般农工生产者及失业群众宣传重点如下：

> 说明本党节制资本的政策，要扶助生产事业，同时要增进工人的福利。对工人要指出高工资政策，破坏生产建设事业，使厂家与工人同归于尽。工人必须与厂家共谋事业的生存和进步。对失业者要指出共匪破坏工厂，破坏交通，控制农村以围困城市，使城市工商业者无法经营，使失业的原因。对农民的宣传，“宣传纲领”规定要揭发共匪“土革”的军事意义。……陈述匪区颠倒伦常，破坏家族，使农民不能保身家妻子儿女的事实，使农民提高其警觉。②

对都市工商业宣传要注意“随时随地解释工商业者今日所收受的痛苦，是共匪叛乱所造成”；“工商农要维持其生存发展，只有站在国民政

---

①《国民党中央宣传部检查宣传纲领及口号致行政院新闻局代电》（1948年2月3日），《中国民国史档案资料汇编》（第五辑第三编文化），凤凰出版社1999年版，第32—33页。

②《国民党中央宣传部检查宣传纲领及口号致行政院新闻局代电》（1948年2月3日），《中国民国史档案资料汇编》（第五辑第三编文化），凤凰出版社1999年版，第34—35页。

府一边。否则匪军所至，工商业者只有破家亡身一条路。”①

对地方中产分子宣传，要求“应陈述共匪破坏社会秩序，残害中产阶级地主富农工商业者的事实，说明政府剿匪是为了人民的生命财产，安居乐业”；“对普通工商人士说话，要实际，要具体，陈述事实重于阐明理论。”②

对外国记者宣传，要求：

> 注重于共匪“土革”的真正意义之解释。指出土革为共匪支持战争的手段，并不以农民解放或农村福利为目的。对外国记者说话，要注重历史与当前的事实。陈述事实重于阐明理论，而以事实证明理论。③

国民党中央宣传部对中共宣传的心理、手法和原则作一番分析，认为：

> 中共宣传总是表现为把一切解放区的“事”尽量描写的一百二十分的“明朗”，相反的，却对我们尽量污蔑攻击，煽动地拉拢着他们的对象：“所有的广大的群众”。④

这封函件还进一步分析共产党的宣传手法和原则：

① 《国民党中央宣传部检查宣传纲领及口号致行政院新闻局代电》（1948 年 2 月 3 日），《中国民国史档案资料汇编》（第五辑第三编文化），凤凰出版社 1999 年版，第 33—34 页。

② 《国民党中央宣传部检查宣传纲领及口号致行政院新闻局代电》（1948 年 2 月 3 日），《中国民国史档案资料汇编》（第五辑第三编文化），凤凰出版社 1999 年版，第 34 页。

③ 《国民党中央宣传部检查宣传纲领及口号致行政院新闻局代电》（1948 年 2 月 3 日），《中国民国史档案资料汇编》（第五辑第三编文化），凤凰出版社 1999 年版，第 33 页。

④ 《中央广播事业管理处抄送透视“共匪”的广播宣传致新闻局函件》（1948 年 10 月 15 日），《中国民国史档案资料汇编》（第五辑第三编文化），凤凰出版社 1999 年版，第 101 页。

用近似演戏的技巧，语调是娓娓动听；宣传文章是振振有词条条有理；态度则是充满戏剧性的情感。用这些综合成一副“可亲可敬”的面具，把獠牙血口整个儿的隐藏起来，引诱着、迷惑着他们的对象——“所有的广大的群众”的良知。[①]

为了在宣传战中赢得优势，国民党很重视研究对比国共双方在对外宣传上的优劣势，如1947年7月25日《国民党中央宣传部国际宣传处工作报告》分析国际宣传所处的“工作困难”：

一、我国宣传重心在美国，美国舆论因言论过于自由，而致庞杂，无一致之观察与主张。因此，本处对美宣传注重运用若干最重要与有势力之报纸与杂志。

二、针对共党作宣传斗争为本处中心工作。党系一国际组织，英美共党与中共本为一体，故中共在英美之宣传即英共美共本身之职务，不待推动，自能活跃。而本党欲使英美人士信我主义，助我宣传，事实较为困难。

三、反共宣传，甚易引起反苏误解，亦一工作上之困难焦点。在推进暴露共党叛乱宣传之际，必须顾到不妨碍对苏外交关系，不致增加同盟国家间之摩擦。

四、推进对外宣传须与政治配合。欲求宣传发挥效果，必须宣扬事实，不能徒托以虚词以事粉饰，因此，如宣传不能与政治配合，难期发生最大成效。[②]

---

① 《中央广播事业管理处抄送透视“共匪”的广播宣传致新闻局函件》（1948年10月15日），《中国民国史档案资料汇编》（第五辑第三编文化），凤凰出版社1999年版，第101页。

② 《国民党中央宣传部国际宣传处工作报告》（1947年7月26日），《中国民国史档案资料汇编》（第五辑第三编文化），凤凰出版社1999年版，第41—42页。

事实上，蒋介石曾经特别手令中央宣传部长彭学沛，要求国民党的新闻机构深入研究一下中共的宣传战术，“于每星期检讨一次，详加分析，必求彻底了解然后再研究对策”。[①]

1947 年国共两党宣传大战已呈激烈态势，1947 年 8 月 18 日民国政府行政院下达了关于修正“剿匪”总动员宣传计划纲要训令，特别命令：国内外各地党报即社论委员会“以期加强宣传一致之效，统希遵照为要”。[②] 在“剿匪总动员宣传计划纲要”中确定了宣传内容，提出了十四个基本口号，[③] 强调宣传的重点在于：

（一）阐扬政令——尽量宣传实施总动员令之各项方案及其有关法令条例，俾家喻户晓。

（二）暴露匪恶——将共匪祸国殃民之种种恶行尽量暴露，强调共匪得势后每个民众皆有家破人亡之危险，以加深人民对共匪之仇恨。

（三）提高士气——注重官兵战功之表扬及鼓励民众犒劳。

（四）振奋人心——廓清后方反动宣传，鼓励民众出钱出力，总动员参加剿匪，并随时将此类事实加以表扬。

（五）瓦解匪军——注重宣传匪方国际背景、勾结韩共、各地军事失败残杀民众及缺乏壮丁、粮食、物资等情形。[④]

---

① 高郁雅：《国民党的新闻宣传与战后中国政局变动（1945—1949）》，《国立台湾大学文史丛刊》，1994 年 12 月，第 223 页。

②《行政院关于修正“剿匪”总动员宣传计划纲要训令》（1947 年 8 月 18 日），《中国民国史档案资料汇编》（第五辑第三编文化），凤凰出版社 1999 年版，第 5 页。

③《行政院关于修正“剿匪”总动员宣传计划纲要训令》（1947 年 8 月 18 日），《中国民国史档案资料汇编》（第五辑第三编文化），凤凰出版社 1999 年版，第 6 页。

④《行政院关于修正“剿匪”总动员宣传计划纲要训令》（1948 年 8 月 18 日），《中国民国史档案资料汇编》（第五辑第三编文化），凤凰出版社 1999 年版，第 7 页。

行政院提出实施具体举措是："编纂剿匪通俗鼓词歌谣，并搜辑剿匪反共民谣，大量印行，向民间推广。"公开征求"剿匪歌"分发各部队及社会进行歌唱。[①] 同时设立中央到地方各省宣传汇报机制，以推进中央宣传部署。

以上材料清楚地展现了国民政府对该党宣传的部署，梳理这些文献，不得不感叹：政党政治下国共两党各自都强化了舆论宣传，但宣传的实效性却相去甚远。

1947 年六七月份吴玉章在返回延安给中央的报告中对中共在蒋管区办报的情况和作用有详细和深刻的叙述。他说：我们在蒋管区最大的武器就是报纸。我军前线胜利的消息天天在广大群众中传播，得到拥护，尤其是把我军俘虏蒋家军官公开介绍，号召其家属和我们通信，国民党感到非常之头痛。我们反映了各阶层、工农、乡村与城市各种痛苦与斗争的消息，使穷苦受压迫的人把我们的报看成了他们的喉舌。工商界、中小工业，我们替他们呼吁，把我们的报纸当成他们的报。不仅人民拥护，比较中立的保证言论，也只能跟着我们走。[②]

除了国民党的机关报中央的和个别特务报纸外，各报馆里都有中国的朋友，我们的报纸不仅有宣传作用还有组织作用。[③]

宣传不是万能的，如果宣传的观点与社会发展的进程相悖，即使使用暴力，也不能真正达到宣传的目的。任何宣传活动均需要配合政党的革命目的，国民党宣传机构老旧失灵，无法应付中共宣传攻势，特别是 1948 年以后随着局势的逆转，中国共产党的宣传攻势在全国顺势

---

① 《行政院关于修正"剿匪"总动员宣传计划纲要训令》（1948 年 8 月 18 日），《中国民国史档案资料汇编》（第五辑第三编文化），凤凰出版社 1999 年版，第 10 页。

② 《吴玉章返延安后给中央的报告——在渝工作一年的概况》（1947 年 6 月），中央档案馆、四川省档案：《四川革命历史文件汇集》（特委、省委文件）（1940—1947），1989 年 3 月，第 574—575 页。

③ 《吴玉章返延安后给中央的报告——在渝工作一年的概况》（1947 年 6 月），中央档案馆、四川省档案：《四川革命历史文件汇集》（特委、省委文件）（1940—1947），1989 年 3 月，第 574—575 页。

推进。

二、1947—1949 年中共中央对新闻宣传的相关指示

1947—1949 年随着国内局势的急速变化，国共政战的不断演进，中共中央高度重视新闻宣传，并给予不间断地指示和领导。

1947 年 11 月 7 日中央党校副校长彭真作了“改造我们的党报”的专题报告，他指出：

> 我们的党报是为人民服务的报纸，也是实现党的领导的重要工具，是指导党和群众的思想、向党内外一切错误的和敌对的思想作斗争的武器。[①]他强调：党报不是一个自由主义的报纸。或者是吃饱了无事干的有闲阶级的文人们想什么写什么的“自然流露”的地盘。它的每一个字，每一句都必须是对人民有用的和有利于人民的，是对人民和党负责的。[②]

彭真对报纸的编辑形式作出具体指示，他说：“我们的报纸不是纯美术的报纸，而是一个革命的战斗的武器。”[③]不是抄袭或者模仿资产阶级的技术，更不能以纯粹技术的观点，来编辑报纸。树立为群众所容易掌握和群众所熟悉的，即群众自己的形式，大众化的形式。

1948 年 3 月 7 日周恩来在关于《党的政策必须适时地向群众公开》的讲话中指出：“许多有关政策问题，仅限于少数干部知道，弄得群众及下级干部彷徨不定，结果必使自己陷于被动。”[④]周恩来要求：任何政策的

---

① 彭真：《改造我们的党报》（1947 年 11 月 7 日），《中国共产党宣传工作文献选编（1937—1949）》，学习出版社 1996 年版，第 670 页。

② 彭真：《改造我们的党报》（1947 年 11 月 7 日），《中国共产党宣传工作文献选编（1937—1949）》，学习出版社 1996 年版，第 670 页。

③ 彭真：《改造我们的党报》（1947 年 11 月 7 日），《中国共产党宣传工作文献选编（1937—1949）》，学习出版社 1996 年版，第 671 页。

④《周恩来年谱（1898—1949）》（下），中央文献出版社 2007 年版，第 784 页。

决定或改变，任何政策中之正确的部分或错误的部分，必须适时地不但向干部而且向群众公开指出，才能得到群众的了解和拥护而成为力量。①

1948 年 6 月一份长达一万多字的《粤港等地政治经济文化及社会动态等情报汇集》详细记录香港工商界人士对中共宣传报道的意见和建议，反映中国共产党这一时期特别注意听取香港工商业界人士对中共报刊舆论宣传的意见和建议。这份材料这样记述的：

> 1948 年 3 月 1 日香港工商界人士专门对中共宣传提出一些建议。章乃器提议应把解放区民营工业的状况报道出来。章还特别建议，从新华社及《群众》等报刊上，已可看到铁路、煤矿，农业及手工业的数字，但民生工业的情况，尚缺乏材料，最好把东北解放区的各种工业（民生工业在内）作个全面叙述，并与解放前国民党在东北的状况比较，将引起工商界的注意。②

这年 5 月有民主人士给中共提意见，认为像《华商报》之内的党报在批评蒋府措施的时候，不该带谩骂和火气，应该平心静气地说理。③

1948 年九十月间，中共中央为了改进和加强新闻工作，在河北省平山县西柏坡村召集人民日报社、新华社华北总分社的部分记者进行了学习。刘少奇在这次集会上发表了讲话，他指出：

> 报纸办得好，就能引导人民向好的方面走，引导人民前进，引导人民团结，引导人民走向真理。如果办不好，就存在着很大

① 周恩来：《党的政策必须适时地向群众公开》（1948 年 3 月 7 日），《中国共产党宣传工作文献选编（1937—1949）》，学习出版社 1996 年版，第 682 页。

②《粤港等地政治经济文化及社会动态等情报汇集》（1948 年 6 月），《广东革命历史文件汇集》（1947.8—1948.11）广东区党委等文件，第 278 页。

③《粤港等地政治经济文化及社会动态等情报汇集》（1948 年 6 月），《广东革命历史文件汇集》（1947.8—1948.11）广东区党委等文件，第 295 页。

的危险性，会散布落后的错误的东西，而且会导致人民分裂，导致他们互相摩擦。[①]

刘少奇以他特有的直率、深刻、形象的讲话方式表达了党报党刊要把中央与群众联系在一起的强烈意愿：

人民想和中央通通气，想和毛主席通通气，有所反映，有所要求，有所呼吁。许多人不会写字，邮路不通，电报不通，见毛主席难见到。怎么办？就要靠党报，而党报怎样联系群众，怎样巩固与扩大这种联系，就要靠记者。人民就依靠记者把他们的呼声、要求、困难、经验以至中国共产党工作中的错误反映上来，变成新闻、通讯，反映给各级党委，反映给中央，这就把党和群众联系起来了。[②]

刘少奇进一步指出：群众是否拥护党的政策，报纸要真实地报道，不要“加油加醋”，“不要戴有色眼镜”。报纸要把党的政策执行结果如实地告诉中央，中央时刻在准备考验自己的政策。如果政策有错误，就修正它，如果政策不完全，就补充完全。党报和记者的任务就是：“在群众中考察党的政策执行得怎样。”[③]

刘少奇意味深长地说：党报记者的笔是人民的笔，是党和人民的耳

① 刘少奇：《对华北记者团的谈话》（1948 年 10 月 2 日），《建党以来重要文献选编》（1921—1949），第 25 册，中央文献出版社 2011 年版，第 530 页。

② 刘少奇：《对华北记者团的谈话》（1948 年 10 月 2 日），《建党以来重要文献选编》（1921—1949），第 25 册，中央文献出版社 2011 年版，第 532—533 页。

③ 刘少奇：《对华北记者团的谈话》（1948 年 10 月 2 日），《建党以来重要文献选编》（1921—1949），第 25 册，中央文献出版社 2011 年版，第 536 页。

目喉舌。①

内战期间，中国共产党对宣传工作作出具体部署和批示，概括起来大致有以下几个方面：

1. 关于开展反对美国“扶蒋反共”的宣传指示

1947 年 6 月 26 日中央宣传部发布了关于开展反对蒋介石向美国借款的宣传指示，要求要继续暴露美国助蒋内战的事实，“待五亿借款宣布交付时再公布一次并痛骂之”。对马歇尔援欧计划暂时不评论，看今后发展再说。②

1947 年 7 月 7 日中共中央为纪念“七七”抗战发布对时局的口号，其中第六条规定了反美的口号：“反对美帝国主义侵略中国，反对美国政府供给蒋介石军火助长中国内战，要求一切美国海陆空和美国顾问团全部退出中国。”③

2. 关于对旧报纸的政策

随着解放战争的胜利进行，中共的力量逐步进入各大中城市，如何对待国民党统治区旧有的报纸和宣传机构，当时中共天津市委采取的办法是让旧报纸一律停刊。中央得知这个情况，在 1949 年 1 月 18 日马上给天津市委并林彪、罗荣桓、聂荣臻，以及华北局、北平市委发出指示，“不要命令旧有报纸一律停刊”，指示要求：

> 应该按照报纸性质属于进步、中间、反动等分类区别对待，即使是反动报纸，我们也不应不宣布理由就命令其一切旧报刊停

① 刘少奇：《对华北记者团的谈话》（1948 年 10 月 2 日），《建党以来重要文献选编》（1921—1949），第 25 册，中央文献出版社 2011 年版，第 538 页。

②《中央宣传部关于开展反对蒋介石政府向美借款宣传给邯郸新华总社的指示》（1947 年 6 月 26 日），《中国共产党宣传工作文献选编（1937—1949）》，学习出版社 1996 年版，第 658 页。

③《中共中央为纪念“七七”抗战发布对时局的口号》（1947 年 7 月 7 日），《中国共产党宣传工作文献选编（1937—1949）》，学习出版社 1996 年版，第 663 页。

刊。对旧有报纸处置，可以让他们分别办理逐次发表新闻并先将稿件电告新华社总社审核。

第二天中央对天津旧有报纸处理办法再给天津市委发指示，批评说：对于天津这样重要的城市在采取任何中央未曾规定的政策步骤前，不向中央请示，是错误而危险的。并强调说：即使中央在1948年11月26日的指示中提出要没收《益世报》这类反动报刊，天津市委也应该在没收之前上报中央并得到中央批准。该指示希望天津市委对旧有报纸具体处置对策上报中央。①

1月23日中央对天津《大公报》《新星报》《益世报》三报的处理办法给天津市委发出指示，同意天津市委对上述报纸进行审查，之后再发许可证的做法，提出了具体意见，要求《大公报》必须改组，该报一直以来对蒋介石小骂大帮忙，《新星报》反共反政协反苏，不能复刊，《益世报》先调查内部情况，不急于改变。

3. 关于对投诚的蒋军的宣传问题

1948年12月24日中宣部和新华社总社就发出指示，要求“对于国民党军，不要随便宣传他们应该起义可以起义曾经打算等等”，并要求宣传要选择有典型意义的起义蒋军将领，这可以起到瓦解敌军的作用。不应该利用被俘的已指名的战争罪犯，以及显著的反动分子，来进行对外宣传，比如王耀武（不是起义将领），“我们的革命绝不要反革命分子来替我们捧场，我们纠偏尤其不要反革命分子来替我们解释”。②

1948年中国国内的军事、政治和经济形势朝着更有利于共产党，而

① 《中央关于对天津旧有报纸处理办法给天津市委的指示》（1949年1月19日），《中国共产党宣传工作文献选编（1937—1949）》，学习出版社1996年版，第777—778页。

② 《中央宣传部、新华总社关于不可轻易宣传敌军起义及利用被俘匪官进行宣传的指示》（1948年12月24日），《中国共产党宣传工作文献选编（1937—1949）》，学习出版社1996年版，第760—761页。

非国民党统治的趋势发展，蒋经国在他的日记《风雨中的宁静》中描述道：这将对国民党“从政治到经济、从心战到外交，全面地孤立、分化和打击”①。中共中央关于新闻宣传一系列指示和方针策略中，不仅要求对事件报道必须进行解释，更要求党报党刊要明确、准确地表达党的政治意图，要充分展现党媒的宣传动员力和说服力。

三、中国共产党严格和规范党刊的新闻宣传制度

1949年1月22日中央宣传部向新华社各个分社以及中央局各局宣传部发出“端正宣传工作方针”的指示，转发了华北局宣传部关于端正宣传工作方针的指示。针对当时华北局十分区地委宣传部印发宣传“朱占奎率部投诚”一事的口号，华北局提出批评，指出把朱占奎宣传成投诚是错误的。华北局明确批评了投降和投诚是两回事。十分区在宣传中说朱占奎“给了蒋傅匪帮的军事统治一个很大的打击，给平津国民党军开辟了一条救死求生的道路”，华北局批评，这是夸大了朱占奎投降对瓦解敌人的意义和作用，是错误的。没有主要宣传庆祝人民解放军的伟大胜利，却着重动员群众欢迎朱占奎的“义举”，“严重地损害了我党的政治影响”。②中央对华北局十分区所犯错误进行严肃批评，认为这在群众中会产生很坏影响，希望以此肃清一切干部思想上的糊涂概念。

1947—1949年中共中央关于宣传工作的指示非常注重宣传工作的政策和策略，及时检查和纠正各地在宣传工作中出现的无政府状态，希望将各基层新闻宣传工作牢牢地控制在中共中央高度集中的领导之下。

1949年5月20日华东局拟定了关于加强宣传工作纪律性的指示，详细地列举出了在宣传工作中出现的种种无纪律和无政府状态，标语和言辞中的错误表现：

---

① 蒋经国：《风雨中的宁静》，1973年7月1日大专学生集训班印，第100页。

②《中央宣传部批转华北局关于端正宣传工作方针的指示》（1949年1月22日），《中国共产党宣传工作文献选编（1937—1949）》，学习出版社1996年版，第779—781页。

（一）在新闻采访和发稿问题上，个别新闻记者失掉立场，缺乏必要的政治警觉，无原则地谈论解放区土改政策中的偏向，工商业政策上的偏向，以迎合资产阶级心理，没有从政策的正确性和基本成绩上解释党的政策，造成一部分人对中共政策怀疑不安。

（二）在讲演、报告、讲座、讲话等宣传活动中，表现出主观、急躁、盛气凌人。例如在南京对学校员工，称他们是“伪机关”、“伪人员”，让参加反内战、反饥饿的员工不满，对学土木工程的员工宣传时说“过去为反动派造房子，今后应为人民造房子”，引起他们的反感。

（三）乱写标语口号，乱绘图画，乱报道等无纪律现象。比如，有个县城贴着“打倒美帝国主义”（不策略），“坚持反帝、反封建、反官僚斗争”（反官僚笼统），有些刚刚解放的新区，民心未定，就写“人们要翻身，参加解放军”的标语。

该指示列举宣传不当的具体实例：有一个中学画了一幅题为“为解放战争流血牺牲是光荣的”的画，画面表现的是：一个解放军卧倒在地上，背上插着一把刺刀，满地流血。华东局批评道：这不是表现光荣，而是以战争残酷来恐吓人民。[①] 另外，张贴在大学校园的一些标语：“讨还血债”“开仓济贫”“清算豪门”，言辞也不妥。

这些具体的批评意见对基层宣传工作起到有效的指导作用。

党的宣传一来要中央的统一领导才得以实现，二来还必须保证中国共产党的政策能准确、及时地宣传到各层级组织。如何确保这项工作落实？中共中央华东局的这篇指示提出了十二条做法，主要有：

---

① 《中央宣传部批转华东局关于加强宣传工作纪律性的指示》（1949 年 6 月 15 日），《中国共产党宣传工作文献选编（1937—1949）》，学习出版社 1996 年版，第 834 页。

(一)在新解放区的政策宣传以毛泽东、朱德总司令所发布的入城布告的内容为标准。对形势的宣传要以毛泽东、朱德总司令的进军命令与新华社有关社论为标准。各部不得自创标语口号文告,如有必须,须请示中央或华东局审核批准。①

(二)非新华社总社发布的新闻不得用于宣传内容(包括军事消息,时事分析)等。

(三)迅速改正对于民主党派和群众中自发的错误标语口号,并给予耐心解释,对于反动分子破坏党的政策和政治影响的宣传活动,及时查究并在群众中予以揭露。

(四)不得将老区的宣传内容(参军真光荣)用作新区城市的宣传内容。禁止在城市随处写标语,画漫画,多做口头宣传。

(五)各机关的通讯文稿要由机关领导审查,不得将工作经验、工作动态、会议消息文稿交私营的、非党的报刊随意发表。②

1949年6月15日中共中央宣传部批转华东局关于加强宣传工作纪律性的指示,要求各中央局、各前委、各宣传部、各政治部、各报社、各新华分社把华东局关于加强宣传工作纪律性的指示作为宣传工作部门的教育材料,进行检查,以纠正和防止类似"乱写标语、乱绘图画、乱报道的无纪律现象"再次发生。③

党刊宣传中特别开辟"从群众中来"专栏,公开解答读者提出的疑问,这是党刊党报与群众建立密切联系的很好方法。同时,党刊极其注

① 《林平致恩来并中央电》(1945年8月23日),中央档案馆、广东档案馆编:《广东革命文件汇集》(中共广东省委文件1941—1945),第509页。

② 《中央宣传部批转华东局关于加强宣传工作纪律性的指示》(1949年6月15日),《中国共产党宣传工作文献选编(1937—1949)》,学习出版社1996年版,第834、835页。

③ 《中央宣传部批转华东局关于加强宣传工作纪律性的指示》(1949年6月15日),《中国共产党宣传工作文献选编(1937—1949)》,学习出版社1996年版,第832页。

重专栏的编辑工作。如何办好党报党刊的读者信箱专栏，对读者来信要进行原则的分析，不能对读者来信中的批评意见不加分析，一概赞许。中共中央宣传部用实际案例做了一次具体示范。

事情缘由是 1949 年 2 月 5 日《天津日报》读者信箱发表了题为《关于物价波动问题答复李上明先生》，《天津日报》在复信中说这封来信是“诚挚的热望与善意批评，积极的建议”。3 月中宣部给予严肃批评，指出这封读者来信不是善意的商讨和批评，而是对党和政府的攻击和诽谤。中宣部的理由是：《天津日报》复信中对物价波动的解释不当，没有向读者指出物价波动的根源是国民党政府经济崩溃和伪金圆券膨胀。《天津日报》在答复中对人民政府为平稳物价而实施的各项措施却只字不提。这样就把国民党反动政府该承担的责任，反而扣到了自己身上。中宣部指出，这样报道无异于向天津市民说“人民政府不会搞”，解放区经济像国民党区一样没有办法。中宣部为此严厉批评了《天津日报》在群众中造成“很坏”的影响。①

以《天津日报》为例，中宣部要求各基层报纸必须以十分严肃、十分负责的态度对待读者来信的答复工作。并建议对一些专门问题，如果报社编辑没有能力回复，就要送交有关机关和部门，请他们解答。对内容复杂生疏、目前又没有成熟的经验或意见的问题，要实事求是地在复函中告知读者该问题尚待研究中，决不能草率答复。

中宣部对各报刊的读者来信专栏作了特别指示，要求“不能无原则地有问必答”。首先对读者的来信要进行分析和辨别，哪些是广大劳动群众中存在的普遍性问题，哪些只是个别阶层或个别分子才会有的特殊问题，哪些是诚恳询问，哪些是无理取闹，哪些是真正无知，哪些是别有用心的。然后再按照来信的具体情形，分别处理，或公开进行解答，或

① 《中央宣传部、新华社关于报纸“信箱”问题给〈天津日报〉社的指示》（1949 年 3 月），《中国共产党宣传工作文献选编（1937—1949）》，学习出版社 1996 年版，第 809—810 页。

个别复函，或根本置之不理，或提交公安机关部门研究。即使在报上公开作答复，也可有几种办法，如将来信全部披露，或者只摘录部分，或根本不刊登来信内容，只刊载答复。

中宣部要求各地报纸的问答专栏稿件必须经过当地党委负责人审查，其中关系重大者，必须请示上级党委，而涉及政策性问题而中央尚未发表过意见的，必须要中央批准。①

中宣部一方面要求各报刊要加强读者与党刊之间的联系，同时也要注意纠正各报刊对群众来信答复的随意性和不准确。中央和中宣部积极有效地掌控着各级报刊的舆论导向，实现了党对舆论的引导和统领作用。

如何加强读者与党刊之间的联系，如何引领舆论，《群众》周刊的“群众信箱”作出表率。1947 年 1 月 30 日《群众》周刊香港版的创刊号在“编者的希望”声明中，就明确表示将在接下来的一期里增开“群众中来”和“群众信箱”两个专栏，希望读者对本刊提出要求和希望，欢迎读者积极质询问题。②1949 年 5 月 19 日的《群众》周刊在“读者与编者”专栏中登载了一封来信，来信询问：“为什么只听到说毛泽东思想，而不是毛泽东的主义呢？”希望编辑部能圆满解答这个问题。③《群众》周刊是这样答复的：

> 因为毛泽东思想不仅是中国化的马列主义，而是形成了关于整个中国历史与中国革命的全部有系统的科学理论；不仅发展了马列主义，而且有许多新的创造，即在马列主义宝库里添加了新的东西进去，特别是关于新民主主义、革命战争、革命根据地、

① 《中央宣传部、新华社关于报纸“信箱”问题给〈天津日报〉社的指示》（1949 年 3 月），《中国共产党宣传工作文献选编（1937—1949）》，学习出版社 1996 年版，第 810—811 页。

② 《编者的希望》，《群众》香港版创刊号，1947 年 1 月 30 日，第 8 页。

③ 《关于毛泽东思想》，《群众》1949 年第 3 卷第 21 期，第 21 页，1949 年 5 月 19 日。

革命统一战线等等方面，在毛泽东思想里面，都有新的创造，使马列主义更加丰富和充实。①

这份复信充分显示了《群众》周刊政论家的理论素养和水平，显示了《群众》周刊作为中共理论刊物的权威性。无论是面向群众传播马克思主义理论，还是党刊宣传做到联系群众等方面，《群众》周刊无疑都立下一个标杆，起到示范作用。

1947 年 2 月 1 日，毛泽东在中共中央政治局扩大会议讨论党内指示《迎接中国革命的新高潮》时发表讲话，他说："革命高潮快要到来。""《大公报》是拥护蒋介石而又同蒋有分歧的资产阶级报纸，该报提出中国有三个前途：第一，政治协商的前途；第二，南北朝的前途；第三，十月革命的前途。唯独没有说有蒋介石统一中国的前途。中间派的报纸也没有一家说蒋介石能统一中国，甚至连国民党的报纸也不能不说只有民主才有出路。"② 就在讲话的前一天，《群众》周刊在香港成功发行。在香港，在各派政治力量激烈斗争和宣传舆论战中，中共部署一套精干的人马，以《群众》周刊为据点，广泛展开对香港工商界和民主人士的宣传统战工作。

萨义德说："知识分子显然是要在最能被听到的地方发表自己的意见，而且要能影响正在进行的实际过程，比如说，和平和正义的事业。是的，知识分子的声音是孤独的，必须自由地结合一个运动的真实情况，民族的期盼，共同理想的追求，才能得到回响。"③

《群众》周刊在香港的宣传活动图像恰恰显示了中国共产党无论在

① 《关于毛泽东思想》，《群众》1949 年第 3 卷第 21 卷，第 22 页，1949 年 5 月 19 日。

② 毛泽东：《对中国革命新高潮的说明》，《毛泽东文集》，第 4 卷，人民出版社 1999 年版，第 220—221 页。

③ [美] 爱德华 · W. 萨义德：《知识分子论》，单德兴译，生活 · 读书 · 新知三联书店 2013 年版，第 85 页。

何时始终坚持“以宣传工作说服群众”，“征取广大群众到自己的政治影响之下，使自己的口号成为群众争斗的目标”①的宣传策略与宣传原则。李维汉曾回忆说：抗战胜利后，国民党迁都南京后，中国共产党希望在南京筹备《新华日报》的出版，与国民党政府交涉中共出版报纸的合法权利，去找到国民党中央宣传部长彭学沛，彭学沛推给内务部长张厉生，张又推给彭，相互推诿，就是不许中共出版报纸。当时中共“印刷机器都已买好放在上海了，可就是不让出版”。②国民党也在严密监查中国共产党的出版情况，对中国共产党在国统区和香港所办刊物了如指掌。1947 年 8 月行政院下发了“关于香港文化团体及出版情况调查表”，其中在“报纸刊物”分类中，列出了“异党报纸刊物一览”，在列的报刊有：《华商报》《正报》《经济导报》《经济通讯》《青年知识》《文艺生活》《民潮》《太平洋杂志》等报刊，《群众》周刊也在此列中。调查表还对在列的“异党报纸”的重要内容、销量情况、社会影响都一一作出概括，认为《群众》周刊的重要内容是：“宣扬共产主义，攻击本党及政府。”对它的销量估计是：“销行二千份，计在港仅销百余份，余推销南洋一带。”“对社会人心影响不大。”③可见，《群众》周刊当时做得非常隐秘而机智。

国民政府对中共在香港发行的《群众》周刊有什么反应呢？

国民党中央宣传部得知《群众》周刊在香港发行后，致函外交部：

据报香港政府对于出版发行及社团活动均严加限制，但中共在港筹办群众周刊，其创刊号也已发行，兹抄送原情报一件，即

---

①《中共六届二中全会宣传工作决议案》（1929 年 6 月 25 日），《中国共产党新闻工作文件汇编》上册，新华出版社 1980 年版，第 41 页。

② 李维汉：《回忆与研究》，中共党史资料出版社 1986 年版，第 637 页。

③《行政院新闻局关于香港文化团体及出版情况调查表》（1947 年月 1 日），《中国民国史档案资料汇编》（第五辑第三编文化），凤凰出版社 1999 年版，第 763 页。

希查照，设法交涉防止该刊在港出版。[①]

港英政府与内地政府修好，也严格管制香港传媒。港英当局在1948年给英国政府的年报中写到：

有中国异人士滥用本港新闻自由，恣意攻击中国现有政府，因此必须警告他们不应滥用他们在此获得之庇护。[②]

香港报业公会评论说：

香港处于中国1949年前后的政治局面，继续成为党派对外宣传的舆论基地，政治色彩浓厚的报章，长期以国共内战、国际要闻作为报道重心，由于这些报章的市场并不限于香港，而是在中国华南一带，故此其内容很多时候也脱离了香港市民关注的焦点。[③]

深入研究1947—1949年在香港发行的《群众》周刊，有助于拓宽中国共产党党报党刊的研究视野，揭示党刊宣传工作的思想理念、方针原则、政策策略，以及它在中国近代新闻报刊史上特有的历史地位和历史作用。

让我们深入到《群众》周刊的文本和语境中去寻找答案。

① 《新闻研究资料》第25辑，中国社会科学出版社1982年版，第190-191页。

② 王庚武主编：《香港史新编》，香港三联书店公司1998年版，第521页。

③ 香港报业公会金禧纪念特刊编辑委员会编辑：《香港报业50载印记：香港报业公会金禧纪念特刊》，香港明报报业有限公司2004年版。

第二章

《群众》周刊对中国共产党土地改革的宣传

1947 年 1 月 1 日朱德发表了《一九四七年十大任务》讲话，概括了中国共产党在 1947 年将要做的十件大事。即第一，抵制国民党蒋介石军队的进攻，收复失地。第二，要加强地方武装、游击队和民兵，特别是被占区的游击战。第三，无论主力部队、地方部队和游击队、民兵，都要进行军事训练和政治教育，以此提高战斗力和觉悟性。第四,一切部队要帮助农民进行土地改革，严格执行和经常检查三大纪律八项注意，帮助人民进行生产，保持人民军队既打仗、有生产，又做群众运动的本色。第五，加强支持前线的工作，保证前线的供给。第六，完成土地改革，务必使农民群众，特别是贫农雇农，在平均分配的基础上确实得到土地改革的利益。第七，帮助农民克服困难互助生产，发展生产。第八，坚持艰苦奋斗的作风，严禁铺张浪费、贪污腐化。第九，要声援国统区人民的独立、和平、民主运动，声援他们求生存的斗争。第十，争取和国民党内一切爱国力量进行各种可能的合作。[1]其中第六项任务“完成土地改革”无疑成为党的宣传重中之重。

中共各级基层党委迅速贯彻中央，要求学习《中国土地法大纲》，中国人民解放军宣言、口号，三大纪律八项注意等“四大文件”。四大文件要下发到每个支部、每个村（保）政权；军队要发到每个小队；区（或中队）以上干部每人应保存一份，作为研究及实行的指针。通知还要求，要把这四大文件“向群众散发，向地方学校、知识青年、开明士绅、海外归侨、蒋记人员广泛散发阅”。[2]

中共香港分局于10月发出指示，要求：“每个单位，必须建立收听新华社广播，编印油印小报、广作宣传。必须设法打通与香港交通，运送进步书报至国内，南洋推销。每个干部必须研究新华社、《群众》《正报》社论及负责同志重要文章，作为对内掌握政策，对外宣传根据。”[3]并进一步指示：“目前宣传中心口号，应以《群众》三十七期中央所颁布的四十条口号及双十节解总宣言、土地纲领为主要内容。”[4]

为了帮助国内各阶层人士，特别是港澳工商业界人士及时了解中共土地改革政策，1947年1月30日香港版的创刊号到1948年10月，《群众》周刊连续刊载中共中央关于土地改革的文件、社论以及署名文章。

法国学者塔尔德[5]在1901年所著的《舆论与群集》中认为，报刊对

---

① 朱德：《一九四七年十大任务》，《朱德选集》，人民出版社1983年版，第200页。

②《琼崖区党委通知——学习〈中国土地法大纲〉等四大文件》（1947年10月16日），《广东革命历史文件汇集》（1946—1949）（琼崖党组织文件），1989年，第317页。

③ 叶金蓉等编：《中共中央香港分局文件汇编》（1947.5—1949.3），中央档案馆、广东省档案馆1989年版，第62—63页。

④ 叶金蓉等编：《中共中央香港分局文件汇编》（1947.5—1949.3），中央档案馆、广东省档案馆1989年版，第63页。

⑤ 加布里埃尔·塔尔德（Gabriel Tarde，1843—1904），法国社会学创始人之一，在社会学、社会心理学、刑事犯罪学、统计学、传播学等方面作出了杰出成就，对后世产生深刻影响。特别对“群众”“公众”“舆论”“精英”“报纸”等传播学领域的许多问题发表了极有见地的论述，为传播学的发展奠定了坚实基础。

社会的一个最主要贡献是：造就了现代舆论的主体+公众（public）。他提出了一个观点：唯有作为公众意见的舆论才具有政治上的正当性和合理性。从这个意义上讲，《群众》周刊对中国共产党土地改革的宣传，就是努力表达土改在政治上的正当性和合理性，《群众》周刊的宣传实现了报刊的这一作用，一定程度上展现了中国共产党敢于宣传、善于宣传的智慧与胆识。

第一节 对《中国土地法大纲》的宣传

一、对1946年以来的土地改革的总结

1947年2月13日《群众》周刊香港版上发表了著名经济学家于光远的文章，题为《一年来解放区土地改革》，首先指出中国共产党实现“耕者有其田”，是中国有史以来最深刻的社会大变革，这场运动是以八年抗战减租减息为基础，首先从1946年冬季反奸清算运动开始，发展到清理债务、回赎土地、清算敌伪统治时期贪污中饱、清算地主转嫁给农民的负担，以及清查“黑地”等。运动发展到新阶段就是实现“耕者有其田”，于光远特别解释道：中央发动这场土改政策最重要的问题：就是不侵犯中农利益、照顾各色人以及照顾地主。同时也指出土改又是与自卫战争密切结合。[①]

文章还总结了一年来土地改革的成就。它列出一些数据：

> 晋冀鲁豫全区到1946年10月已经有二十万农民获得土地，每人所得土地标准是三至六亩。苏皖地区到1946年12月有一千五百万农民获得土地。山东全区一年来一千五百余万农民已经分得土地，平均每人获得三亩以上土地。晋绥新区宁武等

① 于光远：《一年以来的解放区土地改革》，《群众》1947年第1卷第3期，第14页，1947年2月13日。

十三个县在短短的四个月里，就有七百五十村共五万一千四百多户农民得到土地，仅雁门五分区左云等六县农民就获得五十多万亩土地。晋察冀察哈尔全省土地改革到10月初步完成。怀来等二十五个县869个村四十五万农民获得土地。东北解放区截至10月底农民得地约达二千六百万亩，农民每人平均得到大约六亩至七亩土地。陕甘宁边区一部分未经土地革命地区也由边区政府决定，发行土地公债，征购地主超额土地。

一年多来的土改成绩如何呢？于光远从几个方面进行总结：

第一，土地改革彻底改变了解放区农村的社会关系，封建剥削者地主阶级大大削弱了。在土地改革实行彻底的地区，地主已经转向为自己劳动或经营工商业，富裕中农，特别中农大量增加，贫农减少，赤贫绝迹。①

于光远列举典型材料进行佐证：

太岳长子县六个村的地主全部转入自食其力劳动者，富裕中农由三十七户增加到五十五户，中农由四百六十户增加至九百五十户（达到90%），贫农由六百三十八户减至三百八十九户（达39%），赤贫由一百八十九户减至七户（达96%）。在苏皖石塘鹅钱乡无地的十五户赤贫已经获得土地。五百一十户贫农减为三百八十四户，一百六十户中农增加为三百零三户。

第二，土地改革对全中国乃至全世界发生十分重大影响。消灭了封建土地制度，占中国人口80%以上的劳动农民在解放区从封建的牢笼

① 于光远：《一年以来的解放区土地改革》，《群众》1947年第1卷第3期，第14页，1947年2月13日。

中解放出来，获得主要的生产手段——土地，从而使他们免于将他们的生产物的大部以地租的形式，供给地主作不生产的消耗，转而用于扩大再生产，从而激发农民生产情绪，进而改良耕作法，改良土地，进一步组织劳动互助，自由发展农业，发展农村中的资本主义，提高农业生产力。解放区的农村将迅速走向经济富裕，文化发达，为中国工业化奠定基础。

第三，土地改革巩固了解放区人民以工农业为核心的各阶层亲密团结。为新民主主义的民主联合政权奠定牢固基础。

第四，土地改革为争取全国独立民主的爱国自卫战争开发了无穷的力量源泉。为这场战争的胜利提供了最可靠的保证，由翻身农民所组成的军队，结合广大翻身农民热烈的支援参加，这一力量天下无敌。①

这篇文章对抗战胜利后中国共产党继续推行土地改革的政策及其作用进行了深度分析，也是《群众》周刊在香港推出评析中国共产党土地改革的首篇专论文章。周刊希望通过党刊让民众关注这个事件，认同和支持这场土地改革。

于光远在中共中央西北调查研究局任研究员期间，与柴树藩、彭平合写了《绥德、米脂土地问题初步研究》（此书后被译成多国文字）。在延安期间他大量阅读马克思主义著作，并翻译了德文版的恩格斯的《自然辩证法》。1946 年被中共中央派驻北平创办《解放》（三日刊），任编委。国共谈判破裂后，他回到延安，担任《解放日报》言论部副主编。这篇专论发表后一个月，他于 1947 年 3 月参加中央土改工作团，1948 年调入中央宣传部工作。②

为了对解放区农村与蒋管区民众生活进行鲜明对比，《群众》周刊

① 于光远：《一年以来的解放区土地改革》，《群众》1947 年第 1 卷第 3 期，第 15 页，1947 年 2 月 13 日。

② 张卓元、周叔连、吕政编著：《中国百名经济学家理论贡献精要》，第 1 卷，中国时代经济出版社 2010 年版，第 117 页。

发表了题为《“天府之国”的农村》的短文，描述蒋管区的四川农村的景象。文章说川东的乐山、石柱等县的农民每天只能吃到一顿苞谷稀粥，在比较富庶的川南隆昌、富顺等地，农民可以将番薯作为主要食粮。盛产食盐的梁山、石柱等地农民却吃不上食盐，川北的通江、南充，川东的彭水、黔江，川西南的古蔺、古宋等地，随处可见赤身露体，仅在腰间围了一条遮羞布的农民，“寒风凛冽中他们只能缩在肮脏的小屋中烤着柴火，等待春天的降临”。农民睡的床是用苞谷叶子铺的，或者用稻草编成“秧毡”。作者引用了四川当时流行的一句民谣：“一出门来把门带，只怕牛儿吃铺盖”，形象生动地表现农民清苦的生活场景。农村里小学教师们生活也苦不堪言，在川西南兴文县仙峰乡的一所小学里，教师们都是睡“秧毡”、吃苞谷，没有一个人有鞋穿。全校四五十个学生，全体都没有裤子穿，这种情形在四川农民里是太平常。①

这种悲惨生活原因从何而来？作者分析说：“仅去年一年，蒋政府即下令在四川征收田赋九百万石，而各种苛杂名目达二百四十种之多。以田赋说，连中小地主也吃不消。巴县百石地主张志清，去年被勒索的田赋占他全部地租的百分之六七十，去年他的田里八成收产稻谷八十石，佃户分得十二石，张分得六十八石，缴田赋却去了四十多石，至于农民们那就更惨了，多少有一点地的自耕农，自然被逼得死去活来，无地的佃户也不能幸免，因为地主总是转嫁田赋于佃农。”“宋子文严令各省限十二月缴解后，川康监察署、省府和粮食部人员合组‘监督团’，分六路出发督征，县级机构也拼命向人民压榨，如罗江等县官吏差役不够用，雇佣大批流氓‘助征’，给欠赋农民每家派去一两个，每天要供给酒肉茶饭，‘一打、二骂、三要钱’。”②

① 醒华：《“天府之国”的农村》，《群众》1947年第1卷第3期，第14页，1947年2月13日。

② 醒华：《“天府之国”的农村》，《群众》1947年第1卷第3期，第15页，1947年2月13日。

作者谷醒华曾就任四川江津县县长[①]，抗战期间他就为《新华日报》《群众》周刊撰写抨击蒋介石的文章，这篇反映四川农民苦难生活的文章很有说服力。

《翻了身的老百姓》对东北解放区乡村生活进行了速写，作者说自己沿着龙江境内绕了一圈，与民主政权下翻了身的农民一起生活了四周，所看到的是他们愉悦和幸福的生活。

在北安八区太平村，新分到土地的老乡们邀请作者去看地里的庄稼，“一望无际的绿油油的秋苗中掺杂着黄色的小麦，小苗随风曳荡，寂静的田野上散布着各种禾苗的香味”，“苞谷刚齐腰，豆角刚上架，大南瓜才长得和瓦盆样大，小麦刚开始发黄”，望着这一片希望之地，农民兴奋地说：“都是咱们的啦！”“如果今年庄稼不潦，要比往年强三倍。民主政府来了，年景都顺了，一垧地的大豆保得住六石！”[②]

作者还讲了一个很有趣的事情，35 岁的八区邱区长有个小铁盒子，别人都不能碰，连他老婆也不例外，没人知道里面放的什么金银财宝。

---

① 谷醒华（1890—1963），1915 年任荣县中学教务主任、校长，实行民主办校、教学育人的教育方针。支持学生组织“不奴读书会”，开展民主与科学的新文化活动。“五四”运动中，鼓励学生阅读《新青年》等书刊，支持县学生联合会为“拒绝和约签字”“废除二十一条”发动学生上街游行。曾公费赴南京、上海和日本考察教育，回县后任视学。民国十三年初，同赖君奇、张植如等创办私立旭阳中学任校长，鼓励学生阅读《共产党宣言》等书刊，谷醒华继任成都协进中学校长，鼓励学生参加抗日救亡运动和民主进步活动，输送学生去延安参加革命等，人们称赞该校是“成都的延安陕北公学”。民国十八年至二十一年，谷醒华任川军二十四军一师师长张志和（共产党员）部秘书，驻防江津，后任江津县长。他在任中勤劳朴素，廉洁公正，被称为“布衣县长”。常用“石父”等笔名在《新华日报》、《群众》周刊发表文章，抨击蒋介石撕毁政治协商会议协议，揭发发动内战的阴谋和罪恶。民国三十三年春，谷醒华在成都参加中国民主同盟。次年回县，筹建民盟组织。民国三十五年二月，民盟荣县区分部委员会在鼎新乡成立。吴玉章赞扬他“一心为革命，始终如一，不愧为真正的革命家、教育家”。同年至 1950 年任民盟四川省支部委员，解放后，谷醒华任民盟川南支部临工会驻会委员，并任西南军政委员会文教委员会委员和川南行署委员等。1951 年，应吴玉章约任中国人民大学教师，著《古代汉语语言语法研究》等。1963 年 2 月 13 日在北京逝世。

② 石铭：《翻了身的老百姓》，《群众》香港版第 1 卷第 3 期，第 16 页，1947 年 2 月 13 日。

有一天邱区长还是禁不住自己透露出来，里面放的是三垧地的“地照”。还说不让自己老婆知道，因为：“老娘们不懂啥，给孩子擦了屁股可就糟糕了。”①

在太平庄可以听到农民们写自己唱的各种各样新歌：

“拥护咱毛主席，解放我们东四省，使我们人民翻了身。打倒了特务和汉奸，乡亲们向前，同心努力结成团，仇报仇来怨报怨，十年账目今日还，行民主见青天，诉苦大会诉了冤，清算得到了房和地，平等生活乐安然。”

这些文章对解放区和国统区农村场景进行强烈对比，扩展了中国共产党与民众的交流与沟通，讴歌解放区土地改革后农村的新面貌，给战局动荡中的人们带来了一缕阳光，不免生出向往和期盼之情。

二、对《中国土地法大纲》展开宣传攻势

1947 年 9 月，中共中央召开全国土地会议，制定了《中国土地法大纲》。从这年冬天起，各解放区普遍进行了土地改革。作为抗日战争胜利后，中国共产党公开颁布的第一个关于土地制度改革的纲领性文件，《中国土地法大纲》明确规定：废除封建性及半封建性剥削的土地制度，实行耕者有其田的土地制度。“废除一切地主的土地所有权。”《大纲》规定了彻底平分土地的基本原则，“按乡村全部人口，不分男女老幼，统一平均分配，在土地数量上抽多补少，质量上抽肥补瘦，使全乡村人民均获得同等的土地，并归各人所有。”② 它向全中国和全世界人民表明：中国共产党高举反封建的战斗旗帜，为在全国消灭封建剥削的土地制度提供了一个基本纲领。对推动新老解放区的土地改革运动起到了重要作用，在国民党统治区产生了广泛的政治影响。宣传土地改革成为这一时期中国共产党新闻的一项中心任务。为贯彻中央对土地改革宣传工作的精神，

---

① 石铭：《翻了身的老百姓》，《群众》香港版第 1 卷第 3 期，第 16 页，1947 年 2 月 13 日。

② 魏宏运主编：《中国现代史资料选编》(5)，黑龙江人民出版社 1981 年版，第 210 页。

从1947年到1948年间《群众》周刊组织力量，设置专栏，大量刊载中共中央关于土地改革的文件和讲话，及时转发新华社的重要社论，系统介绍各解放区土改情况和重要消息。《群众》周刊特邀著名民主人士和知名学者发表了大量专论和署名文章，形成了史无前例的宣传攻势。其宣传特点表现在以下几个方面：

1. 刊载新华社社论，传达中共中央土地改革文件和重要讲话精神

1947年9月13日中国共产党全国土地会议通过《中国土地法大纲》，在这个纲领性文件颁布的前一天，毛泽东为中共中央起草了致中央工委和晋察冀中央局电文，要求土地法大纲一见报，在半个月内，就要把中国共产党的土地改革政策精神迅速传达到各个乡村，不能因此影响农业生产。①

为了向港澳及海外及时传达中共关于土地改革的政策方针，《群众》周刊在1947年10月6日第39期的首要位置全文刊登了中共中央委员会《关于公布中国土地法大纲的决议》和《中国土地法大纲》。为了宣传这个声势浩大的群众运动，《群众》周刊转载了1947年11月26日《晋察冀日报》的一篇社论——《全体农民起来平分土地》，社论指出："实行这个主张，就是彻底平分土地，使人人有地种，人人有房住，人人有饭吃，人人有衣穿，孩子都能念书，广大农民彻底翻身做主人。"②"闹翻身要靠大伙起来斗争，斗争！斗争不光是搬石头，最要紧望大伙齐心打敌人，我们的敌人是封建，它压迫农民几千年了，不是一下子就可以打倒的，一定要大伙都起来，工人、贫农、雇农做骨干，组织一个土地改革的大队伍，团结一条心，像个铁疙瘩，狠命的斗才能打倒它，不斗它是不肯倒下去的。"③

---

①《毛泽东年谱》下册，中央文献出版社1993年版，第270页。

②《全体农民起来平分土地》，《群众》香港版第1卷第46期，第6页，1947年12月11日。

③《全体农民起来平分土地》，《群众》香港版第1卷第46期，第5页，1947年12月11日。

社论运用通俗言语和铿锵有力的语气，把这场土改运动的目的、维护谁的利益等问题向老百姓说得一清二楚。④

《晋察冀日报》是根据地创办最早的中共中央分局机关报，是晋察冀根据地报刊舆论的权威。前身是《抗敌报》，创刊于1937年12月11日。该报主要登载国际国内时政动态，也刊登社论、民众运动消息和文艺作品。1940年11月7日边区成立三周年时，《抗敌报》改名为《晋察冀日报》，毛泽东为报纸题写了报头。在1948年晋察冀与晋冀鲁豫两大根据地合并，成立中共华北局之后，两区的机关报《晋察冀日报》和《人民日报》也同时合并，成为新版《人民日报》。1948年6月14日《晋察冀日报》完成自己的宣传使命，它共出版2800多期。

《中国土地法大纲》总共有十六条条款，怎样向群众宣传这些条款政策？特别考虑到香港特殊地区的工商界人士几乎都与这项政策有牵连。《群众》首先登载了彭真在晋察冀边区农会临时代表会上的讲话——《把农民队伍组织好》。彭真说："大家别看土地法有那么多字，内容多，不好记，不好掌握，其实也容易，同志们只抓到他的要点就行了。简单地说，记住三句话就行了。一个是村里的一切土地平分；一个是地主全部和富农多余的浮财等要拿出来，分给缺乏这些东西的农民，分的时候不要平分要填坑补缺，再一个是废除债务，乡村在土改前的旧账一笔勾销，从前公家贷给贫苦农民的粮款也统统不要了。"①

1947年5月彭真从东北局副书记的职位调离到中央做组织部部长，这是中央十二月会议上正式任命的。1947年9月，彭真在全国土地会议上作了一篇报告，他谈了土地改革与整党的关系。彭真非常注重思想方法，他的讲话既尖锐又十分风趣。1944年7月17日、18日时任中央党校副校长的彭真在中央党校整风大会上作关于《思想方法问题》的总结报告，当谈到整风问题时，他话语精辟而又风趣："这次大会我们采取的

---

① 彭真：《把农民队伍组织好》，《群众》香港版第1卷第47期，第2页，1947年12月18日。

是实事求是的办法，搞清思想，把病治好。治病，有的人也许要开刀，有的人只要吃几片阿斯匹林就好了。”[①]

彭真的《把农民队伍组织好》这篇讲话，隆重地拉开了《群众》周刊在香港对土地改革宣传的序幕。

《群众》1948年第2卷第9期上登载了朱德的诗作《土改后的农村》，朱德吟诵道：“千户万户喜朝晖，处处村头现紫薇；解放农人歌自得，专横铁鸟云高飞；平田有分躬耕乐，扫地无余心事远；后起青年多俊秀，秋高试马壮而肥。”[②] 精练的诗句记录了土改分到土地的农民喜悦心情和土改后农村的欣欣向荣的气象，讴歌了土改后农村的历史巨变。诗歌形式让严肃的政治话题变轻松活泼，拉近了党刊与群众的距离。

2. 组织著名民主人士和学者解析《中国土地法大纲》的政策条款

《中国土地法大纲》颁发后，中国共产党的土地改革方针政策顿时成为全社会最关心和最想了解的话题。作为党的“耳目喉舌”，《群众》周刊组织刊物负责人和著名民主人士撰写专论和署名文章，帮助社会各阶层提高对中共的土改政策的认识和理解，积极回应读者和社会的疑问。有了专家学者的参与，便强化了公众对一项政策的心理感受。

1947年1月30日至1948年4月5日《群众》周刊所刊发的有关《中国土地法大纲》的宣传文章（见附录1）共26篇，主要针对以下几个问题进行论述：

第一，关于中国共产党为什么要提出土地问题。

《中国土地法大纲》颁布后民众最想知道的是：中国共产党为什么要这个时候提出土地问题？

时任新华社香港分社社长、民盟中央宣传委员兼《光明报》的主编陆诒解释“为什么要这个时候解决土地问题”，他说：“只有把这个不合理的反动的制度，连根拔掉，我们才能‘一劳永逸’的完成反帝，反封

① 中共中央党校教务部选编：《老讲稿》，中共中央党校出版社2013年版，第43页。
② 朱德：《土改后的农村》，《群众》香港版第2卷第9期，第4页，1948年3月4日。

建的民主革命任务。……中国如果挣脱殖民地的枷锁，必然要工业化。但工业化的前提是什么？还是要在此时此地，先解决土地问题。”[①] 这篇文章透彻地指出：“如果没有实行土地改革，就得不到大多数的农民的拥护，不可能有巩固的解放区作为总后方，也不可能战无不胜，攻无不克，把攻势发展，打垮蒋军。”[②] 陆诒提出了中国工业化与解决中国农民土地问题的关系。

第二，关于土地改革的目的是什么。

时任香港分局书记、华南分局书记的方方鲜明地指出：中国土地法大纲“是完成中国革命的一个最重要的文献，这个文献是目前农民翻身、民族翻身的辉煌旗帜。”为什么说“农民的翻身就是民族的翻身？”因为农民是中国工业的市场，农民是军队的来源，农民是现阶段中国民主政治的主要基础，农民是现阶段中国文化运动的主要基础。认识这一切，不但是中国共产党人，而且一切民主派，都是完全必要的。“动员农民的方法，既不是文化教育，也不是民主选举，而最主要的是孙中山先生的‘耕者有其田’主张，只有把土地从封建剥削者手里转移到农民手里，变为农民的私有财产，挖掉了帝国主义和蒋介石在中国的根子，使帝国主义和蒋介石在中国的依靠失掉而崩溃，……建设强大的民族工业问题，供给最丰富的粮食、原料与吸收最广大工业品的工业市场问题，建设现代化的军队问题，援助民主运动的问题，提高中国文化问题，就迎刃而解，资产阶级民主主义性质的中国革命，才算是彻底完成”。[③]

孟南在《有关中国土地法大纲的几个问题》中，做了一个统计：“从民国元年到民国二十八年平均的佃农数，由占全人口百分之二十八增值百分之三十八；半佃农（贫农，半自耕农）平均数由占全人口的百分之

① 陆诒：《对土地法的观感》，《群众》香港版第 1 卷第 41 期，第 17 页，1947 年 11 月 6 日。
② 陆诒：《对土地法的观感》，《群众》香港版第 1 卷第 41 期，第 17 页，1947 年 11 月 6 日。
③ 方方：《“耕者有其田”与爱国民主革命》，《群众》香港版第 1 卷第 40 期，第 2 页，1947 年 10 月 30 日。

二十三增值百分之二十七。此一统计，有两点值得说明：（一）我国农民约占全人口的百分之八十，而上述佃农数就占了百分之六十五，这数目不能说小。（二）从民元到民国二十八年佃农数目增加了百分之一十四，是由于这一段时期内，中国还比较安定。”①

第三，关于为什么要平均分配土地。

为什么要平均分配土地？这是群众最关心的问题。作为香港《群众》周刊主编许涤新，对为什么要“平均分土地”从三个方面进行详细分析。

（1）按人口平均分配土地是消灭封建制度最彻底的方法。在这种办法之下，一切的封建特权和超经济的剥削，都失去了其存在的可能。一九四六年中共“五四”指示以后，只实现了半个耕者有其田，只算翻了半个身，只有实行彻底平分土地，雇农贫农的土地要求才能得到充分的满足和解决。②

（2）按人口平均分配土地“就能动员团结乡村中百分之九十以上的人口，起来参加土地改革。”这样一来“就取消了农村中的贫富的差异，就取消了过去那种利用土地和资金进行超经济的剥削的可能。”按人口平均分配土地，彻底地实现“耕者有其田”，取消了封建剥削和封建地租，资本主义生产中的绝对地租和等差地租也没法存在。③

（3）按人口平均分配土地是一种最公平的办法，这种办法没有厚待任何人，亦没有歧视任何人。这是一视同仁，大公无私的办法。④

许涤新强调：“离开平均分配土地就谈不上实实在在的实现耕者有

---

① 孟南：《有关中国土地法大纲的几个问题》，《群众》香港版第1卷第45期，第2页，1947年12月4日。

② 许涤新：《耕者有其田是发展工商业的前提》，《群众》香港版第2卷第6期，第11页，1948年2月19日。

③ 许涤新：《耕者有其田是发展工商业的前提》，《群众》香港版第2卷第6期，第11页，1948年2月19日。

④ 许涤新：《耕者有其田是发展工商业的前提》，《群众》香港版第2卷第6期，第11页，1948年2月19日。

其田，今天中国的土地改革，为什么要平均分配土地，其理由就是在此！”[①] 许涤新从中国经济发展的道路与方向的角度阐释中国共产党实行土地改革、推行新民主主义的经济政策的必要性。

解放区以外的民众对中国共产党的土地改革政策从“减租减息”转变为“平均分配土地”大为不解，当时社会最大的疑问是：为什么中国共产党要“泥腿子”自己起来，而不采取较“温和”的方式进行土地改革？时任中共上海市工委文委委员，香港生活书店总编辑的胡绳解答了这个问题。他说：“除了农民大众以外，没有任何别的社会力量单独能够压倒封建地主势力，民族资产阶级不能，无产阶级也不能。”[②] 他进一步分析：“一、除非发动农民大众的力量，就不可能压倒乡村中的封建的地主统治势力；二、除非发挥农民大众的智慧，就不可能适当地处理在解决土地问题时所遇见的一切原则性的问题——这就是土地改革非靠农民群众自己起来不可的原因。”

那么，农民大众起来自己救自己，又会不会过火呢？胡绳果然回答道：不会。“因为有了无产阶级政党的思想领导，有了无产阶级的合作，并且农民自己经过多少年的奋斗积累了丰富的经验，……这种合作越密切，领导越明确，经验越丰富，克服这种过火与错误的可能性就越大。”[③] 年轻的胡绳以他在政治上理论上的党性和锐气明确而简洁地解释了发动农民起来进行土地改革的重要作用。

第四，关于平分土地是否会损害民主统一战线。

《中国土地法大纲》实施后对民主统一战线究竟有什么影响和作用？是否会吓跑开明地主，有损于统一战线呢？这是内地和香港民主人士非

① 许涤新：《耕者有其田是发展工商业的前提》，《群众》香港版第2卷第6期，第12页，1948年2月19日。

② 沈友谷：《让农民自己动手解放自己》，《群众》香港版第1卷第41期，第19页，1947年11月6日。

③ 沈友谷：《让农民自己动手解放自己》，《群众》香港版第1卷第41期，第19页，1947年11月6日。

常关心和担忧的。

邓初民专门就中国土地法大纲是否会破坏民主统一战线、破坏工商业问题进行了分析。他说：“《中国土地法大纲》里面，并没有废除私有财产，土地分给农民，即为农民所有，而且还可自由买卖。不仅如此，只要不是恶霸地主，也好要分给地主一份。……仍然是资本主义范畴的。”[①] 他进而说：如果自以为是民主革命一分子的开明地主，因为“耕作有其田”损害了自己利益，就来反对土改，反对革命，那还算得上是“开明”吗？[②] 他特别强调：“今天中共的主旨，是要全心全意为人民服务。在农村中就是全心全意的为农民服务。只有为人民服务的党，才是人民拥护的党。”[③] 邓初民作为中国民主同盟中央委员和中国国民党革命委员会的中央常务委员，社会知名民主人士，他在中国共产党机关刊物上对土地改革政策表态并解释了政策条款，对工商业界的影响力自然不一般。

时任中国农工民主党中央常委兼宣传部长的李伯球在《略论土地改革》中着重分析了在实施平分土地后“掀起农民的战斗行动，对于民主联合阵线会发生怎样的变化”。他说：“在广袤的土地上动员着的群众与解放军主力行动相配合，将由江北迅速发展到江南与西南，国军粮源兵源必将陷于枯竭，各大城市物价粮价的风暴，将逼着广大的工人学生店员工商业家起来自救，所以民主团结只有由此加强，而不是削弱。内战只有由此缩短而不是延长。”[④]

民主革命家谭平山呼吁向往民主自由的工商业者，“坚决靠拢到民主统一战线中来，共同努力于土地改革之实现，以达到工商业发展的光明

① 邓初民：《我对中国土地法大纲的一个看法》，《群众》香港版第1卷第42期，第12页，1947年11月13日。（标点符号原文如此。）

② 邓初民：《我对中国土地法大纲的一个看法》，《群众》香港版第1卷第42期，第12页，1947年11月13日。

③ 邓初民：《我对中国土地法大纲的一个看法》，《群众》香港版第1卷第42期，第12页，1947年11月13日。

④ 李伯球：《略论土地改革》，《群众》香港版第1卷第43期，第12页，1947年11月13日。

大道。”① 谭平山说：“也许有意曲解的人们，以为中共的土地法大纲，是不同于孙中山先生‘耕者有其田’的主张，这是没有了解中山先生革命的三民主义的理论体系，及中山先生对于解决中共土地问题的原则，是无足深怪的。更有些人以为我们国民党民主派赞成中共土地法大纲，是做了中共的尾巴，这不独是污蔑国民党民主派，是含有恶意的挑拨离间，妄想分裂民主革命的统一战线，是应该加以抨击的。……我们完全同意中共土地法大纲，就是因为这个大纲是孙中山先生‘耕者有其田’的主张最忠实的实践。”②

他进一步解释说：“有些存心破坏土地改革的阴谋家，也许会拿出中共的土地法大纲来恫吓工商业者。有远见的工商业者，他们是绝不会上当的。他们能够从土地法大纲上得到明白的解释：在土地法大纲上明明不是废除私有财产，而是把地主占有的土地分给农民，为农民所有，并且准其自由买卖，就是地主及其家庭，也获得与农民同样的土地及财产，就是在乡军人以至于南京政府官员在乡村家庭，也一样获得分配与农民同样的土地和财产，这不是很明白么？事实上，实行土地改革不独不会影响工商业者的利益，反而会保护工商业者的利益，发展工商业，使工商业获得发展的前途，也是显而易见的事实。”③

著名政治活动家黄药眠发表了《我对土地法大纲的看法》，他强调：“这一次的土地改革是资产阶级的政纲，而不是社会主义的政纲，更谈不上是共产主义的政纲。”“今天所宣布的土地法大纲，虽然否定了封建地主们的所有权，但同时却承认了土地分配以后，农民对于土地之私有权而且还容许他们自由买卖。这一个土地政策自然是对资产阶级有利的。

① 谭平山:《土地改革与民主统一战线》,《群众》香港版第2卷第9期，第16页，1948年3月11日。

② 谭平山:《土地改革与民主统一战线》,《群众》香港版第2卷第9期，第14页，1948年3月11日。

③ 谭平山:《土地改革与民主统一战线》,《群众》香港版第2卷第9期，第16页，1948年3月11日。

因为，经过这次的土地改革以后，农民的生产力增高，商品数量增加了，农民购买力也增加了，这些都是发展工商业的有力的条件。”①

黄药眠提出一个更深刻的问题：“为什么这个政纲不是中国资产阶级提出来”，他分析说：“这是因为中国的资本主义受到了外国的帝国主义的压迫，始终不能顺利发展，中国的资产阶级的力量，始终非常薄弱的缘故。中国资产阶级既不敢去没收地主的土地，因为这有损于私有的财产神圣不可侵犯的观念；但同时他们又没有力量把封建的土地经济转变成资本主义经营的土地经济。于是这个资本主义性的土地政策底任务（注：原文如此），乃不能不落在工人和农人自己的身上。资产阶级的民主革命不必有资产阶级来领导，而可以由无产阶级来领导，这一个命题在中国革命的过程中，可说已经是获得了辉煌的例证了。”②

由于资产阶级提不出这样彻底反封建的提纲，只能由无产阶级来领导这场运动，而这场土改又极大保护和促进中国工商业发展，当然就不会损及民主统一战线。上述文章从这样的理路表达一个思想：中国共产党能够代表最广大人民的根本利益而绝不是农民的政党。这极大地有助于帮助一些摇摆不定的民主人士消除对中国共产党土改政策的怀疑和反感。

三、设立“解放区报道”专栏，介绍土地改革成就

民众都关心解放区土地改革后发生了怎样的变化，为此，《群众》设立了“解放区报道”专栏详细介绍解放区土改进展和成就。在 1948 年第 50 期上刊载了醒华的《东北解放区土地改革概况》，系统介绍了一年来东北解放区土改的主要收获。文章说：“经过一年轰轰烈烈的土地改革运动，东北解放区基本上摧毁了封建势力的统治，几千年来呻吟在地主阶级封建淫威下面的贫苦农民，在政治上、经济上获得翻身，重新成

① 黄药眠：《我对土地法大纲的看法》，《群众》香港版第 1 卷第 43 期，第 12 页，1947 年 11 月 20 日。

② 黄药眠：《我对土地法大纲的看法》，《群众》香港版第 1 卷第 43 期，第 12 页，1947 年 11 月 12 日。原文如此。

为自己土地的主人，截至去年七月统计：东北解放区（包括吉林、黑龙江、嫩江、辽北、松江、牡丹江、合江、辽宁等八省及热河一省）已有六百二十九万零六百二十四个无地和少地的贫苦农民，……平均每人得八亩地。"[①]"数十万翻身的农民成批成批地涌入人民解放军主力及地方武装，在紧张的土地改革及生产运动中，积极支援前线，一年来参战群众已达五十九万余人，组成担架四万一千副，大车八万六千辆。在民主联军去年夏季攻势中，有些参战群众跋涉数千里，转战三个月，情绪始终高涨。在秋季大反攻中，与夏季攻势新收复的通化市，就出动了七千余人，担架千副，大车二百五十辆……东北翻身的农民自觉地为自己的利益而战，这就成为东北人民解放军必胜的保证。"[②]《解放区的春耕热潮》一文激情洋溢地评述：土改后，"东北、山东、晋察冀、晋绥、陕甘宁、太行等所有的解放区的农民，现在都已积极地开始了春耕。""农民们获得了土地，获得了浮财，生产的热情自然是大大提高了。数千年的个体的独自生产，自顾自观念也已逐渐打破，生产互助的组织，在各地农民中间，普遍地建立起来了。"[③]

以上文章通过对解放区土改后农民生产生活的大变化进行报道，使国统区民众以及港澳和海外读者对中共土改政策的成效有了具体而感性的认识。

在一篇题为《翻身乐》的文章里，讲述了胶东土改后农民分得地主浮财的情景。"各地翻身的农民纷纷搬到新分的房子中，各家各户都在吃翻身饺子。各人见面，真不知怎样才能说出心头快乐的味儿。""数千农民在文登城，举行了农民翻身大游行。人海里是五颜六色，骡马轿车来

① 醒华：《东北解放区土地改革概况》，《群众》香港版第1卷第50期，第13页，1948年1月8日。

② 醒华：《东北解放区土地改革概况》，《群众》香港版第1卷第50期，第13页，1948年1月8日。

③ 墨平：《解放区的春耕热潮》，《群众》香港版第2卷第14期，第20—21页，1948年4月15日。原文如此。

往不停，柳林村十一位老大娘坐着刚要回来的大骡车，穿着刚要回来的古装新衣，她们喜得嘴都合不拢了，摆动这宽大的衣袖，见人就说，你看这袖子三尺多宽，光袖子咱们穷人做衣裳都够了。这衣裳他们放着压箱子，咱穷人可冻死啦。"

"另一位老大爷穿着一件大红袄，前前后后跑来跑去，嘴里不知呼喊着什么，有人笑他穿着大红袄，他胡子翘起瞪着眼，大声说'这是我自己的东西，从地主要回来的，老了也时时兴。'"文章中有一段专门叙述当时如何分地主浮财的情节，"各种一时无法分的东西都集中在一起，只等征求了意见，划好价，它的真正主人们便可以来领取。很多村镇都举行了回家果实展览会。……各式各样的贵重物品：金银碗、杯、碟、筷子、衣服，还有十多年前的坏粮食，以及地主用来摆架子、打穷人的拐杖等。人们扶老携幼的来参观，有的东西是穷人一辈子也看不到的。"①

七十三岁的邢广元"是个苦命人，从小跟母亲要饭吃，后来给人家看牛，以后又干农活，年纪老了不能干活，只好讨饭度日。自己的两间房，三分田也给地主恶霸占去了，可说是一辈子受冻挨饿，直到民主政府成立后才不讨饭，这次农民翻身运动中，他不仅收回自己的房子和院子，还要回了二亩三分地，一件大袍子，一床毯子、一条裤子、袜子、帽子，还有苞米、麦子、麸子等等，老汉生活过好了，欢喜得夜里睡不着觉，他知道这是毛主席给他的幸福，领他翻了身。……"这些描写字里行间充满了很强的鼓动性。

《群众》1947 年第 34 期和第 35 期连续登载美国记者史特朗的《耕者有其田——解放区纵横行》，文章选取史特朗的《我看见了新中国》中的一章。李公朴曾经评价过史特朗，说她是"一个对历史特别明朗的人物"。事实上，史特朗提出了非常关键的一个问题，土改"为什么要斗地主"。她分析说："关于中国地主的势力究竟有多大，是没有统计的，

① 艾琴：《翻身乐》，《群众》香港版第 2 卷第 2 期，第 20 页，1948 年 1 月 22 日。

在土地改革运动中，各个村庄汇集了统计数字。但并未归纳起来。在我所走过乡村里，土地改革前全村一半至三分之二的土地是地主所有。光是租地，农民要拿百分之五十至六十的收成以实物交租。假如地主供给农具和种子，那么，便得交百分之七十甚至更多的租。……这个问题对千千万万的耕田人是关系生死的事，他们进行革命，并非为了生活的好些，而是为了能够活下去。”① 她明锐地觉察到中国共产党对两千多年来封建主义统治下的农民开启的这场深刻社会变革运动将是一场史无前例的社会改革运动。她说：“土地改革的目的并非为了一个幻想的乌托邦，它是为了‘打破封建’，用‘新资本主义’方式扩充生产。……调整土地所有权以致大部农民能靠自己的土地来生活。它的目的是为了尽可能使更多的贫农上升为‘中农’。”“这样自由的农民才能走上繁荣之路。”②

史特朗充满感情地说：“当春天从北方的黄河流域的肥沃的泥地移到山西的山间，移到中国西北的高原，移到中国东北起伏的平原上的时候，千千万万的农民出来播种了。拥有新的土地但只有很少的工具的人们，把自己的家畜和农具汇聚在劳动队里，小镇市上的人们，组织志愿队来帮助春耕。”③

史特朗描述了 1946 年 8 月 6 日在杨家坪采访毛泽东时的一个重要场景，她说：“我曾经问过毛泽东他对最后胜利的信心是否有所怀疑，他答复并没有提起军事，而只说：‘这要看我们如何进行土地改革了。蒋介石要失败的，因为他的做法违反农民的要求，假如我们共产党能够解决土地问题，那么我们就会胜利。’”④

---

① 史特朗:《耕者有其田——解放区纵横行》,《群众》香港版第 1 卷第 34 期，第 10 页，1947 年 9 月 18 日。

② 史特朗:《耕者有其田——解放区纵横行》,《群众》香港版第 1 卷第 34 期，第 8—9 页，1947 年 9 月 18 日。

③ 史特朗:《新的农民》,《群众》香港版第 2 卷第 49 期，第 22 页，1948 年 1 月 1 日。

④ 史特朗:《耕者有其田——解放区纵横行》,《群众》香港版第 1 卷第 34 期，第 8—9 页，1947 年 9 月 18 日。

当时美国许多报业人士从来不发表有利于中国共产党的任何报道，国民党的刊物对中国共产党的《中国土地法大纲》进行攻击和谩骂，作为国际人物的史特朗对中国共产党土改政策大加赞扬，在国统区和港澳以及海外产生了积极影响。

四、读者专栏的作用

《群众》周刊设置“读者与编者”专栏，专门回复读者对《中国土地法大纲》的疑问。例如，1948 年 1 月 8 日和 1 月 15 日，《群众》接连两期回复了读者何志民的疑问。[①] 编辑首先回答关于“地主的阶级特性”的问题，答复上说：“地主是指农村中的封建剥削阶级，他的主要特征是（一）拥有广大的土地，（二）自己不劳动，（三）把田租给农民，靠地租收入过优裕的生活。”编辑还特别强调：“并不是有土地者即是地主，因为富农和中农也有土地。”但因为拥有的数量较少，或经营的方式不同，与地主有区别。为此，还举例说明：一个农民家里几分地不够生活，不得已租给人家种，自己去做长工，而且依靠做长工来生活，这种人只能说是雇农，而不是出租土地的地主。

编辑解答了关于“分配土地以乡或等于乡的行政村为单位”，乡与乡、村与村之间的土地面积如何分配。周刊编辑认为：应该是以乡或行政村的居民原来所耕种的土地为准，但如果各乡或各村之间，土地的多少不均匀时，自然可以实行抽多补少或抽肥补瘦的调整办法。[②]

如何防止土地重新集中在少数人手中，《群众》是这样解答的：“在生产上实行合作，实行劳动互助，这是在个体经济基础上的集体劳动。”“财产还是个人私有的，不过大家组织起来，共同进行生产，这种集体生产，自然比放散的个体生产时效更大，使生产率大为提高。”比如过去一家一户是一个生产单位，当农忙的时候，每家都有人下地，而每家都是必须留一个人在家里烧饭或送饭，现在各家组织起来实行劳动互

① 《复信》，《群众》香港版第 1 卷第 50 期，第 24 页，1948 年 1 月 8 日。

② 《复信》，《群众》香港版第 2 卷第 1 期，第 24 页，1948 年 1 月 15 日。

助，今天集中在你的地上工作，明天集中在我的地面翻土，一面又要下种，使工作效率大大减低，如果许多人结合起来，翻土的翻土，下种的下种，人多力大，工作的进行就要快得多了。“分散的个体生产是封建统治的经济基础，是使农民永远陷于穷苦的主要原因。而集体的生产将使农民集体的向上发展，共同走向富裕，这就使土地重新集中到少数人手里成为不可能。”①

这封读者回信强调《中国土地法大纲》在各地具体实行的时候，根据具体情形决定一些补充办法，不是“一刀切”。比如，东北解放区、晋冀鲁豫边区政府都施行土地法补充办法。《群众》周刊在 1948 年第 2 卷第 2 期就刊载了《东北解放区实行土地法大纲补充办法》《晋冀鲁豫边区政府施行土地法大纲补充办法》两个文件，方便读者进一步了解土地改革政策细则，可见，《群众》周刊的编委工作细致周到，当时章汉夫就曾亲自给读者回信。只有对读者的答疑解惑工作做到位，才能发挥刊物的舆论影响力和传播力。

第二节　对纠正“左”的偏向的宣传

1947 年 12 月 25 日在杨家沟召开的中共中央扩大会上，毛泽东特别强调这个会议“要解决新的问题，是在中农、中小资产阶级和党外人士问题上新出现的‘左’的偏向”。② 毛泽东针对土改中暴力打人问题，对待地主问题，都提到原则性高度。要求共产党员要像抗日时期反对投降潮流那样，反对这个“左”的偏向。毛泽东特别点名“山东和西北土地问题最严重”，他明确表示：“现在必须重申，共产党绝不要提倡打人，绝不要

---

①《复信》，《群众》香港版第 2 卷第 1 期，第 24 页，1948 年 1 月 15 日。

② 毛泽东：《在杨家沟中共中央扩大会议上的讲话》，《毛泽东文集》第 4 卷，人民出版社 1996 年版，第 334 页。

组织打人，这是一条原则。”[①]“地主作为整个阶级来说是要消灭的，但作为个人还要分别情况不同对待。在土地改革中，对地主阶级中赞成土地法的，或过去和我们合作过的上层人士，可以采取或分而不斗的办法，除个别人物犯了死罪的要出布告枪毙外，对一般的人采取上述办法比较恰当。”[②]

为了消除土地改革中发生“左”的偏向带来的负面影响，1948 年 1 月 4 日毛泽东为中共中央起草致香港分局、上海分局及各中央局电，要求在报纸上刊物上对于美帝国主义及国民党反动派存在幻想、反对人民民主革命、反对共产党的某些资产阶级右翼分子进行公开批评与揭露。“文章要有分析、要有说服力，要入情入理。”“对一切应当争取的中间派的错误观点，在报纸刊物上批评时，尤其要注意文章的说服性。”[③]1 月 15 日在杨家沟召开西北野战军前委扩大会，毛泽东在会上发表了长篇讲话，强调说：“我们要习惯听闲话，准备多听闲话，把听闲话当作收集舆论、收集不同意见的机会。多收集各种意见，认识自己工作中的缺点错误，这样工作就可以减少盲目性。”[④]

1948 年 2 月 11 日毛泽东为中央起草了关于《纠正土地改革宣传中的“左”倾错误》的指示，尖锐批评了许多地方的通讯社和报纸不加选择地、没有分析地传播了许多包含“左”倾错误偏向的不健全的通讯或文章。毛泽东罗列了宣传工作中的错误表现即：

> 一、不是宣传依靠贫雇农，巩固地联合中农，消灭封建制度，而是孤立地宣传贫雇农路线。不是宣传无产阶级联合一切劳动人民、受压迫的民族资产阶级、知识分子和其他爱国分子（其

---

① 毛泽东：《在杨家沟中共中央扩大会议上的讲话》，《毛泽东文集》第 4 卷，人民出版社 1996 年版，第 335 页。

② 毛泽东：《在杨家沟中共中央扩大会议上的讲话》，《毛泽东文集》第 4 卷，人民出版社 1996 年版，第 335 页。

③《毛泽东年谱（1893—1949）》下册，中央文献出版社 1993 年版，第 298 页。

④《毛泽东年谱（1893—1949）》下册，中央文献出版社 1993 年版，第 300 页。

中包括不反对土地改革的开明绅士），推翻帝国主义、封建主义和官僚资本主义的统治，建立中华人民共和国和人民政府，而是孤立地宣传所谓贫雇农打江山坐江山，或者说民主政府只是农民的政府，或者说民主政府只听工人和贫雇农的意见，而对中农、对独立劳动者，对民族资产阶级，对知识分子等，则一概不提。①

二、在整党方面，……甚至有唯成分论的错误宣传。

三、在土地改革问题上，许多地方错误强调所谓“群众要怎样办就怎样办”，迁就群众中的错误意见。

四、在工商业和工人运动的方针上，对于某些解放军存在着的严重的“左”的倾向，或者加以赞扬，或者熟视无睹。②

中央随即要求，“这些现象必须改变。”③

纠偏工作还必须注意从舆论宣传上挽回对社会上负面影响。1948 年 3 月 30 日中央宣传部部长陆定一在对《晋绥日报》编辑部谈话中，指出了一个时期内报纸在宣传中犯了“左”倾错误和缺点，如定成分，孤立宣传贫雇农路线，否定地主向工商业的正常转化。有的甚至宣传镇压杀人，助长唯成分论。陆定一强调：党报工作就是宣传政策，报纸的一字一句、一则新闻、一条标题，处处都体现着党的政策，稍一疏忽即会产生错误。每个党报工作者，要认识自己光荣而艰巨的责任，努力学习，使报纸办得更好。④他还举例说明“贫雇农打江山坐江山”这个口号是错

① 毛泽东:《纠正土地改革宣传中的“左”倾错误》,《毛泽东选集》第 4 卷，人民出版社 1991 年版，第 1280 页。

② 毛泽东:《纠正土地改革宣传中的“左”倾错误》,《毛泽东选集》第 4 卷，人民出版社 1991 年版，第 1280—1281 页。

③《中央宣传部关于大后方党的干部教育的指示》（1940 年 10 月 25 日），《中国共产党新闻工作文件汇编》上册，新华出版社 1980 年版，第 182—183 页。

④ 陆定一:《对〈晋绥日报〉编辑部的谈话》（1948 年 3 月 30 日），《中国共产党宣传工作文献选编（1937—1949）》，学习出版社 1996 年版，第 687 页。

误的，错误在于排斥了中农，排斥中农，贫雇农的江山坐不稳，民主革命反而会失败。[①]

毛泽东在1948年4月2日对《晋绥日报》编辑人员作出重要指示，“有关土地改革的各项政策，都应当在报上发表，在电台广播，使广大群众都能知道。”[②]6月5日毛泽东批示，必须坚决纠正听任许多错误观点广泛流行，宣传工作不严肃的错误。各地领导必须以严肃科学的态度对待宣传工作。[③]毛泽东用非常形象的比喻说，报纸写东西，不能“钝刀子割肉”“半天割不出血来”[④]，要求报纸要写出“尖锐、泼辣、鲜明”的观点。

为了响应中央关于消除土地改革中发生的“左”的偏向带来的负面影响，《群众》周刊全力进行了宣传和报道。

一、刊发纠偏的相关文件，报道土改整党的典型经验

《群众》陆续刊载中国共产党在土改纠偏中颁布的一系列指示，有：《东北解放区实行土地法大纲补充办法》，《晋冀鲁豫边区实行土地法大纲补充办法》[⑤]，《中共中央关于在老区与半老区进行土地改革与整党工作的指示》[⑥]，《中共中央关于1948年土地改革和整党工作的指示》[⑦]，《中国东北局对新区土改的指示》[⑧]；《群众》还转载中共关于纠正土改左的倾向的几篇重要文件，如：任弼时《土地改革中的几个问题》[⑨]，习仲勋《关

① 陆定一：《对〈晋绥日报〉编辑部的谈话》（1948年3月30日），《中国共产党宣传工作文献选编（1937—1949）》，学习出版社1996年版，第687页。

② 毛泽东：《对晋绥日报编辑人员的谈话》，《毛泽东选集》第4卷，人民出版社1991年版，第1318页。

③《毛泽东年谱》下册，中央文献出版社1993年版，第353页。

④ 毛泽东：《对晋绥日报编辑人员的谈话》，《毛泽东选集》第4卷，人民出版社1991年版，第1322页。

⑤《群众》香港版第2卷第2期，第36页，1948年1月22日。

⑥《群众》香港版第2卷第8期，1948年3月4日。

⑦《群众》香港版第2卷第21期，1948年6月3日。

⑧《群众》香港版第3卷第2期，第11—12页，1949年1月6日。

⑨《群众》香港版第2卷第12期，第1—9页，1948年4月1日。

于纠偏整党的指示》[1]，《中共中央关于1933年的两个文件的决定》(《怎样分析阶级》，《关于土地斗争中一些问题的决定》)[2]。

中国共产党纠偏有没有成效，这是社会舆论关心的问题。为了及时向社会展现中国共产党纠偏所取得的显著成效，《群众》周刊登载了三篇介绍中国共产党土改整党典型经验的报道：《平山土改中创造好范例》[3]《山西崞县怎样进行土地改革的》[4]《绥德黄家川村的整党经验》[5]。1948年2月8日中共中央晋绥分局社会部部长谭政文就山西崞县召开土地改革代表会议情况给晋绥分局书记李井泉写了一份报告。毛泽东为这个报告批复按语，将标题改为《山西崞县怎样进行土地改革的》，此文和按语一起发表在1948年3月24日《人民日报》上。毛泽东在批示中说："这篇通讯中说明了那里的群众斗争业已展开，群众对于分配土地业已完全酝酿成熟，在一个农民的代表会议上完成了平分土地的一切准备。那里对于划分阶级成分，曾经划错了许多人，但是已经公开地明确经过群众代表的讨论，决定改正。对于不给地主以必要的生活出路，不将地主富农加以区别，侵犯中农利益等项错误观点，作了批判。"

《群众》1948年第2卷第13期上用了8页的篇幅刊登了毛泽东的按语和报告全文。正如毛泽东所说："这种叙述典型经验的小册子，比我们领导机关发出的决议案和指示文件要生动丰富得多。"[6]《群众》周刊采取这样的报道形式，能够很好地帮助群众了解中共如何纠正土改"左"的偏向、取得怎样的成效等问题。

另外，在《群众》1948年第2卷第18期上全文刊登了毛泽东1948年4月1日在《晋绥干部会议上的讲话》，毛泽东指出："现在农村中流

① 《群众》香港版第2卷第16期，第3—4页，1948年4月29日。
② 《群众》香港版第2卷第23期，1948年6月27日。
③ 《群众》香港版第2卷第8期，第5—6页，1948年3月4日。
④ 《群众》香港版第2卷第13期，1948年4月8日。
⑤ 《群众》香港版第2卷第26期，1948年7月8日。
⑥ 《群众》香港版第2卷第13期，第2页，1948年4月8日。

行的一种破坏工商业、在分配土地问题上主张绝对平均主义的思想，它的性质是反动的、落后的、倒退的。”[①] 为了帮助群众理解这段话的含义，在第 31 期上特别发表了专论《关于农业社会主义的问答》，详细分析了毛泽东这个讲话的意义。文章解答道：“农业社会主义是指小农经济基础上产生出来的一种平均主义思想，平分封建的土地财产是从发展生产力这一基本点出发的。在土改中分得一定分量的土地财产的贫农必须努力生产，改进生产技术、进行生产的竞赛”，“决不能还等待分配又分配，救济又救济。否则，贫农仍将陷入贫困。”[②] 这篇专论对读者关心的热点难点问题，做到有的放矢、对症下药。

《群众》周刊的读者是否关心中国共产党颁发的关于纠偏的文件以及毛泽东的讲话呢？带着这个问题查阅《群众》周刊专设的“读者与编者”和“复信”栏目，就略知一二了。1948 年 6 月 17 日读者给《群众》的一份来信中询问道：“毛泽东先生的‘四一’谈话中有这样一句话：‘封建主义是帝国主义及官僚资本主义的同盟者及其统治基础’这句话粗粗的看起来并不难懂，但是细细的想一想，却有颇为难懂的道理在内，我想了许久都得不到满意的答案”，希望编辑给予指教。[③] 这里说的“毛泽东的四一讲话”就是 1948 年 4 月 1 日毛泽东在晋绥干部会议上的讲话，这份读者来信可以说明，毛泽东的这篇讲话在普通群众中产生了影响力。

在一份关于 1948 年 4 月 19 日香港工商界对中国共产党态度的情报汇集中，记载了章乃器读任弼时《土地改革中的几个问题》后的表态，章乃器“对于地主、富农斗争的方法”及“打人杀人问题”二节尤其感兴趣，他指出：任弼时文章中说到地主如果不分给必要的土地，则政府不但要损失不小的一批劳动力，而且“他们就会去抢、去讨饭、去偷，弄得社会不安，农民反受损失”，任弼时这段话十分中肯，这种说法胜

① 《毛泽东选集》第四卷，人民出版社 1991 年版，第 1314 页。

② 《群众》香港版第 2 卷第 31 期，第 12—14 页，1948 年 8 月 12 日。

③ 《群众》香港版 1948 年第 2 卷第 23 期，第 21 页，1948 年 6 月 17 日。原文如此。

于空口说什么宽大为怀的话，因为政治是现实的，说仁义道德都不能使人安心，只有从实际利害出发才能使人觉得有把握。[①] 章乃器十分赞赏中国共产党及时纠偏的做法。

二、专论分析“左”的偏向的原因以及纠偏的案例

《群众》“解放区报导”专栏中刊发了一篇题为《土改与保护工商业》的长文[②]，该文重温了毛泽东《新民主主义论》和《论联合政府》中的重要论述，明确指出：“保护、发展城市工商业的政策，与在农村进行彻底土地改革的政策，同时由今天中国革命任务与社会性质所规定了的，两者并行不悖，缺一不可。新民主主义的政治是建立在新民主主义经济基础上的。”文章进一步提出：“新民主主义工商业政策在执行中发生缺点与错误就马上纠正，不仅承认错误，而且还要原物送还，或按价赔偿。”作者列举了几个具体事例：在陕北米脂县发生的事，一个叫吕崇川的商人因为有土地，在土改中被划成了地主，经营的一家铜器铺也被没收了。在这次纠偏中，吕崇川重新被定为手工业者兼有封建剥削，按照党的保护工商业政策，退还了他商店的全部货物。在绥德义合市地主兼营工商业的刘绍雄、李加吉的商店被没收，在纠偏工作中，也一一退还他们。工作组还耐心向农民“解释保护工商业政策、繁荣市场与他们长远利益是完全符合的”[③]。文章分析了发生这些错误，因为“向贫雇农宣传解释保护工商业的政策不够，再加上狭隘的想让农民多点浮财，或者农民只看到了眼前利益”。

这篇文章以重庆利中行的命运为例，解析农村生产发展与工商业发

---

① 《粤港等地政治经济文化及社会动态等情报汇集》（1948 年 6 月），中央档案馆、广东省档案馆：《广东革命历史文件汇集》（广东区党委等文件）（1947.8—1948.11），1989 年印，第 285 页。原文如此。

② 姜凡：《土改与保护工商业》，《群众》香港版第 2 卷第 10 期，第 22—23 页，1948 年 3 月 18 日。

③ 姜凡：《土改与保护工商业》，《群众》香港版第 2 卷第 10 期，第 23 页，1948 年 3 月 18 日。

展相结合的作用，但在蒋管区是根本无法实现的。利中行原来的规模相当大，下属的有资渝、资和两家炼钢厂、中央造纸厂、缝纫机厂、铁工厂等五个厂，工人有五千人，承包重庆飞机场与川贵公路两座铁桥的巨大工程，还承包国民政府铁工具订货。但是好景不长，政府单方面毁约，利中行后来是以低于原价的五至十倍的价抵押给了政府。利中行的经理傅森[①]冒着风险来到解放区烟台，1947年秋在共产党的支持下重新创业，经营电器、机械、五金、建筑工程等。傅森说："我开始了我的生命史上新的一页。这里不但有丰富的工业资源，而更有发展工商业的先决条件——对工业甚为深情的民主政府。现在深深认识到了只有解放区才有中国工业的前途。"

"从这个生动例子中可以知道什么人是保护工商业，什么人在摧毁工商业。这样的例子不止一个。"

为了说明土改后解放区工商业迅猛发展，文章对1947年上半年烟台的工商业发展概况做了数据统计。（如表2-1所示）

表2-1

月份	开业（家）	歇业（家）	实有（家）
一月	25	21	3499
二月	31	26	3504
三月	118	50	3572
四月	203	54	3731
五月	250	56	3915
六月	168	28	4055
共计	796	235	4055

① 1946年5月在解放区烟台救济总署储运组组长。据烟台市政协文史资料委员会《烟台文史资料》第13辑，1990年12月，第86页。

那么，哪些行业得到发展呢？在 1947 年上半年主要行业发展概况中作了统计（如表 2–2 所示）。[①]

表 2—2

行业	原有数	开业实数	现有数
纺织业	134	57	191
铁工业	60	2	81
五金业	175	22	97
渔业	86	22	108
化学业	65	25	90
银钱业	7	13	20
洋铁业	189	57	46
粗渣货物	174	12	186
细杂货物	122	2	14

要注意的是，这两组数据统计的时间是 1947 年上半年，文章发表的时间在 1948 年 3 月，这不是最新的统计数据，但这能反映《中国土地法大纲》颁布之初解放区工商业发展的情况。中国共产党对土改的纠偏工作是在 1948 年 2 月开始的，当时条件限制，无法作出最新的统计数据来佐证纠偏的成效，但《群众》有意识地通过数据来论证土改政策与保护工商业的关联度。

三、对新区土改的宣传

随着 1947 年解放军在各战场相继转入战略进攻，一批新解放区纷纷创建起来。在这些区域如何进行土改呢？这是中央和各分局面临的新问题。应该说中央对新区的具体情况并不很了解，1948 年 1 月 14 日毛泽

① 姜凡：《土改与保护工商业》，《群众》香港版第 2 卷第 10 期，第 23 页，1948 年 3 月 18 日。

东致电邓小平，从六个方面询问新区情况，特别对新区土改的情况，毛泽东询问：在新区是否应当分为两种区域，一种是可以迅速建立巩固根据地的，一种是要经过长期拉锯战才能建立巩固根据地的，对两种区域的工作采取不同政策？新区土改是按土地法大纲平分，还是对富农及某些弱小地主暂时不动？新区中富农及弱小地主的态度如何？①

在接到毛泽东的电报后，邓小平于 1 月 15 日和 1 月 22 日连续向中央发出两份电报，详细介绍了大别山区各方面情况。邓小平指出，大别山区的特点，是经过苏维埃土地革命和抗日战争两个时期。苏维埃时期的“左”，抗日时期的右，均在各阶层发生很深影响。大别山有 1200 万人口，可分两种区域，即巩固区和游击区。在巩固区可以进行土改，在游击区不能急于平分土地，但应深入宣传土地法大纲。②

邓小平的两份电报，让中共中央和毛泽东对新区情况有了初步了解，邓小平在电文中表述要根据新区特点区分两种区域实施不同的土改政策的重要思想。③毛泽东吸收了邓小平的意见。2 月 3 日毛泽东致电刘少奇，系统阐述了土地法实施应当分三种地区，即新区、老区、半老区，对这三种地区分别采取不同策略的主张。主要内容有三点：一是明确了新区的划分标准。1947 年 8 月大反攻后新解放的地区叫新区。二是这些地区的土改分两个阶段进行，第一阶段中立富农、专门打击地主，照顾小地主，对大中地主的土地进行分配。第二阶段，将富农出租和多余的土地及其一部分财产予以分配。第三阶段是对新区、老区、半老区，分别采取不同策略。在 1947 年 8 月反攻前所控制的地区，即老区，其土地问题已初步解决。毛泽东强调说：土改不能性急，新区土改第一阶段大约须

①《毛泽东年谱（1893—1949）》下卷，中央文献出版社 2002 年版，第 267 页。

②《邓小平年谱（1904—1974）》（中），中央文献出版社 2009 年版，第 712 页。

③ 参见何薇、赵晓丹：《论邓小平对新解放区土改政策转变的历史贡献》，《邓小平研究》2016 年第 2 期。

有两年时间。[①]

在征询各方面意见后，2 月 15 日毛泽东为中共中央起草了关于新解放区土地改革要点的指示，3 月 25 日中原局根据这一指示，发出新的《关于发动群众进行土改的指示》。5 月 25 日毛泽东为中共中央起草了《关于一九四八年土地改革工作和整党工作的指示》以及发表这个指示的通知。鉴于上述充分的准备和中央具体指示，1948 年 6 月 6 日在豫西一个名叫张庄的小村庄，邓小平亲自起草了《贯彻执行中共中央关于土改与整党工作的指示》。中央 5 月 25 日的指示和中原局"六六指示"的发表，标志着中共关于新区土改政策转变认识过程完结。新区土改政策从"平分土地"转变到"减租减息"。

1948 年 10 月 14 日《群众》刊载了《中共中原中央局颁布：减租减息纲领》的全文。[②] 纲领共分七个部分，第一部分宣布"减租减息"的目的是："为了适应新解放区农民目前的需要，改善农民生活，发展农业生产，争取人民解放战争迅速胜利，特制定减租减息纲领。"第二部分是关于减租的条例，"不论任何租佃形式，一律实行'二五减租'，及按照原租额减去二成半。各地政府得根据此原则及当地具体情形规定实行办法。"第三部分关于"清债减息"，"过去农民向地主和旧式富农所借旧债，一律按月利分半计算清债"。第四部分关于"已分配土地浮财之处理"，"地主、旧式富农已被分配之土地，一律不得倒算，违者应受处罚。但应保证地主、旧式富农分得与农民同等之土地，不足者设法补足之。"第五部分关于"若干特殊土地问题之处理"，"凡地主及旧式富农，利用农民危急之际，贱价强买典当农民之土地，得由农民请求政府查明后，按原价收回。"该纲领还规定："农民协会为办理减租减息事宜的合法机关。农村中一切地租，高利贷及调整土地等问题，均由政府会同农

① 《毛泽东年谱（1893—1949）》下卷，中央文献出版社 2002 年版，第 276 页。
② 《中共中原中央局颁布：减租减息纲领》，《群众》1948 年第 2 卷第 40 期，1948 年 10 月 14 日。

民协会处理之。最后决定权属于政府。”①

1949年1月6日《群众》刊登了《中共东北局一九四八年农业生产的总结与一九四九年农业生产任务的决定》和《中共东北中央局对新区土改的指示》两份文件。文件中指出：“平分土地的结果，使广大农民得到了基本上可以满足需要的土地，解决了主要生产资料的困难，因而生产热忱大增，同时也奠定了农业生产最主要的物质基础。但是经过平分土地之后，旧的生产关系还需要在群众实践中逐渐地发展与巩固起来，才能充分适应和继续促进生产力的发展。此外由于在平分土地的斗争中，……侵犯了一部分中农的利益，在不少地区造成了贫雇中农间的分裂与对立，人民对于财产私有权的怀疑，农村中空想的农业社会主义思想的流行，以及土地、牲畜、农具大部分的分散，加以战争的破坏，……都予今年的农业生产以重大的困难。”通过《群众》周刊的宣传，读者可以详细了解中共在东北解放区如何落实土改纠偏的政策，文件指出半老区及新区的土改工作：“一、半老区：这种地区，土地大体上已平分，但不彻底，一般地区也不需要来一次全面的平分，可实行较大范围的调剂；二、新区：其中一部分地区，也经过清算和土改，但极不彻底，封建制度存在以来地主富农仍占有大量的土地财产，贫雇农仍然是人多地少。另一部分地区则根本还未进行土地改革。这两种地区均应于今年秋冬两季实行平分土地。三、边沿区及游击区：敌人武装尚未全部肃清，环境尚不安定，基本群众的绝大多数尚无分地要求。在这种地区，今年秋冬两季不实行平分土地，只实行减租减息的社会政策，及公平合理的负担政策，以便集中力量消灭国民党一切武装力量，打击政治上最反动的少数恶霸分子，提高农民觉悟。”②

---

①《中共中原中央局颁布：减租减息纲领》，《群众》1948年第2卷第40期，1948年10月14日。

②《群众》1949年第3卷第2期，第14页，1949年1月6日。

在香港的《群众》周刊以最大力度全方位宣传报道新区土改，既增强了全党的政策观念，同时使民众，包括海外华人华侨对中国共产党土改政策有了更清晰的认识，增强民众对党的好感与认同，促进海内外进步人士积极向中国共产党靠拢。

第三章

《群众》周刊对国共军事较量的报道和宣传

军队是政权的主要支柱，抗战胜利后，两个中国之命运的较量主要是由战争决定的。国共两党对全国政权的丧失与夺取，集中表现在双方军事力量的消长。1945 年 11 月 17 日中国共产党就如何向国民党军队发动宣传攻势问题发出指示，要求：首先明确国民党进行的这场内战是违背全国人民意志的，军心不固和民心不固是国民党在内战中最大最基本的弱点。必须对敌军进行有力的宣传攻势，以此来瓦解敌人的军心、致使敌人丧失战斗意志。指示还特别强调宣传的策略，即：从俘虏中对敌人内部进行情况调查，了解敌人的欺骗口号，进而提出自己的口号，为动员全体将士和人民而发起宣传攻势。[①] 三年半的军事较量，随着人民解放军由战略防御进入战略进攻，到战略决战的演变，中国共产党发起了“全面、突出、系统”的宣传报道，目的是引导舆论准确把握形势的发展，坚定信心、激

---

① 《中央关于对国民党军队进行宣传攻势的指示》（1945 年 11 月 17 日），《中国共产党宣传工作文献选编（1937—1949）》，学习出版社 1996 年版，第 605 页。

励斗志、明确方向。

第一节　战火硝烟中的战事报道和宣传

一、“登什么”“怎么登”

1946 年 6 月 26 日国民党军向中原解放区大举进攻，全面内战爆发。毛泽东对这场战争如何进行宣传和报道写了 3 封信，前两封信是写给新华社、《解放日报》代社长兼总编辑余光生的。第一封信写于内战爆发前 34 天，毛泽东要求“从 23 日起，磨擦消息暂时停止广播，惟报上仍可登载一部分。”第二封信写于 6 月 30 日，指出：“从现时起，凡各地蒋军向我进攻之消息，均请发表，并广播；因蒋口头说停战，实际在作战，我应发表新闻予以揭穿。”① 第三封信是 9 月 27 日写给陆定一的，信中要求：“文章的写法宜改变，因为在解放区军民中，目前的中心问题，不是对美蒋的幻想问题，存在这种幻想的时期已经过去了，向军民描写美蒋怎么厉害，怎么凶，这在七月以前是必要的，七月以后则不但不必要，而且有副作用了。目前解放区军民心目中的中心问题是能否胜利与如何取得胜利，尤其在失了一些地方之后大家很关心。因此我们的文章与新闻立论之重点，不是说敌人如何压迫，如何凶狠，而是要解释敌人虽有二百师兵力，虽有美国援助，虽已经占去一些地方与还可能占去一些地方，但是有种种条件表明我军必胜蒋军必败。”②

毛泽东的 3 封信明确提出了关于中国共产党的战事报道“登什么”和“怎么登”的宣传技巧。

经过一年的作战，国共力量发生了攻守态势的转换，1947 年 7 月 7 日中共中央发布了纪念抗战十周年的口号，将中国共产党领导的武装力量称为人民解放军，从此以后，中国共产党把这场战争定性为解放战争，

---

①《毛泽东年谱（1893—1949）》下卷，中央文献出版社 2002 年版，第 101 页。

②《毛泽东年谱（1893—1949）》下卷，中央文献出版社 2002 年版，第 137 页。

中国共产党在军事上开始转入全面进攻，10月10日中国人民解放军总部发布了毛泽东起草的《中国人民解放军宣言》，正式向外宣告："本军作战的目的，迭经宣告中外，是为了中国人民和中华民族的解放。而在今天，则是实现全国人民的迫切要求，打倒内战祸首蒋介石，组织民主联合政府，借以达到解放人民和民族的总目标。"[①] 从此，"打倒蒋介石，解放全中国"成为中共最响亮、最有力的宣传口号。

随即，《群众》周刊第37期登载了《中国人民解放军南征部队发布口号》，[②] 共37条：

坚持政协路线，取消蒋介石独裁
坚持民族独立，反对美国侵略
打倒出卖民族利益的蒋介石
打倒破坏停战协定，发动内战的蒋介石
要独立，要和平，要民主，要饭吃
民族要独立，不当亡国奴
人民要自由，打倒法西斯
大家要和平，不当蒋家兵
大家要饭吃，拥护共产党
不给蒋介石出丁，出粮、出款
打倒贪官污吏
打倒土豪劣绅
解散特务机构
取消苛捐杂税
没收官僚资本

①《毛泽东文集》第4卷，中央文献出版社2004年版，第267页。
②《群众》香港版第1卷第37期，第2页，1947年10月9日。

开仓济贫

减租减息

农民分土地，耕者有其田

保护民族工商业

买卖公平

人民有言论、出版、结汇、结社、信仰自由

各界人民团结起来救自己

一切爱国知识分子，站到人民方面来

一切民主党派团结起来，反对独裁者，实现民主

国民党员们，离开蒋介石，自救中国

蒋军官兵们，调转枪口，打倒内战祸首蒋介石

解放军是人民的军队

实行三大纪律八项注意

不杀俘虏官兵

共产党救国救民，国民党祸国殃民

解放军爱护穷人，蒋介石保护土劣

共产党必兴，蒋介石必亡

拥护共产党，打倒蒋家党

穷人要翻身，加入解放军

工农兵学商团结起来组织民主联合政府

毛泽东先生是中国人民大救星

人民解放军万岁

中华民族万岁

这一期的《群众》还刊发了中国人民解放军总部于10月10日颁布的《当前时局口号》，共六十七条，通知要求“将六十七条口号发给全军指挥员、战斗员，逐条讲解牢记，认真实行。同时，向蒋党蒋军

被欺骗被胁从的人们，普遍地书写、张贴，印发、宣讲，务使他们完全了解。”[①]解放军总部重新修订和统一规定《三大纪律八项注意》。统一后的“三大纪律”，内容是：“一切行动听指挥，不拿群众一针一线，一切缴获归公”；“八项注意”是：“一、说话要和气；二、买卖公平；三、借东西要还；四、损坏东西要赔；五、不打人骂人；六、不损坏庄稼；七、不调戏妇女；八、不虐待俘虏。”[②]“不虐待俘虏”是中国共产党在长期革命战争中积累起来的瓦解敌军的一项成功经验。《群众》周刊在香港发布中国人民解放军的《三大纪律八项注意》，向海外和世界宣告中国人民解放军严明纪律，表明它是一支敢打大仗、敢打硬仗的人民军队，使人民解放军优待俘虏政策得以广泛传播，优待俘虏政策得人心聚人气。

至于如何报道战况，中央军委在1947年10月16日发布了规定，要求：“关于战争消息，凡新闻记者由前线报道并经前线司全部审查通过者，统用某某前线电字样发表，如东北前线电”，“如系地方部队在解放区内部的战况报道，则可用某某解放区电发表，如东北解放区电”；“如系各司令部的公报，属于军区者，则用某某军区司令部公报名义发表，如华东军区司令部”，“属于前线司令部者，统用某某前线司令部公报，如冀鲁豫皖前线司令部公报，如系发言人谈话，则冠在前面的名义与上同”，“如系军事负责人出面谈话，这以某某将军名义发表即可。”[③]

中央军委详细部署了宣传口号[④]，它们是：

(1) 日本打完了，全国应该和平了，你们应该复员回家了，为什么老远的从南方到北方来打八路军。

---

①《群众》香港版第1卷第38期，第4页，1947年10月16日。

②《群众》香港版第1卷第38期，第8页，1947年10月16日。

③《中国共产党宣传工作文献选编（1937—1949）》，学习出版社1996年版，第668页。

④《中央关于对国民党军队进行宣传攻势的指示》（1945年11月17日），《中国共产党宣传工作文献选编（1937—1949）》，学习出版社1996年版，第606页。

(2)天气冷得很，日本早已打完了，为什么要挨冷受冻，来打八路军。

(3)打日本死了也光荣，打八路军死了不值得，中国人不打中国人。

(4)你们的父母妻子在家里苦苦等你们平安回家，你们越走越远，性命越是危险，我们是八路军，同你们无仇无怨，不要打了，想法回家吧！

与此同时，中央还进一步建议把这些口号印成传单，在阵地和后方广泛散发和张贴，甚至要在四百里的范围一切地方都写上标语。同时还要在阵地上喊话，给敌军的长官写信，以此最大可能地去动摇国民党的军心和士气。

1947年11月7日中央军委关于扩大对蒋军宣传的指示，要求："各野战军并各中央局转各军区：新华社口头广播中对蒋军宣传节目，在蒋军中影响甚大，对瓦解敌军起很大作用。但现因材料不够，已有难以继续之势。兹待规定各军区各野战军，在每次战役结束后，务须将尉官以上蒋俘名单（姓名、籍贯、职别、阶级、简历、通讯处）及其家书，经新华社总分社或分社陆续发给总社，以利公布。"①

随着战争进入反攻阶段，中国共产党对投诚蒋军将士的宣传报道进行细则规定。如：1948年12月24日中宣部和新华社总社发出指示，强调：对于国民党军，不要随便宣传他们应该起义、可以起义、曾经打算等。特别声明："我们的革命绝不要反革命分子来替我们捧场，我们纠偏尤其不要反革命分子来替我们解释。"②

---

①《中央军委关于扩大对蒋军宣传的指示》（1947年11月7日），《中国共产党宣传工作文献选编（1937—1949）》，学习出版社1996年版，第669页。

②《中央宣传部、新华总社关于不可轻易宣传敌军起义及利用被俘匪官进行宣传的指示》（1948年12月24日），《中国共产党宣传工作文献选编（1937—1949）》，学习出版社1996年版，第760—761页。

1949年1月22日中央宣传部向新华社各个分社以及中央局各局宣传部转发了华北局宣传部关于端正宣传工作方针的指示。起因是，1949年1月13日华北局宣传部认为华北局十地委宣传部印发的《为争取华北迅速全部结案及朱占奎率部投诚事开展政攻的口号》有几条原则性的错误，提出批评和检讨。首先认为十地委把朱占奎宣传成投诚，这是原则性的宣传错误。朱占奎明明是投降，不能算作“义举”。这在群众中会产生很坏影响。“好像朱占奎的罪恶一点也没有了，摇身一变就成了什么革命英雄似的。”①

华东局特别指出：十分区政治宣传的攻势错误，还在于宣传中说朱占奎“给了蒋傅匪帮的军事统治一个很大的打击，给平津国民党开辟了一条救死求生的道路”，这样宣传的结果就过高估计了朱占奎投降对瓦解敌人的意义和作用，华东局批评这样报道是“极其荒唐的”。使得宣传偏离了方向，在群众中不是主要宣传与庆祝人民解放军的伟大胜利，反而成了动员群众去欢迎朱占奎的“义举”，这“严重地损害了我党的政治影响”。

1948年8月3日新华总社还针对战役的报道中保守军事秘密的问题进行了特别指示：

> 取得全国政权以后，我们仍有许多国家机密不应对外泄露。任何时候，都不应让敌人清楚我们的家底甚至我们的钥匙，并且也没有必要将革命利益要求保守的秘密，随便告知无关的任何人。

新华社在8月连续两个指示，都是针对“严守军事和生产秘密，防止单纯新闻观点”的问题：

---

①《中央宣传部转发华北局关于端正宣传工作方针的指示》（1949年1月22日），《中国共产党宣传工作文献选编（1937—1949）》，学习出版社1996年版，第780页。

> 必须防止单纯新闻观点，新闻报道必须服从于整个革命战争的需要。凡是足以泄露我们的秘密，或引起敌人的警觉，或便利敌人得出教训与采取对策者，不论是属于军工建设，或属于战略意图（如每次战役，或属于部队的番号、组织与装备；如某一单位配备那些武器多少等等），或属于战术创造、战斗教练（如攻城、破壁、越壕堑、平鹿寨等等），或属于战斗技术的发明与现有水平的消息，均应在避免之列。①
>
> 对工商业发展尤其是工业建设方面开始有报道是好的，但报道内容不宜过分具体，以免将我们生产力和盘托出。须知我们在革命战争，我们经济理论之真实情况，如工业之具体分布状况，工厂之所在地，设备如何，生产力若干等等，不能随之暴露，以免供给敌人经济情况或谋受损失（如轰炸等）。②

1947年1月30日至1949年10月20日，《群众》周刊刊载关于军事评论和战况报道，包括社论、专论、评论文章约300多篇（见附录2），其中：《中国战犯求和》（1949年1月）、《评国民党对战争责任的几种答案》（1949年2月24日）、《南京政府何处去》（1949年4月14日），都是毛泽东为新华社亲自撰写和修改过的文稿，是毛泽东在历史发展的转折关头，灵活巧妙地运用新闻宣传武器指导中国革命实践的产物，具有鲜明的战斗性和强烈的指导性。③1948年人民解放军转入全面反攻，与国民党军队进行战略决战的条件已经成熟，1948年9月到1949年1月毛泽东在指挥三大战役，同时具体指导了新华社对重大战役的宣传报道，

① 《新华总社关于保守军事秘密问题的通报》（1948年8月3日），《中国共产党新闻工作文件汇编》上册，新华出版社1980年版，第241—242页。

② 《新华总社关于严守军事与生产秘密防止单纯新闻观点的指示》（1948年8月），《中国共产党新闻工作文件汇编》上册，新华出版社1980年版，第251页。

③ 胡乔木：《胡乔木回忆毛泽东》，人民出版社2003年版，第461页、465页。

遵照中央的指示，《群众》周刊及时、准确地报道和分析军情和战局形势。三百多篇战事社论和新闻报道，构成了一部翔实的、扣人心弦的、波澜壮阔的解放战争史，为我们研究中国共产党军事策略和军队思想政治工作提供了重要的文献依据。

《群众》周刊在香港全力贯彻中共中央关于军事宣传的指示和精神，不仅通过大量新闻报道和评论，传播人民解放军胜利的消息，还通过军情通讯、漫画、摄影图片等多种形式，宣传毛泽东军事思想的伟大胜利；宣传共产党争取和平民主、反对内战的方针；用大量的事实戳穿蒋介石和谈阴谋，揭露国民党统治的实质及其必败下场。强大的宣传攻势有利于国统区民众和海外民众明白内战的起因、形势和前途，为人民解放军彻底打垮国民党军队，从胜利走向胜利，赢得道义和舆论支持。

二、对内战初期东北战局的报道

1946 年 1 月 13 日中国人民自治军改称东北民主联军，林彪任总司令、彭真任政治委员。其他领导人有：副司令员吕正操，李运昌、萧劲光（兼任参谋长），副政治委员罗荣桓、程子华。中央指示：国民党拒绝与我谈判东北问题，国民党军队进入东北后要向我们进攻是不能避免的。望东北局立即布置一切，在顽军进入东北向我进攻时，坚决击破其进攻。[①] 紧接着在 2 月 13 日中共中央发言人阐明了中国共产党在东北问题上的态度，明确指出由东北抗日联军保存下来的部队、被俘后获得自由的八路军战士和华北游击队员以及民兵，加上前往东北消灭敌伪的八路军、新四军一部，共同组成大约三十万的东北民主联军，他们分布在苏军未驻防或者已经撤退的东满、南满、西满、北满各地，此外还有各地的保安队、警察，协力肃清敌伪残余，维护社会秩序。并要求对于东北现有的抗日民主部队，当局政府应该承认并进行整编，这可以与国民政府派去的军队共同维护地方治安，消灭伪军土匪，避免军事冲突。[②]3

①《毛泽东年谱（1893—1949）》下卷，中央文献出版社 1993 年版，第 55 页。

②《毛泽东年谱（1893—1949）》下卷，中央文献出版社 1993 年版，第 57 页。

月13日国民党军队进入沈阳，15日周恩来在同国民党政府代表张治中会谈时，表明了中国共产党的态度：中国共产党军队在东北所占地方不能让。国民党军队只能进驻现时苏军撤出的地区，但双方没能达成协议。同时美国海军将国民党的五个军运达东北，其中有精锐的“五大主力”的新一军、新六军。4月5日毛泽东致电林彪，必须要有对付十五个军进攻的全盘而持久的计划。[①]4月7日延安《解放日报》发表了题为《驳蒋介石》的社论，驳斥蒋介石4月1日的讲演，社论说“中国人民已经决心制止东北和其他地方的内战，为坚持东北与全国人民的民主权利而斗争”，东北之战开始了。《群众》周刊随即开始聚焦东北战场。

这支民主联军战斗力究竟如何？1947年6月《群众》周刊以故事的形式讲述了三道林子作战实况：

> 一个连扼守阵地，连长阵亡了，指导员接着去指挥；指导员牺牲了支部书记兼任指导员；支书负了重伤，排长代理连长指挥；排长都相继伤亡，班长作了全连的指挥者；等到班长都负伤了，全班选了一个通讯员做他们的指挥员，继续战斗下去。一直到增援部队上来，军心没有一点涣散。阵地没有寸土陷落。阵地里有两个战士，修完了工事在谈：“要是我伤了，你怎么样？”“我死守阵地。”“你死了怎么样？”“你把我的尸体背出去，放在敌人进口的地方，堵住他们前进！”这就是民主联军。就是这样的军队，在四平街长春撤退以后，整训了一年，展开攻势席卷松辽平原，纵横主要交通线。[②]

古往今来人类战争史册上都要书写战场上将士的勇武和不怕死的气

① 《毛泽东年谱（1893—1949）》下卷，中央文献出版社1993年版，第64页。

② 荀寰：《访吕正操将军》，《群众》香港版第1卷第21期，第22页，1947年6月19日。

概，中国共产党党刊也不例外。这段文字表现了东北民主联军战士的坚强斗志。

一年的时间东北发生了怎样的变化呢？

1947 年第 18 期《群众》周刊上，朝新发表了署名文章《东北与全局》，他引用林彪的话总结 1946 年以来东北战局一年的变化："第一阶段民主联军在军力和战略上都处于劣势，但经过攻势防御中予敌重创，主动退出一些城市和地区，分散了蒋军的兵力，同时加强解放区的建设和动员工作，双方力量对比发生变化。第二阶段，主动在几个地区进行反击，歼灭了蒋军总兵力的四分之一，蒋军十一个美械师，只剩下三分之二，完全扭转了东北的局势。"[①] 这篇文章指出，1947 年 5 月 19 日东北民主联军攻占公主岭，表明全面反攻过渡阶段已经到来。

1947 年 5 月 29 日新华社社论《东北一年》里首次使用"东北人民解放军"一词，《群众》周刊及时刊发这篇社论。社论指出："解放军已经在不到半个月的时间，消灭了东北蒋军正规军团兵力三个师以上，收复了双山、通辽。第二次收复辽源、怀德、梨树、公主岭、双阳、东丰、桦甸、通化、康平。第三次收复法库等城市和许多重要的车站，由西北和东南，横切断了沈阳通长春和沈阳通吉林的铁路线。包围了长春、吉林两处的蒋军，使之与沈阳清原的蒋军互相隔离，而过去被隔离的北满、南满、东满、西满解放区则正在完全连成一片。"[②]（注：原文如此）

社论向全社会表明："东北解放军的全面反攻，难道不是整个解放区全面反攻的信号吗？以东北在全国经济上政治上军事上的重要，而首先反攻并取得了胜利，难道不是大大加强了解放军的地位吗？东北解放军在其解放区来说，还不是最强大的，其组成的历史及其与群众联系的历史，大部分还很短；而蒋介石在东北，则从一开始就得到美帝国主义的

① 朝新：《东北与全局》，《群众》香港版第 1 卷第 18 期，第 4 页，1947 年 5 月 29 日。

② 新华社社论：《东北一年》，《群众》香港版第 1 卷第 19 期，第 4 页，1947 年 6 月 5 日。

全力支持，大部分东北蒋军都是美国装备的，美国训练的，美国运输的，美国接济军火的，美国帮助指挥的；又有日寇伪满洲残余势力的合作”。[①]

社论指出：“共产党在东北解放区一年的奋斗中，领导东北人民消灭了日本侵略者和伪满民族叛逆的势力，肃清了在日本卵翼下和蒋介石支持下的长期危害人民的九万多惯匪，建立了民选的三三制的圣洁的和有效率的各级地方政府。”[②]（注：原文如此）因此，“……东北的前途是东北人民的，中国的前途是中国人民的，没有一点怀疑的余地。”[③] 东北战场形成了对人民解放军有利的形势。

这一年来东北战局发生这种变化的原因是什么呢？

《群众》刊发了《民主联军发言人纵谈东北战局》专论，解释了这一年来东北战局发生变化的原因，“除了东北解放区翻身人民热烈参军拥军、保卫田地和民主外，应该提到的，还有杜聿明将军运交给我们的大量兵员和美国装备。”[④] 进一步指出，“1947 年夏季攻势以前，蒋介石、杜聿明整师、整团、整营（连以下不做统计）被歼灭的已达到十个师，而在夏季攻势的头二十天中，又有六个多师被歼灭，并且有二分之一正规军已经参加到了民主联军中来，带来了足以装备十个师的各式美械和弹药。”杜聿明军团被压缩到几个孤立的占据点，连杜聿明的巢穴沈阳也受到威胁。这位发言人连续发问：

> 人们还可以问问杜聿明，你的七十一军前后十三个团哪里去了？你的新一军五个团哪里去了？你的五十三军两个团、青二师的两个团又都到哪里去了？你的六十多个团长以上的干部，包括

① 新华社社论：《东北一年》，《群众》香港版第 1 卷第 19 期，第 5 页，1947 年 6 月 5 日。

② 《东北一年》，《群众》香港版第 1 卷第 19 期，第 4 页，1947 年 6 月 5 日。

③ 《东北一年》，《群众》香港版第 1 卷第 19 期，第 5 页，1947 年 6 月 5 日。

④ 《民主联军发言人纵谈东北战局》，《群众》香港版第 1 卷第 22 期，第 5 页，1947 年 6 月 26 日。

师长李正谊、段培德、张学堂、陈开文、陈呈祥今竟何在呢？[①]

发言人最后说："东北区军民加上新解放区的数百万力量，还会继续壮大，而蒋杜军也必然会继续把大量兵员和美械运送给我们，直到他们最后灭亡。"[②]

面对美械装备的蒋军，东北民主联军的兵力从何来呢？文章《在东北前线》从三个方面：到前线去、青年农民热烈参军、军民之间，把东北解放区人民群众对共产党的拥护、对东北联军的支援展现在读者面前。我们分享其中几个片段吧：

> 作者问一个小伙计："假如国民党反动派打过江来你怎么办？"小伙计毫不思索地回答："老百姓会要求民主联军打退反对派的。民主联军绝不能让那些黄鼠狼过来。我恨死了那些专门喝血的东西"。[③]
>
> 黄昏时分，在民主联军某部民营科办公室，通讯员通报有个年轻的庄稼汉求见，这个年轻人气喘吁吁地站在大家面前，羞怯地问："想参军，要我吗？"问他是不是志愿参军的，他回答说"完全自愿"。联军干部点头同意后，这个年轻庄稼汉一溜烟跑到后山上，扯着嗓门唱道："骑白马，挎洋枪，咱哥哥吃的是八路军的粮……"[④]

字里行间充满了感染力和动员力。

---

① 《民主联军发言人纵谈东北战局》，《群众》香港版第1卷第22期，第5页，1947年6月26日。

② 《民主联军发言人纵谈东北战局》，《群众》香港版第1卷第22期，第5页，1947年6月26日。

③ 罗烽：《在东北前线》，《群众》香港版第1卷第20期，第23页，1947年6月20日。

④ 罗烽：《在东北前线》，《群众》香港版第1卷第20期，第23页，1947年6月20日。

1947年4月东北民主联军总兵力壮大到45万人，其中野战部队20万人，总数已超过国民党军队。林彪将主攻方向定在南满，首先集中北满的14个师，渡过松花江，南下，目标是长春、吉林周边地区。同时在南满和西满动用了9个师，分别出击沈吉路和四平周边地区。国民党只能放弃若干分散驻守的城镇，向铁路沿线中小城市收缩。东北保安司令长官杜聿明因病休养，无法全力投入军事指挥，东北行辕主任熊式辉面对林彪大规模攻势也不知该如何应付。5月20日飞往南京求援，蒋介石缘于山东孟良崮战役失利，拿不出更多兵力，只能同意征调第五十三军增援东北。到6月初，东北民主联军先后占领了长春路沿线的公主岭、开源和昌图，沈吉路梅河口，南满重镇通化与安东，西满重镇通辽与郑家屯，把东、南、西、北满各个根据地连成了一片，锋芒直逼孤城四平。6月10日东北联军开始攻击四平，战果如何呢？

朝新的《东北蒋军还有逃生之路吗？》讲述了这场战役以及7月份东北战局。文章转载了新华社的报道："经过十二昼夜空前攻击战，已经俘敌一万六千余人。东北民主联军主力，自夏季攻势中于中长路主干之长（春）沈（阳）段展开反攻以来，将长（春）以南四平以北之敌扫清，旋即挥师南下，乘胜收复开原、昌图，使四平之敌陷入孤立。"[①] 事实上东北联军没有攻下四平，6月30日林彪果断决定停止攻击，全线撤出四平，让部队后撤休整。这篇文章评价道："即使是强攻一个城市，也还是以消灭敌人有生力量为主要目的，当这一目的不可能取得时，仍然不宜强攻或强守，本溪的主动撤离就是最明白的例子，这是战略的正确而灵活的运用。蒋军失去本溪之后，曾用两个师的兵力来反扑，民主联军给以重大杀伤并俘敌百余，然后撤离，这对蒋军来说得一本溪并不能因而挽回其颓势，反而更陷泥坑；对民主联军来说，则更可机动作战，增添大量

① 朝新：《东北蒋军还有逃生之路吗？》，《群众》香港版第1卷第23期，第14页，1947年7月3日。

灭敌的机会。”[①]

关于四平战役，在《中国近代史通史》（第十卷）中已有深入研究和中肯的评价，认为正是这个主动撤离，使中国共产党部队可以利用东北的广大地域自如活动。[②]笔者以为《群众》的这篇专论在言辞表述中就包含了这层意思，这说明《群众》周刊对军情报道和分析并不一味虚夸。在国共激战之际，党刊客观评价中共的退却与撤离，表现出中国共产党的自信，使军事报道更能取信于民。

1947年7月17日的《群众》发表东北民主联军总部的公报《夏季攻势五十天战绩》，称“我军夏季攻势，自五月十三日开始，在东西南满及热河冀东各个战场上，同时展开对敌作战。至七月一日止历时五十天，完全粉碎了敌军对我东西南北满，及冀东热河辽各根据地的分割计划，与其所谓‘机动守备’的布置。并给据守四平重点之敌以严重打击，使敌军于败退之余，被迫收缩于中长路及北宁路之狭长走廊地带，转取所谓‘重点防御’。至此去年四平战役后敌军所侵占之地区，除几个大城市外，均已重获解放，从而改变了东北整个局势，创造了今后我军作战更加有利条件，获得了辉煌战果。”[③]公告副标题醒目地写着：“共歼蒋军八万二千，解放人口达一千万，克县城四十二座，控制铁路二千五百里。”（注：原文如此）还罗列被击毙和被俘的蒋军将官姓名，他们是：

> 击伤七十一军参谋长冯宗毅、八十八军师长韩增栋、六十军师副师长任孝宗、独三师师长王景安等以下官兵二万三千一百九十名。俘虏六十军一八四师长陈开文、七十一

---

① 朝新：《东北蒋军还有逃生之路吗？》，《群众》香港版第1卷第23期，第14页，1947年7月3日。

② 汪朝光：《中国命运的决战（1945—1949）》，《中国近代史通史》第十卷，凤凰出版传媒集团、江苏人民出版社2006年版，第69页。

③《东北民主联军总部公告》，《群众》香港版第1卷第25期，第19页，1947年7月17日。

军九十一师师长赵琳、青二师副师长陈呈祥及校级以上军官四十六名，及校级以下的官兵五万八千九百名，共约合十个师的兵力。[①]

公告继续罗列出被歼灭的蒋军部队番号，42座被收复县城的名字，详细列出被缴获的美式武器型号、类别和数量：

榴弹炮13门、山炮35门、机关炮1门、平射炮1门、战防炮42门、火箭炮105门、迫击炮140门、六〇炮336门、掷弹筒195个、战防枪18挺、高射机枪3挺、重机枪421挺、机枪1924挺、冲锋枪2708支、长短枪28955支、汽车165辆、炮弹20余万发、子弹千余万发。[②]

《群众》周刊加大力度对人民解放军收复城市进行报道，第一个被中国共产党军队收复的城市是哈尔滨。在题为《哈尔滨剪影》里，作者开头就写道：

这是个很美丽的城市：松花江的夕阳、冬天的雪景、俄国教堂的钟声……自从民主联军解放这个城市后，国民党报纸拼命对它造谣、污蔑，把它渲染成一个恐怖、罪恶的深渊。可是，真实的情况究竟怎样呢？[③]

① 《东北民主联军总部公告》，《群众》香港版第1卷第25期，第19页，1947年7月17日。

② 《东北民主联军总部公告》，《群众》香港版第1卷第25期，第19页，1947年7月17日。

③ 徐嘉：《哈尔滨剪影》，《群众》香港版第1卷第2期，第18页，1947年2月6日。

文章分四个部分："这就是匪区吗""和黑暗斗争""穷人住洋房""人民的剧场"，分别描述共产党军队接管哈尔滨后的市容面貌："在马车上，武装的士兵和百姓坐在一起，和气地聊着生计和家常天。""背背包的小学生三三两两边走边跳。"[①]《群众》还报道了8月15日哈尔滨市民众80万人欢庆哈尔滨解放的盛况：

> 广场上已经挤满了各个群众团体，各机关、部队、学校的人员等十五万人。
>
> 郊区五千多翻身的农民也赶来参加庆祝大会，人山人海，歌声、笑声、欢呼声响彻云霄。年老的、年少的、男的、女的，被欢乐兴奋融在一起。[②]

中国共产党所控制的东北解放区有多大呢？东北电影制片厂拍摄了《民主东北》样片，影片里有大幅东北地图，可以看到整个东北解放区的缩影：东到图们江，直溯乌苏里江而上；北达黑龙江沿岸与东部西伯利亚平原相接；西部隔嫩江与内蒙古自治区（原新安省）毗邻；南沿鸭绿江、辽东半岛突入黄海与渤海之间，与山东解放区隔海相望；西南与晋察热河地区相结合，这样就构成了强大的东北解放区。[③]蒋管区被压缩在长春路南段与北宁路线一条狭长地带。

《东北新面貌》对东北人民积极生产支援前线的场景作了介绍。

> 东北各地的生产部门纷纷涌现出劳动模范，其中哈尔滨企业和铁工部门中有二千三百多工友获得奖章。万余家庭妇女参加纺织、做鞋、缝衣的工作。由于缺乏棉花布匹，各地区都发动纺

① 徐嘉：《哈尔滨剪影》，《群众》香港版第1卷第2期，第18页，1947年2月6日。
② 肖林：《东北新面貌》，《群众》香港版第1卷第33期，第11页，1947年9月11日。
③ 肖林：《东北新面貌》，《群众》香港版第1卷第33期，第11页，1947年9月11日。

> 织。在齐齐哈尔，东北财政委员会财经办事处低价卖两万斤棉花，成立了纺织运动委员会，以纺织生产合作为中心，进行“发棉收纱、发纱收布”。确定纺织标准公约使得纺织户从原来三百多户，增加到七千多户；使得民间纺织发展起来。接着又建立十三家织布工厂，还建立了两家毛巾厂、三家毛织厂、三家袜厂、十五家弹棉厂。[①]

文章采用大量的统计数据，详细介绍东北解放区的生产、文教情况。

> 通化市，中共军队占领后，三个月全市千余家大小商店全部恢复营业。新创建的通化实业公司，资金三亿元，下属纺织、制铁、木材、洗染、磨粉等几家工厂。纺织厂每日出布五十匹，解决市内几十万的穿衣问题。又如安东市，七十多家纺织厂先后恢复生产，产量超过伪满时期最高纪录的30%。东北解放区的文化教育事业也在突飞猛进发展。全区已经有大中小学一万零三百八十五所，……共有学生四万零六十名，小学有一万零二百八十所，学生有八十八万四千五百六十名。另外还有干部学校近二十所，学生几千人，这里的学校绝大部分已经实行了新民主教育的新学制。翻身农民的子女入学率增加显著。文化出版事业也更加发达，各地都有报纸，其中规模最大的是东北日报，每日出版量四万份，还有民营报纸几十种，仅仅哈尔滨一地，就有七八种报纸，杂志、画报也有相当大的销路。

文章结尾写道：“商场的电灯明亮得让你不知道是白天还是夜晚，下午一两点进来的，出来时已是两边明亮路灯在指引你的路了。但在商场

① 肖林：《东北新面貌》，《群众》香港版第1卷第33期，第11页，1947年9月11日。

中是川流不息的人在看，新踏进门去的依然不断。政府关怀着人民，人民关怀着自己事业的发展，因为只有他们才是一切新事业的主动。”①

对收复城市的报道明确指出东北地方政治治理变化以及民众对共产党的认同和支援，与战场军事报道形成鲜明对比和冲击，达到了最强的宣传力。这些报道扬军威、鼓士气，更是对在内战开局以来国统区民众和港澳民主人士了解中国共产党的意图，了解东北战局走向，打消对中国共产党持怀疑、观望态度起到了积极作用。

三、对中国共产党高级将领的人物专访

周而复曾回忆说，为了配合人民解放战争的进程，他以荀寰为笔名为《群众》撰十几篇文章介绍解放区中国共产党高级将领。在《群众》香港版创刊号上介绍的第一个中国共产党将军是王震。

> 穿着一身深蓝色的边区出产的呢子军服，脚上穿着一双日本大皮鞋。他的眉毛很浓，两眼特别有神，光芒威武，颧骨相当高，长长的脸，鼻子以下很清楚地可以看见刮得发青的胡子顶部椿，他的外号叫王胡子。②
>
> 虽然是初次见面，王震像见到老朋友一样，对大家说：“今天太晚了，不能好好招待你们。在这儿住一宿，明天早上有牛乳给你们喝。”

寥寥数笔把一个共产党高级将军的鲜活形象展现在读者面前。

周而复介绍了王震的成长经历。王震年轻时是粤汉铁路煤炭工人，后来参加共产党，成为一名红军战士，由于他的忠诚和勇敢，当上了红六军军团政治委员。四十岁的王震将军二十年都是在战争中度过的，在

① 肖林：《东北新面貌》，《群众》香港版第1卷第33期，第17页，1947年9月11日。

② 周而复：《王震将军和他的部队》，《群众》香港版创刊号，第20页，1947年1月30日。

他身上有七处伤疤，这是他勇敢和战功的标志。[①]

周而复生动地描述王震带领三五九旅官兵在南泥湾大生产情景：

> 一年间六个月生产，四个月休息，在黄土岩石凿开建房子，将荒弃的古庙寺院里的钟融化后铸造成铁犁耙和锄头。披荆斩棘，在一片荒野中，开辟出十万亩的良田。这支部队没有钱买种子和家畜，就把山上的松树柏树砍伐下，运到延安去卖。这一年部队过着艰难困苦的日子：战士的服装已经穿得不像军装了，还是当着宝贝似地穿着。第二年他们收获到自己血汗培养出来的果实，他们战胜了困难这个敌人，每人耕作了三十亩以上的土地，收获了六石五斗细粮。另外收获了棉花、羊毛，自己制纺织机，纺线织布，解决了全旅的军装问题。

周而复介绍了王震不仅亲自研究怎样种庄稼、怎样种菜，还要给部队官兵做思想工作。王震要求战士除了种地外，每十个战士养一头牛，五个战士养一头猪，两个战士养一只羊。王震还亲自研读“一本关于营养的书，他要增加战士的蛋白质，维他命”。

南泥湾大生产后的战士生活得怎样呢？周而复介绍了他在旅部吃到了战士种的西瓜。当时王震下令宰了一头牛，还亲自下厨房指挥烹饪，中午端上来清炖牛肉、红烧牛肉、牛尾汤、番茄、茴茴白来招待他们。“这是边区所见到的新鲜丰盛而且充满了劳动愉快的一餐”。[②]

在行军途中，王震和战士一样赤脚行走，他的警备员脚走破了，王震拿出自己最后一双布鞋给了这位战士，自己脚破了就用布包着脚继续

① 周而复：《王震将军和他的部队》，《群众》香港版创刊号，第20页，1947年1月30日。

② 周而复：《王震将军和他的部队》，《群众》香港版创刊号，第21页，1947年1月30日。

行走，战士给他准备了一副担架，刚坐了一段路，他发现一个战士突然病倒，立即让这名战士躺在担架上。

周而复满怀激情地写道：

> 他是这样爱他的战士，战士也同样的像保护自己的眼睛一样的保护着他。在湖南浏阳的一次战斗中，王将军亲自在火线下指挥，当敌人的机枪正对着他，连长朱慧生来不及推开他，自己走到他面前，用胸膛挡住敌人的子弹。①

周刊同时刊载了《八石山上——“王震部队南征北返日记”片断》，这本日记是1946年从中原军区寄出来的，全文四五万字，没有署名，但是从日记的语气判断，这是王震将军部队中一位政治干部写的。日记的题名是：“四十八天——日本投降后南征北返四十八天回忆”。编者按强调：日记“内容真实、言语非常质朴，充溢于字句间那种真切的感情和战斗的意志，令人愈读愈感动、愈兴奋。无论在政治上和艺术上，都可以说比现在一般文艺作家的作品更强”。②

这里摘取其中一段：

> 十八日　雨　九十里
>
> 王胡子在房子里沉静地思考问题。敌人向四郡圩合围的企图是很明显的。自己找了老百姓查明了周围的要道，手上握着一支洋蜡，睁着眼在地图上选择道路，为了击破敌人的企图，决定从西北角上突围，给敌人一个反合围的战役反攻。

① 周而复：《王震将军和他的部队》，《群众》香港版创刊号，第21页，1947年1月30日。

② 《八石山上——“王震部队南征北返日记”片断》，《群众》香港版创刊号，第22页，1947年1月30日。

在雨夜的漆黑中，走出了泥泞的小道，进入狗头坳，天才黎明。后面不断传来：“前面走快点！”大概敌人又从后面跟上来了。

于是王胡子亲自走在前面，掌握情况，决定行动，队伍在他的指令下勇敢的行进。

在上每一座大山前，人们的心里想，那边一定是平原了，但上到山顶一看，那边又是耸立着更好更大的山峰。好几次想从山沟里穿了出去，但每个山口，几乎都被敌人堵住了，前面的队伍过去了，后面的队伍又掉了队。敌人又从山沟里在移动。①

……

“这样的部队，简直就是一支铁流，它本身就是胜利的象征。”② 它恰当地表达了人们对这支军队的致敬和赞誉！

周而复以《三千万人民的舵手——聂荣臻将军》为题，描叙了另一位将军：

他穿着一身深黄色的棉布军装，浅圆口深黄色布鞋，……他的两眼炯炯有神，特别是注视事物时，更显出那般锐利而又谨严的光芒；在两个高深的颧骨之间是一条隆起的有点突出的鼻，嘴很宽阔，面孔饱满，但并不胖。谈话之间，脸上偶然露出微笑，不过有点矜持。面孔经常是严肃的，甚而可以说是严峻的。③

① 《八石山上——“王震部队南征北返日记”片断》，《群众》香港版创刊号，第23页，1947年1月30日。

② 周而复：《王震将军和他的部队》，《群众》香港版创刊号，第21页，1947年1月30日。

③ 荀寰：《三千万人民的舵手——聂荣臻将军》，《群众》香港版第1卷第3期，第20页，1947年2月13日。

这位将军就是八路军一一五师副师长兼政委聂荣臻。文章介绍了聂荣臻将军治军严厉、铁面无私，但也表现了将军侠肝义胆。百团大战时，聂将军亲自率领晋察冀子弟兵向平汉正太路攻击，摧毁了井陉煤矿之后，俘虏了两个日本小女孩，她们的父母在炮火中丧生，作为遗孤被送到聂将军的司令部，聂荣臻抚摸着孩子的头说："小娃娃，不要怕，吃这个吧，甜得很。"第二天他写了一封信，派人把这两个小孩送到敌人据点里去了。[①] 聂将军创造了怎样的奇迹呢？"以一个步兵团和骑兵营做底子，建立了人民的政权和军队。他便带着徒手的人民去打扫战场，缴获敌人的武器武装自己，自己建立小规模的兵工厂，修理武器，制造武器。"文章描述了打完仗后战士都要在战场上捡子弹壳，回收到兵工厂再生产。"晋察冀边区，在聂将军的抚养之下，成为矗立在华北敌后的一个坚强堡垒。……现在晋察冀已发展到一百六十七个县，有三千万人口了。聂将军便是这三千万人民的舵手。"[②]

晋察冀解放区是国民党全面进攻的重点地区，1946 年 6 月国民党军队共向该地区及周围调集了 11 个军 30 个师，大约 33 万人。晋察冀解放区处在国民党军两面夹击的不利地位，形势十分严峻。聂荣臻立即向中央建议，采取"西攻东防"的作战方针，并先用半个月时间，与晋绥配合打下大同，之后再视战局发展，创造条件，分步实现既定的战略目标。随后，中共中央根据晋察冀军区的意见，对作战步骤作出调整：第一步，以晋绥军区主力部队和晋察冀军区一部进行晋北战役，夺取同蒲路北段诸城，割断太原、大同的联系；晋察冀军区主力则留置冀东作战。第二步，以晋察冀、晋绥军区主力夺取大同，以一部兵力阻击北平之国民党军西进。第三步，视情况发展进行平汉战役，首先夺取平汉路北段，并

① 荀寰：《三千万人民的舵手——聂荣臻将军》，《群众》香港版第 1 卷第 3 期，第 20 页，1947 年 2 月 13 日。

② 荀寰：《三千万人民的舵手——聂荣臻将军》，《群众》香港版第 1 卷第 3 期，第 20 页，1947 年 2 月 13 日。

相机攻占石家庄、保定等城，再夺取正太路和太原。[①]

就在这篇文章刊发后两个月，1947年4月聂荣臻率部发起正太战役，歼灭国民党军3.5万人，攻克正太路沿线七座大城市和井陉等重要矿区，使晋察冀和晋冀鲁豫解放区连成一片。

1947年3月6日《群众》以《天才指挥家》为题，介绍刘伯承将军。作者描叙自己坐在向新乡进发的大卡车上，凝望着身旁的刘伯承将军：

> 外表上平平常常，从他的行动上和言谈上看不到一点锋芒，可是工作中，战斗中，却闪出惊心动魄的光辉，像一粒黑暗里的明珠。刘伯承将军便是这样一种人。[②]
>
> 身穿灰布棉军服，扎根皮带，打着整整齐齐的绑腿，完全像个小兵模样更像是部队中的事务长。他有一只眼睛在战争中被敌人手榴弹弹片所伤，失明了。戴了副墨镜，头发斑白，已经是个五十多岁的老将了。

刘伯承曾经留学苏联，苦下功夫学习俄语，文章介绍说，刘伯承能够阅读大量的俄文军事理论书籍。回国后一直担任红军里的总参谋长，运筹帷幄，决胜千里。连日本军事评论家也说刘伯承像《水浒传》里的神机军师朱武。[③]

晋冀鲁豫解放区管辖区域包括170个县和1250万人口。晋冀鲁豫分两个战略单位，一个是晋冀豫军区，除了平汉路西一些狭窄的平原外，

---

① 《中国人民解放军华北野战部队战史》，解放军出版社2010年版，第43页。

② 荀寰：《天才指挥家——刘伯承将军》，《群众》香港版第1卷第6期，第21页，1947年3月6日。

③ 荀寰：《天才指挥家——刘伯承将军》，《群众》香港版第1卷第6期，第21页，1947年3月6日。

大半是山岳地带，太行、太岳两大山脉是中国西部高原和东部平原的天然分界线。太岳山脉在山西的中南部，又叫霍山，纵贯南北，是汾水和漳河沁水的分水岭，战略位置非常重要。

周而复讲述八路军百团大战时，刘伯承率部队进攻中条山的敌人，援救了被日军围困的国民党军队的一段经历。“在紧急时候，在最需要的时候，如果在大家不注意当中出现了一支部队，那一定是八路军，而且十有八九是刘伯承指挥的。这便是用兵如神。”[①] 文章说了一个细节：“刘将军写命令，一字推敲，比诗人写诗还要用功夫，千锤百炼，考虑再三，一点不含糊。照他的命令去做，没一个错。要是命令你十二点离开某地，你十二点零五分离开，哼，就会出毛病。他的政治部有一次就是因为比命令上规定的时间迟了几分钟，遭到敌人的包围，最后又被刘将军救了出来的。这就是敌情我情时间地点的妙算。”他被夸赞为“天才指挥家”，他的部队被称赞为“常胜军”。

周刊透过纪实性报道将中国共产党将军的气魄风采与智慧胆识都一一展现在公众面前，展示了中国共产党军队的军力与风貌。让读者油然而生敬意与期待，有这样的将军指挥军队，一定所向披靡。

第二节 对人民解放军转入战略进攻的报道

一、对西北战场宜川大捷的评述

1948 年上半年，人民解放军在各战场相继展开新的强大攻势，继续将战争引向国民党统治区。国民党统治集团为了保住现有区域，阻止解放军向长江以南挺进，决心采取尽可能坚守东北和华北，争取中原，大力经营华南、西南和台湾的方针，实行所谓“三分军事，七分政治”的总体战和分区防御。在中共中央和中央军委部署下，1948 年 1 月上旬西

---

① 荀寰:《天才指挥家——刘伯承将军》,《群众》香港版第 1 卷第 6 期，第 21 页，1947 年 3 月 6 日。

北野战军决定不失时机地转入外线作战，恢复并扩大根据地，策应中原战场。彭德怀选择陕北中部的宜川作为外线首战之地。当时胡宗南的驻防只有2个团，攻击宜川，既可以避开胡军主力，乘虚而入，又可以打援，争取伏击消灭其主力一部。2月29日至3月1日，激战2天，全歼胡宗南的二十九军局长刘戡率部增援的2个师，约24000人。1948年3月11日《群众》刊登了中共中央为祝贺西北人民解放军全歼胡宗南整编二十九军部及整编二十七师的伟大胜利发出的贺电全文。[①] 同时刊发解放军总部发言人对宜川大捷的评析——《论宜川大捷》，称赞“这次西北人民解放军突然包围宜川敌军一整旅，胡宗南令其二十九军军长刘戡率领两个整师的四个旅，即二十七师之三十一及四十五旅，整编九十师之五十三旅，六十一旅，共约二万四千余名向宜川驰援，余二十八日达到宜川西南地区。西北人民解放军发起歼灭战，经过二十九日至三月一日三十小时的战斗，即将该部援军全部歼灭，无一漏网”。[②]

《论宜川大捷》首先分析了西北战场的形势，扼要介绍了全国其他战场的概况。指出：西北人民解放军在宜川战役中旗开得胜，声威大震，改变了西北战场敌我对比形势，今后将比过去更有效力地同南线各战场的人民解放军配合作战。经过宜川歼灭战，西北胡宗南、邓宝珊、马鸿逵和马步芳的全部正规军总共只剩下34个旅，再也无法阻止解放军的攻势。其他战场也都歼灭了大量敌人，在战略上处于主动地位。说明只要坚决反对保守主义，反对惧怕敌人，反对惧怕困难，依照党中央的战略总方针及其十大军事原则的指示，就能展开进攻，大量歼敌。其次，评论分析了宜川战役取得胜利的原因。指出：宜川之战胜利的原因很多，主要是灵活机动地指挥，以及后方广大人民的努力协助和支援。也由于敌军比较孤立，地形有利等，但最值得注意的，是西北野战军采用诉苦和三查方法进行了新式的整军运动。诉苦（诉旧社会和反动派所给予劳

---

①《论宜川大捷》,《群众》香港版第2卷第9期，第8页，1948年3月11日。

②《论宜川大捷》,《群众》香港版第2卷第9期，第8页，1948年3月11日。

动人民之苦）和三查（查阶级、查工作、查斗志）运动大大提高了全军指战员为解放被剥削的劳动大众和消灭蒋介石匪帮而战的觉悟，大大加强了全体指战员在共产党领导之下的坚强团结。[①]

“这次胜利改变了西北的形势，并将影响中原的形势。这次胜利，证明人民解放军用诉苦及三查方法的新式整军运动将使自己无敌于天下。”[②]

依据这篇社论，《群众》周刊军情专栏撰稿人朝新发文，解析宜川大捷的军事战略意义。朝新分析道：“宜川位于黄龙山区，是陕北的著名军略要地，北可以拊延安侧背，形成夹击之势；南可以进击关中，与挺进关中的部队结成一气，堵塞敌人的补给与可能的增援。”“这是一个大规模的歼灭战战役，不仅在西北战场上是空前的，而且在整个战场上也是少有的，……这种大规模的歼灭战，即使在第二次世界大战中，西战场也从没有出现过。解放军的这种胜利固然可以说是由于蒋军士气与战斗力的日趋衰落，但更重要的，则是由于解放军从数量到质量，都已发展到强大无比，其战斗技术的高超，将达到‘炉火纯青’的境地，这是谁都可以见到的。这样的人民军队，在人民的全力支持之下，必然会攻无不克无坚不摧，也是可以想见的。这样的人民军队，一定可以彻底消灭蒋军，解放大西北，解放全中国，而且也一定可以战胜一切中国人民的敌人的。”[③] 这场胜利对解放大西北有决定性意义。西北解放军可以关门捉鼠，又可以直逼胡宗南的老巢——西安，蒋介石投到西北的兵力折损了一半。

1948 年初国民党政府建立“剿匪”总部和党政军一元化的指挥体系，进行“总体战”，改变各自为战的弊端，同时以精兵组建机动兵团，以此摆脱单纯守城的被动局面。1947 年 12 月 1 日国民党在北平设立华

---

① 《论宜川大捷》，《群众》香港版第 2 卷第 10 期，第 3 页，1948 年 3 月 18 日。

② 《论宜川大捷》，《群众》香港版第 2 卷第 10 期，第 2 页，1948 年 3 月 18 日。

③ 朝新：《全面解放大西北之战开始了》，《群众》1948 年第 2 卷第 9 期，第 8 页，1948 年 3 月 11 日。

北“剿匪”总司令，任命傅作义为总司令，统领晋、冀、热、察、绥5个省，1948年5月在沈阳设立东北“剿匪”总司令部，卫立煌任总司令；6月在武汉将国防部九江指挥部改组为华中“剿匪”总司令部，任命白崇禧为总司令。

朝新在《看战局新动向》一文中，分析国民党高级将领傅作义、卫立煌、白崇禧的近况。新年伊始，晋察冀解放军“在不到五天的战斗中，把平汉北段的涿县至保定，平沈路平津段的黄村至巍善庄，津浦北段的静海至唐官屯，平绥路的河城至青龙桥、南口至清河、居乐堡至天镇等长约四百里的铁路线全部破坏，使华北心脏地区的平津保以及张家口之间，交通断绝，各陷孤立。平津北段，所有路基、桥梁、枕木、铁轨，尽行损毁，使蒋军无法修复利用。解放军攻克许多重要车站及据点，如保定附近的漕河站，南口外围的古城，且一度解放雄县。”这只是给“傅作义挨了第一棒”，“我们不难料想，这将是傅作义在察绥统治的最后结束。”[①] 当傅作义无法打破华北的僵局时，卫立煌又能维持东北的危局吗？文章引用卫立煌本人奔赴东北战场前发表的一番话：“军人以服从为天职，只有应命以赴。今日东北仅存沈阳、长春、永吉、锦州、四平五大据点，国军已乏全面之控制，欲扭转大局，非艰困不可。”文章明确指出目前国民党在东北重要的是怎样能够保持沈阳与关内的通道，使残留不及十分之一的被割破碎的地带，不致完全与关内隔离。至于范汉杰的部队调往东北，也就是为了这个目的。朝新还进一步指出，1947年底到1948年初，双方在东北的力量对比已经达到相当悬殊的程度，根据美联社的电讯，可以推断东北战场蒋军总数不过二十五万，解放军仅仅在沈阳外围的就已经有三十万。“东北总要被孤立起来。连傅作义也不得不承认：在整个作战意义上，已无所谓关内与关外，华北与东北之任何一方胜利或失败，对整个战局均有影响。”[②] 文章引用美联社的一条消息：“辽

① 朝新：《看战局新动向》，《群众》1948年第2卷第3期，第20页，1948年1月29日。
② 朝新：《看战局新动向》，《群众》1948年第2卷第3期，第21页，1948年1月29日。

阳——这个沈阳的南边大门，已经电讯断绝，情况不妙，共军冲入已被孤立的新立屯，现在进行激烈巷战。其他共军已调至新立屯与平沈路间地区，阻止国民党军解救该城。该地的陷落，将是沈阳附近防卫系统的一个打击。”

文章结尾处用了精彩的一句话：“东北的攻势正猛烈展开，这就算作‘迎接’卫立煌吧。”①

至于蒋介石的华中主将白崇禧，遭遇又如何？解放军可以随时切断长江，渡江南下，或西向巴蜀，进兵四川。向西一路，则以老河口及襄樊——都是豫鄂边区的战略要地为中心，形成南北两面的钳击：北面攻克邓县、淅川，到达老河口以东二十公里地方；南面渡汉水西进，宜城、南漳告急，有从背后进攻襄樊与老河口之势。“在去年年底以前的四个月中，解放军在黄河长江之间，歼灭敌人至少达十六万以上，而越是向南向西，蒋军的防务越加空虚。所以，当战线再向南推之后，那种势如破竹所向披靡的情形，将会比渡河南下时有过之而无不及。白崇禧的悲鸣，还是为了这个，把所有归他指挥的部队都调往长江沿岸，也阻挡不住解放军的洪流。”②

二、对济南战役的报道与评述

1948 年 9 月 8 日至 13 日中国共产党在西柏坡召开政治局扩大会议，会议提出全党的战略任务是：建设 500 万人民解放军；在从 1946 年 7 月算起的大约五年时间内，歼敌正规军 500 个旅（师）左右，从根本上打倒国民党的统治。在军事上人民解放军仍然全部在长江以北和华北、东北作战，并准备打若干次带决定性的大会战，力争歼灭更多的国民党军队；会议明确指出：全国作战重心在中原，北线重心在北宁路，特别要求要敢于打前所未有的大仗，敢于同敌人的强大兵团作战，敢于攻击敌

① 朝新：《看战局新动向》，《群众》1948 年第 2 卷第 3 期，第 21 页，1948 年 1 月 29 日。
② 朝新：《看战局新动向》，《群众》1948 年第 2 卷第 3 期，第 21 页，1948 年 1 月 29 日。

人重兵据守和坚固设防的大城市，以夺取全国胜利。[1]根据中国共产党九月会议精神和中央军委的指示，人民解放军经过雨季的休整，从 1948 年 9 月开始，先后在东北、华东、中原、华北和西北战场上发起规模空前的秋季攻势。

1949 年 9 月 8 日山东兵团政治部宣教部就对这场战役的报道提出了建议：

遵照野政与兵团政的决定：这一战役的全部战报、公报及战评，统一由华野前分向新华总社报道。

战役报道的基本内容是宣传我军的军政全胜；首先是我军全体指战员在战斗中的英勇顽强，团结一致；全军上下，从指战员到战士，从前方到后方，从战斗员到看护员，都贡献着自己最大的努力，奋力作战，忘我工作，一切为了夺取济南，一切为了全歼敌人。我军的这种伟大的革命英雄主义气概，再加上强大的技术条件，就是战胜敌人的根本条件，是敌人的任何挣扎所不能抵抗的。另一方面，则是我全体指战员亲密的团结人民，彻底地执行政策纪律，是毛主席的英明政策，获得了人民的竭诚拥护，取得了政治上的极大胜利。[2]

《群众》周刊 1948 年 9 月 23 日刊载的专论《揭开秋季攻势的序幕》分析了人民解放军在东北、华北的战况和作战意图：

东北方面，十二日起发动进攻，从锦州至唐山六百多里的北宁路沿线，燃起了解放的火炬，攻克兴城、绥中、昌黎等县城，

① 《中国共产党历史》第一卷，下册，中共党史出版社 2002 年版，第 784 页。

② 《山东兵团政治部宣教部攻济战役报道工作意见》（1949 年 9 月 8 日），《中国共产党新闻工作文件汇编》上册，新华出版社 1980 年版，第 225—226 页。

及许多重要的车站据点。切断东北敌人唯一的陆上输血管，使关内外的交通隔绝，解放军并从东北两面向锦州推进，锦州顿时孤立，葫芦岛与秦皇岛两港受到威胁。如果说东北蒋军还有些微回旋地带的话，那就是指锦州至山海关的这一条狭长地带，也即被称为“辽西走廊”。

华东方面，解放军于十五日夜里发动对孤城济南的进攻，……济南本身已处于四面不通的危境，情形远不如沈阳，现在东、西、南三面遭攻，十七日消息解放军且已攻至东南郊，城内炮声震耳。附近的县城长清、济河，亦已解放。山东省内敌人残留的大据点，同样不过四个——济南、青岛、烟台、临沂，前三者也早完全孤立。临沂实际上也处在包围之中。①

文章最后分析说：“无论在东北或华东战场上，解放军将在这个攻势中大量消灭敌军，是可以预言的，那么攻势的发展，也必然将跟着力量的转换而发展。”“秋季攻势揭了幕，伟大的胜利一定要到来。但只有从中国革命战争基本性质去了解，我们才不会堕入速胜论的错误。”②（注：原文如此）

济南是津浦、胶济两铁路的交会点和连接华东、华北地区的枢纽，国民党军队自诩为“金城汤池”。华东野战军组成 14 万人的攻城集团，以 18 万人组成阻援、打援集团，于 9 月 16 日对济南发起全线攻击，秋季攻势第一个重要战役就是夺取济南。1948 年 9 月 13 日《群众》周刊发表了社论《论解放济南的意义》《庆祝济南解放的伟大胜利》和专论《从济南解放看秋战场》。

① 朝新：《揭开秋季攻势的序幕》，《群众》1948 年第 2 卷第 37 期，第 9 页，1948 年 9 月 23 日。

② 朝新：《揭开秋季攻势的序幕》，《群众》1948 年第 2 卷第 37 期，第 9 页，1948 年 9 月 23 日。

《从济南解放看秋战场》介绍了济南战役战况："进攻开始于十六日晚间，仅两昼夜的战斗，即连续突破敌人三道坚固设防的地带，把济南周围百余里内的卫星据点（包括两座县城），统统扫清；十九日下午发起攻击战，蒋军九十六军八十四师全部及该军独立旅，由军长吴化文率领下起义，当晚解放军占领飞机场，斩断了敌人的空援；二十日晚进攻城西商埠，二十二日完全占领；当晚发动攻城，二十三日攻克外城；当夜又进攻内城，至二十四日下午结束战斗。战斗这样神速，一方面由于解放军的压倒优势，士气旺盛，炮火猛烈，另一方面就是敌人战斗力大为低落所致。"① 社论分析济南解放的意义："在军事上，济南的解放不但使得那个被蒋军作为重要基地并且连接津浦铁路和陇海铁路的徐州，大大地受到威胁，而且严重地削弱了蒋军在中原战场的一个侧翼，使刘伯承将军的部队能够更顺利地发展。更进一步说，济南的解放又是打开了'打到南京去'的第一道大门。""歼灭了十万人以上的蒋军有生力量，争取了吴化文部和一部分警卫队的起义，使蒋军的士气更加降低，使蒋军对于人民解放军在军力上的对比更加削弱。"社论指出："在政治上，济南的解放，不但加深了蒋军对于杂牌部队的矛盾，而且加强了蒋朝内部各派系之间的矛盾。""济南的解放，更进一步地改善了解放区的军事、政治和经济地位，更进一步地提高了全中国和全世界对于中国人民解放战争的必定胜利的认识。"②

济南战役后国内战局如何发展，《从优势到劣势的蒋军》清楚地指明国共各自发展态势，蒋军面临的政治、军事的困难。"在兵力问题上，蒋介石采取了三个挽救的办法：一、集中兵力；二、组织机动兵团；三、动员所谓台湾新军投入战场——这是最后一笔赌本。但是这些办法

---

① 朝新：《从济南解放看秋战场》，《群众》1948 年第 2 卷第 38 期，第 3 页，1948 年 9 月 30 日。

② 新华社社论：《论解放济南的意义》，《群众》1948 年第 2 卷第 38 期，第 2 页，1948 年 9 月 30 日。

都充满了矛盾。集中兵力必须放弃地方（主要是城市），然而放弃哪里好呢？如果放弃长春沈阳锦州，那就等于全部市区东北，连现在的‘象征占领’都失去了；……不能调动集中，也就不能真正组织所谓‘机动兵团’。”[①] 文章分析了蒋介石的困境：“傅作义现在为一个问题苦恼：他自己的老家察绥正在危急之中，他要向西；但是平锦线是东北蒋军的命根，蒋介石却偏要他向东，调走他一部分队伍往葫芦岛。蒋介石集中兵力和调动兵力，不仅在东北华北碰到这样的钉子，西北的两马调不出来，胡宗南为了守西安不敢救太原，……蒋介石要调动任何一个兵力作集中使用，都是不可能的。”[②]

内战爆发前，“蒋军的优势是：第一，兵力数量多；第二，得到美帝国主义太多的援助，有美械装备；第三，得到美帝国主义的海空运输，占领了一切战略据点和战略交通线，取得了有利的进攻态势。”“但是，由于蒋军的战争性质根本违背民心，由于蒋军在战略战术上的指挥拙劣，由于蒋军本身制度的腐败无能，两年打下来的结果，现在一切优势是一去不复返了。本来是优势的，现在转为劣势，本来是劣势的（民心、战略、军制）就发展成为更大的劣势。这一切已经由两年的战绩作了说明。”[③] 该文转载了合众社电讯关于蒋军与解放军比率变化的报道：1945年8月，蒋军与解放军的人数比是7∶1，1946年为4∶1，1947年为3∶1，1948年7月降为2∶1；1945年蒋军人数为350万人，解放军为50万人，1947年蒋军为300万人，解放军为117万人，1948年蒋军为280万人，解放军为140万人。

济南解放在国内引起不小反响，《观察》上一篇文章写道：“济南

---

① 怀湘：《从优势到劣势的蒋军》，《群众》1948年第2卷第40期，第6页，1948年10月14日。

② 怀湘：《从优势到劣势的蒋军》，《群众》1948年第2卷第40期，第6页，1948年10月14日。

③ 怀湘：《从优势到劣势的蒋军》，《群众》1948年第2卷第40期，第6页，1948年10月14日。

之失，除了影响关内战局，对于东北，关系尤大。山东不再是军事的输血管，华北不再是东北的后备军，此后的东北将道道地地的变成了‘孤岛’。”[①]（注：原文如此）国民党的《中央日报》也不得不承认：“匪军打通山东匪区后势必东祸苏北，进窥徐州，或开封、蚌埠等地，作威胁京沪企图，这是我们不能不特别注意的。”[②]

济南战役中的重要细节就是《活捉王耀武》，《群众》纪实性地报道了山东省主席王耀武被生俘的场景，“九月二十八日上午八时，在胶济路北侧寿光境内浙河上的张剑昌桥头，我寿光公安局盘查哨口扣留了一个穿着黑色旧棉袍，用毛巾遮着脸，躺在一轮大车上呻吟的‘商人’，这就是从济南逃出来的山东省主席王耀武。”“他仓皇失措的神情和支吾的言语瞒不住机敏负责的哨兵，哨兵就把他带到公安局去分别审讯。……在严格审问中，王耀武仍然抵赖，他自称名叫乔堃，是临清人，在济南开茶馆的。问他茶馆叫什么名字，他却答不上来。”[③]最后终于承认自己是王耀武。

济南战役是人民解放军攻克敌人重点设防大城市的开始，也是蒋介石以大城市为主的“重点防御”体系总崩溃的开始。社论《庆祝济南解放的伟大胜利》评论这场战役“是敌人由全面攻势降为局部攻势，又由局部攻势转入全面守势的时候……济南这个敌人在山东最强大据点的攻克，使华东人民解放军获得了比以往任何时候更大的自由。在这个情况之下，不但山东的残敌岌岌可危，而且整个华东和中原的敌人也将遭受到更加沉重的打击，华东和中原的全部解放，已经更加迫近”。[④]

《毛泽东年谱》中标注过这篇社论是经过毛泽东亲自修改审定后发表的。[⑤]毛泽东代表中共中央宣告：“济南战役后任何一个国民党城市

① 季明：《鸡肋！鸡肋！》，《观察》第5卷第10期，1948年10月30日。

②《战局大势》，《中央日报》1948年9月28日。

③《活捉王耀武经过》，《群众》1948年第2卷第40期，第20—21页，1948年10月14日。

④ 新华社社论：《庆祝济南解放的伟大胜利》，《群众》1948年第2卷第39期，第2页，1948年10月7日。

⑤《毛泽东年谱（1893—1949）》下卷，中央文献出版社2002年版，第345页。

都无法抵御人民解放军的攻击了。”[①] 就此，中共中央和中央军委将秋季攻势引向就地歼灭国民党军队大兵团的战略决战。《群众》周刊对济南战役的报道，力求增强军情报道的说服力，巧妙运用战役宣传的攻心力。

三、对三大战役的报道

国共两党决定命运的战略决战最终是在战场上完成的。1948 年夏秋之间的豫东战役和济南战役，人民解放军展示了进行大规模野战和大城市攻坚战的军力，与国民党军队决战的条件已经成熟。1948 年秋至 1949 年初人民解放军发起了辽沈、平津、淮海三大战役，全歼国民党军队的若干重兵集团，全部占领了东北，基本占领了华北。这期间《群众》周刊对三大战役进行了综合报道、连续报道、纪实性报道。

1948 年 5 月 20 日《群众》第 19 期上发表了《军力、地区、战略形势的变化》，该文用几个醒目的小标题：敌我有生力量对比的转换，打到了怎样的程度；解放区的面积扩大了多少；战略形势的改变到了怎样的情况。通过这些小标题详细对比人民解放军与国民党的军力。文章分析道：全面内战开始时，国民党正规军有 248 个旅，共 744 个团，180 万人，非正规军 732 个团，110 万人，总共 1476 个团，290 万人。在内战 1 年 9 个月中，国民党力量损失了 225 万人。[②] 敌人已经损失了 77% 的兵力。“解放军在强大的敌人进攻之下，采取了撤退一些地区及城市，以换取敌人有生力量的战略方针，因而解放区的面积相对地缩小了。”“当打败了敌人进攻后，解放军即进行反攻，收复并扩大解放区，于是敌我区域的对比上，就有了很大的变化。”解放区的面积不仅恢复到

---

① 新华社社论：《庆祝济南解放的伟大胜利》，《群众》1948 年第 2 卷第 39 期，第 2 页，1948 年 10 月 7 日。

② 朝新：《军力、地区、战略形势的变化》，《群众》1948 年第 2 卷第 19 期，第 14 页，1948 年 5 月 20 日。

内战开始时的大小，人口也增加了 1900 万人。[①]“从东北到长江解放区正在大块大块地连接起来：洛阳的解放把河南、山西、陕西结而为一，潍县、昌乐的解放，把山东境内的胶东、渤海、鲁中三区打成一片，目前热河的攻势使东北与华北、西北直接贯通”。

文章结尾说：“中国人民正大步地走向全国胜利，这还有什么可怀疑的吗？”[②]

1948 年 9 月 7 日中央军委确定了东北野战军南下后的攻击重点应该指向北宁路上的重镇锦州，确立了打“前所未有的大歼灭战的决心”[③]。一场全歼国民党在东北的五十万军队的战略大决战就要打响了，9 月 17 日国民党的《中央日报》却还在发布消息：“北宁线情势已趋和缓”。[④] 而 10 月 9 日东北野战军的 5 个纵队及炮兵中纵队主力共约 25 万人，在司令员林彪、政治委员罗荣桓的指挥下，发起了锦州外围作战。15 日攻克锦州，全歼守军 10 万人，俘获东北“剿总”副总司令范汉杰。1948 年 10 月 21 日，《群众》周刊以“又一光辉的胜利”为题庆祝锦州解放，盛赞锦州的解放“不但是又一次证明了解放军的战斗力攻坚力的提高，而且更进一步地证明了蒋朝军力的劣势和削弱”。从发起总攻，到激战 31 个小时，即完全攻占此一战略要地。这种坚强而伟大的力量使国民政府亦不得不哀道：“锦州之役中，再透露一项事实，共军的力量已强大到足以驾驭战略地步，成为最具有决定性的因素。”[⑤]

时评转引了香港一家亲蒋晚报的评论，“济南可以说已经是一个死

① 朝新：《军力、地区、战略形势的变化》，《群众》1948 年第 2 卷第 19 期，第 14 页，1948 年 5 月 20 日。

② 朝新：《军力、地区、战略形势的变化》，《群众》1948 年第 2 卷第 19 期，第 15 页，1948 年 5 月 20 日。

③ 毛泽东：《关于辽沈战役的作战方针》，《毛泽东选集》第 4 卷，人民出版社 1991 年版，第 1336 页。

④《中央日报》，1948 年 9 月 17 日。

⑤ 时评：《又一光辉的胜利》，《群众》1948 年第 2 卷第 41 期，第 10 页，1948 年 10 月 21 日。

子，而锦州是一个对整个东北和华北战局有决定意义的活眼。”“锦州是东北走廊上的中心据点，共军占据了锦州之后，即能控制整条走廊，一方面使长沈两个据点陷于更加孤立的地位，一方面使东北与华北的共军更容易打成一片，使傅作义控制的平绥线及平津保三角地区，陷于大包围的形势中。”“锦州的解放，使蒋的长沈失却了后卫，使蒋傅在华北的据点失却了屏障。到如今，长春和沈阳，除每月叫蒋介石支出一大笔军费粮食和航空运输费之外，是没有什么意义的。”时评宣称“锦州的解放并不是人民解放军秋季攻势的顶点，更大的发展、更大的胜利之陆续来临，那是没有什么疑义的。”①

军情专栏作者朝新撰文《走向对全局决定性的胜利》，揭示锦州解放的意义，朝新分析：“锦州的解放，在军事上来说，其意义较诸解放济南，犹有过之。首先，驻守锦州的范汉杰兵团，是美式机械化部队，蒋介石一直当作法宝来使用的，过去放在主战场的山东，后来调至辽西，负起‘苦撑’东北残局‘屏障华北’的重任，这次解放军挑选‘硬’的打，‘擒贼先擒王’，把敌人这支装备优良的精锐部队先吃掉，再来吃其他的部队更容易。”②

在《论战局的大变化》中评述了东北战场上国共的最后较量：“第一是敌人抢救辽西的失败，说明敌军战力已经跌落到不可想象的地步。尽管反动集团的某些策士们，主张放弃东北，但蒋介石是绝不松手的，这也是正在执行了美帝国主义的意旨。当解放军攻势发动之后，蒋的部署是：一方面抽调傅作义五个师及烟台的两个师，增援锦西地区；另一方面从沈阳抽调十五个师，西出围断解放军后路；连同原驻锦州地区及北宁路沿线二十个师部，则敌军兵力投入锦州之战的，达四十二个师之多，

① 时评：《又一光辉的胜利》，《群众》1948年第2卷第41期，第11页，1948年10月21日。

② 朝新：《走向对全局决定性的胜利》，《群众》1948年第2卷第41期，第5页，1948年10月21日。

这样众多的部队，而且大部是美械或半美械装备的精锐，参加一个战斗，其规模之大，在两年多来的战争中，是绝少有的。”“第二是阵前起义与集体投降，说明蒋介石已处在士不效命，众叛亲离的末路。整军阵前起义，战争以来也只有两次，并且都是在这次秋季战斗中发生的。”（注：指的一个是9月19日第96军军长吴化文率部2万余人起义，撤离防区，致使济南西部防线门户大开；另一个是在军事压力和中共争取下，第1兵团副司令兼第60军军长曾泽生于10月17日午夜率部起义，撤出长春东半部阵地。）“第三是敌军大逃的惨败，解放军大捕捉的成功。这就是廖耀湘兵团的全军覆没，锦西地区傅部等十一个师的正在包围聚歼，以及沈阳至营口的九个师正在解决中。蒋介石当锦州丢掉后看见大势已去，才被迫急命东北残军逃跑，但为时已晚。”

文章结尾处，朝新激情写下了这样的话：

> 前进！英勇善战、百战百胜的东北人民解放军！全东北的人民都在热烈地支援着你们。这是解放全东北的最后一战！……钢铁般坚强的队伍，就要完成中共中央及东北局给他们的光荣任务——全歼东北蒋军了！①

当时《观察》对国民党在东北战局的表现是这样评价的：“当局自始自终，并无定算。既缺乏‘背城借一’的信心，又没有‘壮士断腕’的勇气。”②

可是，1948年11月10日《中央日报》发表了《论当前军事形势》，说：“济南、锦州、长春、沈阳都是孤立的据点。在这四个据点的守军，困处孤城，帅老气衰。最高统帅部屡从战略上着眼，要把这几处

① 朝新：《论战局的大变化》，《群众》1948年第2卷第43期，第6页，1948年11月4日。

② 季明：《五十天军事局势的总检讨》，《观察》第5卷第12期，1948年11月13日。

守军撤退，但受到了社会政治各方面的牵制，都没有及时做到。这几处军事失利的原因在此。……今日共匪对于这两个地区的国军，还不敢使用它的主力来轻于尝试。即令共匪以主力来守军，国军必能给予以沉重打击。”[①]

11 月 18 日《群众》周刊以《中共中央负责人评军事形势——一年左右打垮反动政府》为题转载了毛泽东为新华社专门撰写的评论，直击《中央日报》的这一派胡言。毛泽东指出：“原来预计，从一九四六年七月起，大约需要五年左右时间，便可能从根本上打倒国民党反动政府。现在看来，只需从现时起，再有一年左右的时间，就可能将国民党反动政府从根本上打倒了。”[②]（该篇后来以《中国军事形势的重大变化》为题，收入《毛泽东选集》第 4 卷中。[③]）

需要注意的是，朝新《论战局的大变化》发文的时间，与毛泽东的这篇评论发表相差几天，可见，当时《群众》周刊对东北战局乃至全国军情局势走向的分析与预测是非常精准到位的，跟中央军委保持高度的一致。对比国民党党报《中央日报》对战局的报道，反映出国民党对中共的战略意图茫然无知，国民党党媒《中央日报》已无法挽救国民党军事上的衰势，就只能胡言乱语了。

辽沈战役结束的前一天，淮海战役打响了。淮海战役是在以徐州为中心，东起海州、西至商丘、北起临城、南达淮河的广大地区进行的。参加这场战役的有华东、中原两支野战军和华东、中原两军区，以及晋冀鲁豫军区的部分部队共约 60 万人，国民党的军队总兵力近 80 万人。华东野战军司令员粟裕向中央军委提出举行淮海战役的建议，主张进攻

① 《论当前军事形势》，《中央日报》1948 年 11 月 10 日。

② 《中共中央负责人评军事形势——一年左右打垮反动政府》，《群众》1948 年第 2 卷第 45 期，第 2 页，1948 年 11 月 18 日。

③ 毛泽东：《中国军事形势的重大变化》（1948 年 11 月 14 日），《毛泽东选集》第 4 卷，人民出版社 1991 年版，第 1361 页。

并歼灭淮阴、淮安和海州、连云港地区的国民党军队，为夺取徐州创造条件。

朝新的《解放淮海之战》《淮海与全局》和《徐州解放之后》三篇文章详细描述淮海大战。文中写道：

以徐州为第一个目标的、解放淮海地区的大战，已于十一月六日开始，与解放沈阳仅隔四天。这同样是规模庞大的战役，而解放军只在三天内，即已取得伟大而辉煌的胜利。进攻的号令一发，三路大军从四面八方向徐州挺进，猛烈、迅速、如劲风扫残叶，把敌人的部署完全打乱，敌军望风披靡，纷纷溃逃，而在溃逃中受歼。解放军攻势一周间，即已获得这样大的胜利，连续歼灭了敌军的两个军部、四个整师、一个整团，争取了两个军的起义，而且把徐州东、南两面的敌人主力兵团全部包围，西面的主力兵团也在包围中，因而徐州已成孤城，兵临城下了。由于陇海东段的全部控制，华东解放军的山东兵团与苏北兵团，显然已携手前进了。而山东和苏北业已完全连成一片，没有任何阻隔了。

朝新随即说："人民解放军已经占压倒的优势，因此，战争期间将大大缩短，只要再打一年，就可以完全打垮反动派，建立一个和平民主的新中国。"①

这时正值淮海战役第一阶段，中原野战军在11月15日攻克宿县，会同华东野战军一部，切断徐蚌线，完成了对徐州的包围。紧接朝新在《淮海与全局》一文中，继续分析了淮海战役第一阶段的成果：

解放军在战术上的灵活运用，达到了空前的高度，而敌人则

① 朝新：《解放淮海之战》，《群众》1948年第2卷第45期，第20—21页，1948年11月18日。

完全表现了惊慌、紊乱和愚笨，如像灯蛾一样，于是部署大乱，而防御体系也被整个打垮了。解放军在发动攻势之初，是用雷霆万钧之力从东北西三面压向徐州，敌人恐惧被歼，就从东西两面向徐州逃窜，企图集中兵力负隅顽抗，但当这种情形出现时，解放军的战法是看准敌人主力兵团之一的黄伯韬部，黄部从海州与运河之间地区往西逃窜，刚过运河，即被解放军主力一部由临城、枣庄、峄县、台儿庄一带，穿过冯治安部防线，直插徐州东侧，堵住去路，另部主力由海州运河间迅速赶上，就把黄兵团四个军包围在陇海路碾庄车站及北侧纵横不及十里的地区，另一军在宿迁窑湾地区也陷入包围……解放军把进攻的重点放在彻底消灭敌人这个主力兵团上，而为了达成这个任务，除了在徐州的西南两线发动牵制性的进攻外，并且布下了强大的打援部队，使自己能从容地尽歼敌人。……这种大规模的歼灭战和阻击战的结合、发挥，而且在相距不到四十多里的地区进行，确实是战争史上所少见的。①

为了抢救徐州，蒋介石丧失了大主力兵团之一的黄伯韬部，及其他部队十八个整师，但仍不死心，又把另一个大主力兵团的黄维部，从几百里外调上增援，却又落入了解放军的天罗地网，全部解决战斗是几天内的事情，因为该兵团目前的处境是："没有吃、没有睡、内无粮草、外无救兵"，这叫士气衰退的敌军，怎么能够打得下去？②

这三篇评论把战争的宏大场景、战略部署都一一展现在读者面前；将淮海战役中国共产党得胜的原因作了详细的分析，表现中国共产党胜

① 朝新：《淮海与全局》，《群众》1948年第2卷第47期，第10页，1948年12月2日。
② 朝新：《徐州解放之后》，《群众》1948年第2卷第48期，第15页，1948年12月9日。

利在于战略得当、慎重选择了初战对手，打乱了国民党的部署，又通过攻占宿县、把握了国民党进退的关键，在围堵、分割、攻坚、打援、追击等运用上有张有弛。

国共两军决战的最后一战就是平津战役。遵照中央军委的指示，东北、华北人民解放军于1948年11月29日发起了平津战役。华北军区第二、第三兵团和东北野战军先遣兵团，相继向平绥路平张段及张家口外围的国民党守军发起进攻。到12月上旬，歼灭平绥路东段傅作义部5个师，将其主力包围在张家口、新保安地区，切断了傅作义集团西撤绥远的通道。从12月12日起东北野战军陆续到平津前线，到21日完成对平、津、塘国民党军队的战略包围和战役分割，截断其经塘沽由海上南逃的道路，为各个歼灭敌人创造了有利的条件。1948年12月16日《群众》周刊发表了朝新的评论文章《华北大战的前夕》，首先分析了傅作义的处境："蒋介石借军傅作义完全是因为傅作义的手里还有比较完整的一点部队，当一个独裁者不到穷途末路时，是绝不肯放松他对下属的控制的，况且傅作义不属于嫡系，所以华北的军事指挥权并没有让傅作义拿到，这其间不免矛盾很多。到了蒋介石在华北完全失败，解放军淮海的攻势一发动，他自知华北大势已去，无力挽回，这才不得不把华北大权交给傅作义。而傅呢？也踌躇满志起来，企图一尝'小皇帝'之梦了，但是最为现实的问题是，它有多少兵力能够挡得住解放军的强大攻势呢？"[①] 而实际上"一方面北平实际已成围城，解放军在东北逼近通县，北面成兵西南及牛南山一带，南面正向房山、良乡一带进攻，西面几十里地原来就是解放区，……人民解放军已进攻西北的康庄。第二，唐山与天津已岌岌可危，敌人从滦县逃跑后，唐山实际上就已经成为前线。第三，张家口已完全被围，四周据点已拔除净尽，解放军且于七日攻占城东南的飞机场，傅部105师及两个骑兵营，困在城内。"

① 朝新：《华北大战前夕》，《群众》1948年第2卷第49期，第7页，1948年12月16日。

文章分析了傅作义的心理活动："傅作义'自作聪明'地采取了龟缩办法，以为这样一来可以集中兵力防御一个重点，企图逃避被解放军一个个'小吃'，但其结果，各个重点之间却完全隔绝，他已没有什么防线了，有的只是一堆堆军队，其前途是将被解放军'大吃'。"

那么，傅作义如何打算呢？"首先他要等美援，美帝答应直接装备傅军，他希望守住海口——大沽口，所以把相当多的兵力集中在那里，如获得美帝运来的军火，以改进及补充'后套娃子'的穷劣的武器；其次，他获准在平津局面危机的时候，逃回老巢，所以防御在平津塘三角地区的部队，绝大多数是使用国民党的嫡系，而不愿把自己的部队调上去，反正那些部队拼完了，自己的嫡系人在手里，将来逃回老巢，还有一点本钱，不致于两手空空，这正是蒋介石对付杂牌军的手段，而傅作义今天也不折不扣地用来对付蒋介石了。"文章肯定地说："傅作义的愿望是无法实现的。美援即使有，除了就地装备外，现在铁路都断了，空运有限，而傅的主力大部分离海口很远，运输的问题也不易解决，况且，又能有多少美援来装备呢？至于回窜老巢，更难找到一条逃命之路。平绥铁路早切成几段，张家口的解放固然是指日可待，平北的长城隘南口据说也遭到解放军的进攻，……华北已临大战的前夕，傅作义还能有三个月的命运吗？这是值得怀疑的。"①

在东北和华北野战军完成了对平津地区国民党军的分隔包围之后，中共中央确定了"先打两头、后取中间"的战役方针，即先由东北野战军覆辙攻击东面的塘沽，华北野战军覆辙攻击西面的张家口和新保安，最后攻击北平和平津。1948 年 12 月 21 日保卫新保安的杨得志兵团 3 个纵队占据着绝对优势，22 日全歼敌 5 军 16 万余人，军长郭景云自杀身亡，战场态势已基本明了。12 月 23 日朝新继续在《论决定意义的胜利》一文中从兵力变化、战场态势、战略战术三个部分对国共双方力量进行

① 朝新:《华北大战前夕》,《群众》1948 年第 2 卷第 49 期，第 8 页，1948 年 12 月 16 日。

了对比分析：

> 淮海大战发动到现在，敌军已经消灭即被围歼中即将被全部消灭者（包括起义和投诚在内），有五个兵团、两个绥区和其他部队，连同傅作义、胡宗南所部，至少六十个师，整师以下尚未计算在内，则敌军现在所剩不过一百四十二个师了，五个多月中间，已经丧失了建制的一半，而东北、淮海以及傅、胡部队，都是敌人的精锐，尤其投入淮海战场的，是蒋介石内战的最后资本，由于这种事实，战事推进得更为迅速，也是必然的了。①

朝新对东北、华北的战场态势作如下分析："解放军发动东北的最后一战之前，敌人在东北所盘踞的地方，本来已不到全部面积的百分之一，兵力上也早处于劣势，守在那里的确也不能有所作为了，但蒋介石始终把美械主力放在那里，连其他部队总共达四十到五十万人的兵力。""蒋介石的错误在于过高相信自己的美械主力，过低估计解放军的力量。结果使他的战略完全破产，严重地影响到整个战局。首先与直接的是华北，东北解放大军汹涌入关，也就形成了目前的局势，从东北这块资源丰富、工业发达、交通便利的总后方，现在已直到长江，完全连成一片，这对于未来任何一个战场的作战，将发挥巨大的力量。"②

当时《观察》也评价："共军对平津，已势在必取而且亦势在必得，那么，傅将军纵有回天之愿，奈无回天之力何？"③

举国都在关注北平和平解放，《群众》周刊以《北平和谈解决经过》

① 朝新：《论决定意义的胜利》，《群众》1948年第2卷第50期，第14页，1948年12月23日。

② 朝新：《论决定意义的胜利》，《群众》1948年第2卷第50期，第14页，1948年12月23日。

③《平津短兵相接，京沪山欲来》，《观察》第5卷第8期，1948年12月25日。

为题，于1949年2月10日全文转载了新华社1月31日电讯文稿，这是以林彪和罗荣桓的名义致傅作义的信函。今天查阅文献，我们可以知道，这个信函由毛泽东亲笔拟定。[①]这个文献让我们知道：当时中国共产党对北平的国民党军提出了两条出路，即"(一)自动放下武器，保证官兵生命财产安全，傅的战争罪责亦可减轻或赦免；(二)如果不愿自动放下武器，而愿意离城改编，也可以允许，开至指定地点后改编为解放军。"并警告说："如果贵将军及贵属竟敢不顾本军的提议，则本军实行攻城时，为挽救此古城免受贵将军及贵属毁灭起见，本军将用精确战术，使最重的打击落在敢于顽抗者身上。而对于不愿抵抗之贵属，则不给任何打击，并予以宽待。城破之日，贵将军及贵属诸反动首领，必将从严惩办，决不姑息，勿谓言之不预。"[②]

中共中央解放北平的决心和部署明确而坚定。这篇文稿披露了傅作义的最后决定："傅作义将军即决心接受人民解放军的指示，愿令其所部出城听候改编为人民解放军，此后数日又经数度接洽，解决双方交接过渡期间的若干问题。傅作义将军于二十一号将协议诸点(但不完全)经过国民党中央社公告，傅部即于二十二日开始履行协议。至本日(三十一日)傅部主力移动完毕，人民解放军开始入城接受北平防务。"[③]这篇报道让我们对傅作义接受中国共产党的条件，北平和平解放有了另一种解读方式。

在《群众》这期的同一个版面转载了新华社的署名文章——《北平完全解放》：

> 世界驰名的文化古都，拥有二百余万人口的北平，本日宣告解放。北平的解放是伟大的中国人民革命运动中最重要的军事

---

①《毛泽东年谱(1893—1949)》下卷，中央文献出版社1993年版，第433—438页。

②《北平和谈解决经过》，《群众》1949年第3卷第7期，第7页，1949年2月10日。

③《北平和谈解决经过》，《群众》1949年第3卷第7期，第7页，1949年2月10日。

> 发展和政治发展之一。原有国民党反动军队及其军事机构大约二十万人左右据守的北平，乃是执行中国共产党毛泽东主席所宣布的八项和平条件以和平方法结束战争的第一个榜样。这个军事的发生，是人民解放军的十分强大，所向无敌，国民党反动军队中广大官兵战意消沉、不愿再作毫无出路的抵抗，和北平广大人民群众坚决拥护真正民主和平的结果。①

《群众》周刊登载了题为《人民解放军进入北平城》的一组摄影图片，反映了人民解放军雄武的骑兵、炮兵、步兵和装甲兵，还有机械化步兵穿过前门以及万人空巷欢迎解放军入城的历史场景。②

《群众》周刊利用图片还报道沈阳之战、人民解放军进入沈阳的画面以及解放后的沈阳的街道，表现老百姓城墙上写“没有共产党就没有中国”的大幅标语。③

《群众》周刊集中宣传报道了锦州战役被解放军俘获的国民党军官的名单和照片，例如：1949 年 1 月 6 日《群众》刊登在锦州战役被俘获的国民党将官 18 人的照片。他们有：

> 范汉杰，东北“剿总”副总司令、冀热辽边区司令部中将；卢浚泉，国民党第六兵团中将司令官；杨宏光，国民党第六兵团中将副司令官；殷开本，国民党第六兵团参谋长；李文昭，国民党新八军参谋长；安守仁；国民党五十五师少将师长；黄文徽，国民党八十八师师长；景阳，国民党九十三军十八师师长；赵明义，国民党九十三军二十师师长；王子才，国民党少将副师长；梁炳芳，国

① 《北平完全解放》，《群众》1949 年第 3 卷第 7 期，第 6 页，1949 年 2 月 10 日。
② 《人民解放军进入北平城》，《群众》1949 年第 3 卷第 17 期，第 12—13 页，1949 年 4 月 21 日。
③ 《解放沈阳之战》，《群众》1949 年第 3 卷第 16 期，第 13 页，1949 年 4 月 14 日。

民党五十五师少将副师长；盛家兴；国民党九十三军中将军长；张作相，国民党东北“剿总”政务委员会副主任委员；贺奎，国民党冀热辽边区副司令兼辽西行署主任（中将）；陈星樵，国民党七十九师副师长；舒秉权，国民党一八四师副师长；董致和，国民党国防部少将视察官；黄炳寰，国民党第十兵站少将总监。[①]

图片还表现了六十军军长曾泽生在长春外围起义与人民解放军接洽，原长春国民党守军指挥官、东北“剿总”副司令郑洞国投降[②]，以及他率国民党第一兵团和新七军校级以上军官携家属400余人抵达哈尔滨等重要新闻。[③]（1948年10月上旬郑洞国根据蒋介石的指令，出动两个师向机场出击，欲突围，被解放军击退，在军事压力和中国共产党的争取下，20日在进行了象征性地抵抗后，郑洞国率领余部放下了武器）

《群众》周刊将这些历史场景用新闻图片的形式进行集中报道，有着极强的视觉冲击力。

《群众》周刊几乎涵盖了国共政争军事较量的重大战役和大决战，仔细研读和分析《群众》所登载的这些军事评论文章和历史图片资料，可以从中找到大量翔实、具体、生动的战争场景和文献资料，它们诉说着为什么人民解放军能够打败拥有美械装备的国民党军队。另外，《群众》周刊登载300多篇反映国共军事较量的评论文章（见附录二），集中诠释了中国人民解放军“以歼灭国民党有生力量为主而不是以保守地方为主”的战略方针，和集中优势兵力，打歼灭战，诱敌深入先打弱者，速决战和连续作战等灵活的战术策略。

中共中央要求军事报道要重点宣传可歌可泣的感人事迹，新闻稿件要力求实事求是，力戒夸张；不能道听途说，更不能捕风捉影。1949年

---

①《锦州之役俘获的蒋军军官》，《群众》1949年第3卷第2期，1949年1月6日。
②《解放长春之战》，《群众》1949年第3卷第15期，第13页，1949年4月7日。
③《群众》1949年第3卷第4期，1949年1月12日。

2月8日新华社总社针对淮海战役报道中几个重要缺点作出严厉批评，指出一些新闻稿件对战役的报道“看不到特点，看不到事情的发展和变化，也看不到整个战役的轮廓”，甚至更严重的是：“有些在这个战役介绍的故事、事例、经验，简直与过去的历次战役，看不出有什么不同。”[①]这篇指示举出一篇题为《某团英勇顽强负伤不下火线》报道中的一段话极为夸张描写：“排长头上中了榴弹片，几小时后，他又带领突击班作战，战斗组长头上被手榴弹打伤，弹壳未取出来，便回到班上。”伤势如此严重，怎么可能继续上战场，这显然不符合事实。

中央军委随即作出指示，要求：

> 正确的报道方式，是完成任务的重要一环。良好的新闻报道，必须调查研究，分析综合的结晶。我们通常应当学会采用两种报道放大，一是综合报道：这是对许多事物经调查了解之后，加以研究分析的结果。是为了反映一个事物运动的全貌。例如报道敌军士气，就可以从三个五个、十个八个敌兵的调查了解中，找出他们士气不高的共同现象与具体表现、一般特点与具体特点、共同的程度与差别、共同的原因与不同条件，以及一般的情绪与各样的心情等等。
>
> 另一种方法是报道典型，这是从许多事物的了解中，找出最成熟的、最丰富的并最能代表一般事物的（即选择典型），加以深入的调查研究的结晶。这种报道是为了使读者了解一个深入的、细致的典型状况。综合报道与典型报道的结合，便可以使我们的新闻报道，比较全面而又深入。[②]

---

① 《新华总社关于淮海战役报道中几个重要缺点的指示》（1949年2月8日），《中国共产党新闻工作文件汇编》上册，新华出版社1980年版，第367页。

② 《山东兵团政治部宣教部攻济战役报道工作意见》（1949年9月8日），《中国共产党新闻工作文件汇编》上册，新华出版社1980年版，第227页。

从中共中央关于如何进行新闻报道的指示细则，不难看出中国共产党对舆论宣传的精心部署。难怪1948年元旦陈布雷在当天日记里发出这样的叹息：

> 阅读京中各日报，党中央日报社评与新民报之社评恰恰代表两种相反的意见，可见统一国论之不易。①

国民党政府要用《中央日报》来“统一国论”已是徒劳。《群众》周刊三年半对国共军事较量和三大战略决战的新闻报道，在世界军事宣传史上何尝不是经典范例？

第三节 颂扬长征故事、将革命进行到底

1949年初中国的政治局势已经很明朗了，中国共产党召集新政治协商会议和成立民主联合政府的一切条件也已经成熟。而1949年3月下旬由粟裕、谭震林、刘伯承分别指挥的东、中、西三个突击集团，在江阴至湖口间500余公里地段上，分路突破国民党军队的江防，同时第四野战军先遣兵团在武汉正面钳制白崇禧集团、策应第二、第三野战军渡江，正在这个时候，《群众》周刊从1949年3月17日第3卷第12、13、14期连续3期登载了《长征故事》。集中表现了红军冲破国民党军队的围追堵截，克服雪山草地的险阻，经受饥寒伤病的折磨，终于完成跨越十几个省、总行程达数万里长征的艰险历程。

一、《群众》周刊讲述《长征故事》

《群众》刊载的《长征故事》选取了红军长征的七个重要战役和经历，即：（一）冲过乌江天险、巧计夺取金沙江；（二）经过倮倮区；

---

①《陈布雷先生从政日记稿样》，（香港）东南印务出版社承印，1937年版，第957页。

（三）大渡河是我们的生命线；（四）我们要桥不要枪；（五）爬雪山、过草地；（六）突破天险腊子口；（七）胜利的陕北会师，来表现红军经历的苦难与坚强的革命意志。

《长征故事》开宗明义指出：

> 伟大英勇的中国工农红军是今天中国人民解放军的前身。今天中国人民解放军的伟大胜利，就是这种革命精神发扬光大的结果。在伟大的毛泽东和朱德领导下，……经过了二万五千里长征，横跨福建、广西、贵州、云南、四川、西康、甘肃、陕西等十省，击溃国民党反动派四百一十个团，数十万敌军、土匪、民团及一切反动武装，占领五十四个城市，历经千山万水，天险难关。①
>
> 这是历史上的奇迹，是世界上任何军队所不曾经受过的；这是革命斗争史上最灿烂的、光芒万丈的一页，它向全世界昭示了中国人民和中国共产党具有何等坚强的革命意志是没有任何力量可以战胜它的！②

《长征故事》的第一个故事："冲过乌江天险、巧计夺取金沙江"讲的是中央红军长征以来取得的最大胜利。遵义会议后中央红军重整旗鼓，振奋精神，在新的中央领导指挥下，展开机动灵活的运动战。蒋介石为阻止中央红军北进四川同红四方面军会合，或者东出湖南同红二、红六军团会合，部署其嫡系部队和川、黔、湘、滇、桂五省地方部队的数十万兵力从四面八方向遵义地区集结，企图在遵义一带围歼红军。③蒋介石调集重兵布防在川黔边境，封锁长江，在毛泽东高超的军事战术指挥

① 《长征故事》，《群众》香港版第 3 卷第 12 期，第 18 页，1949 年 3 月 17 日。

② 《长征故事》，《群众》香港版第 3 卷第 12 期，第 18 页，1949 年 3 月 17 日。

③ 《中国共产党历史（1921—1949）》上册，中共党史出版社 2002 年版，第 388—389 页。

下，红军四渡赤水、强渡乌江、飞夺泸定，打破了蒋介石企图围歼红军的计划。前有守敌，后有追兵的严重情况面前，毛泽东、周恩来、朱德、刘伯承、叶剑英等军委领导人亲自研究制订了强渡乌江、占领遵义的作战方案。1 月 1 日，军委由猴场发出了强渡乌江的命令。红一、红九军团于大乌江、袁家渡，红二师于江界河，红三军团于茶山关等重要渡口，分别发起了突破乌江天险的战役。接受强渡乌江任务的是二师红四团在耿飚团长和杨成武政委带领下，直接进抵到乌江江界河渡口南岸。“冲过乌江天险、巧计夺取金沙江”栩栩如生地讲述了红军如何突破乌江防线：

> 时间是一九三五年一月，严冬还未过去，天气十分严寒。……两岸石壁陡岩的高耸天空，在江中整天不见太阳，水亦是深黑色，水面浪花奔腾，声音震耳，水中暗礁四伏，沿江隔十里地才有一个渡口。
>
> 每人背一支驳壳枪，又从颈子上系了一颗炸弹，乘黑夜，下江浮水，从浪涛中，冒着严寒，直向敌人阵地浮去。他们一直渡到对岸，又悄悄地攀上石壁，绕到敌人背后，敌人还在睡梦中。同时工兵早已砍好了竹竿，在浪声呼啸中，搭起了一座竹桥，这是一个奇迹的创造。等到对岸十八位勇士们，一声喊杀枪声齐起时，守江敌人一个排哨早被冲得七零八落，勇士们即将险要渡口占领，其他敌人听说红军早已渡过江了，便吓得魂飞魄散。[①]

第二个故事“经过倮倮区”讲的是红军总参谋长刘伯承同意与彝族果基部落首领果基约旦（小叶丹）歃血为盟，实现民族团结，使红军顺利地通过这个地区的故事。1934 年 5 月，中国工农红军渡过金沙江后，中央政治局召开会理会议，总结了四渡赤水以来的战略方针，并明确下

① 《长征故事》，《群众》香港版第 3 卷第 12 期，第 18 页，1949 年 3 月 17 日。

一步的行军方向，那就是：红军继续北上，越过大渡河，实现在川西北与红四方面军会合的目的。中央任命刘伯承为先遣司令，聂荣臻为先遣队政委，运用刘伯承在川军中的声望和两个四川人熟悉地理民情等有利条件，率领先遣队，前往彝民区，为全军开路。这时，蒋介石调集中央军和川军 10 余万人，令“追剿”的中央军迅速渡过金沙江，在川军的配合下，企图将红军围歼于金沙江以北、大渡河以南、雅砻江以东地区。同时令在川各军沿大渡河北岸赶筑碉堡，严防红军北进；沿雅砻江西岸筑碉防守，阻止红军西进；“追剿”军与川军各部连成封锁线，以防红军南撤。对于蒋介石的军事部署，中共中央早已察觉，派给红军先遣队的任务，就是想尽各种办法，排除一切困难，迅速通过彝民区，抢渡大渡河天险。中共中央十分重视这次通过彝区的军事行动，先遣队的任务是宣传党的民族政策。果基家一支彝族的首领小叶丹懂汉话，对红军表示友好，刘伯承在彝海边等候会见小叶丹，说明红军的民族政策后，小叶丹表示愿与刘伯承结为弟兄。

两人饮鸡血酒盟誓后，小叶丹表示，由果基家护送红军通过 100 多里的彝区。次日，红军先遣队顺利通过，到达离安顺场不远的地方。随后，经小叶丹安排，中央红军在 7 天时间内通过彝区，为抢渡大渡河赢得了宝贵时间。

《长征故事》非常精彩地讲述了这段历史，小叶丹兄弟与刘伯承歃血结盟的场景描写得栩栩如生，真切的画面感让人身临其境：

> 横断山脉的一个小谷间，流着凛冽的水，清凉的水流沿着这峻峭悬崖前进，水流激荡山石而歌唱，好像唱着一件可纪念的故事，谷麻子附近的海子边便是一个可纪念的水流，在这里红军的代表与倮倮的领袖订立了兄弟的盟约。没有香，也没有烛，只有苍蓝的天和清明的水，陡峭的山和葱密的林，刘伯承将军和小叶丹兄弟跑到水流岸边，三只大碗在他们面前，年轻的肖华同志便是这个司誓人

和司仪。盛满了三碗清流，提着一只公鸡，当公鸡的头颅被割下时，鲜血便滴在三只碗里，这鸡便完成了盟礼的全部准备。刘伯承同志高高地端起大腕，虔诚地朗诵着誓词“上有天，下有地……刘伯承与小叶丹结为兄弟……”当他念完最后一句，大碗的冷水和鸡血被一饮而尽，小叶丹也同样食完盟酒，于是礼成。

故事真切地表现红军平等对待彝族兄弟，赢得民心。

1934年4月中央红军和红四方面军在四川懋功会师，到达川西北地区后，发现这里大多是少数民族聚居区，交通不便，人口稀少，经济贫困，不利于红军的生存和发展。而在此以北的陕甘地区，地域宽阔，交通方便，物产较丰富，汉族居民较多，又是帝国主义势力和国民党统治薄弱地区，特别是邻近抗日斗争的前线华北，中共中央主张红军继续北上，建立陕甘革命根据地以便在北方建立抗日的前进阵地，领导和推进全国抗日民主运动。6月26日在懋功北部的两河口中共中央召开政治局会议，会上确定了红军北上的方针。中共中央率领红军自懋功一带北上，翻越梦笔山、长板山、打鼓山等大雪山。

《长征故事》特别描述了红军翻越雪山这段艰难历程。草地恶劣的自然状况是怎样的呢？

在冕宁，迷朦地就可以望见大雪山，经过两个星期的行军，一九三五年六月七日才到了大雪山山脉南面一个高山——夹金山的山麓。夹金山又叫九之山，在四川和西康边境，山上终年积雪，雪积最深的有十几丈，从来很少人从此经过。到了雪山下，寒气一阵阵向人袭击，红色战士们都穿起了所有的衣袄，有的在打着冷颤，谁能相信这是六月的天气，但是寒冷消灭不了英雄们心中的烈火。山顶发着亮，红色战士们开始往上爬，一个紧跟着一个，越往上爬呼吸越困难，虽然是很累了，但谁也不敢停止休息，因为岭上空气稀薄，一休息呼吸就慢慢停止，再来一阵大风就会被雪埋掉。一位炊事员同志挑着担子，被一阵大风刮倒，接着就被冰雪埋葬了。

走的路要非常小心，如果走着雪溶解的地方，就会跟着溶解的雪一落千丈，被冲到河里去，四方面军有一个排，就因为不幸碰到溶解的雪，被冲到大河去。终于，险要的高山被翻过了，困难被征服了，在夹金山顶，红军留下有历史意义的足迹。①

草地的恶劣自然状况是这样的：

草地，一望无际的荒凉的草地，在四川西康青海边界，数千年绝少人走过，只有被呼为蛮子的小民骑着高大的野马，喊着尖锐的呼啸，纵贯草地拦截偶然到此的旅客。草地到处长着一米以上的水草，地上是泥泞，脚一陷下去一尺多深，有许多地方泥很深，有几个同志不幸陷下去，泥至颈项，就是这样完了。

队伍继续北进，又在草地里走了五天，每天阴雨不停，天气已经相当寒冷，夜里找有树林的地方宿营，虽然只有八月时分，但却可以穿羊皮，满地潮湿得很，不能躺下睡，只是几个人背靠背过夜，有些战士找点干的树木烤火，围着火边过一夜，往往到第二天发现有几个人还靠着背睡觉，喊他们不醒，跑到眼前一看，已经牺牲了。

红色战士们每个人脸上都呈有黄色，然而心里仍是铁一样坚决，为着革命，为着国家民族，为着共产主义，困难在他们的面前低头了。②

① 《长征故事》，《群众》香港版第3卷第14期，第21页，1949年3月31日。

② 《长征故事》，《群众》香港版第3卷第14期，第22页，1949年3月31日。

1935年9月中国工农红军进入腊子口地区，通过正面强攻与迂回包抄攀登悬崖峭壁的战术，打开了中央红军北上进入陕甘的通道——腊子口天险。聂荣臻元帅曾对此评论说："腊子口一战，北上的通道打开了。如果腊子口打不开，无论军事上、政治上，都会处于进退失据的境地。"

《长征故事》中的《突破天险腊子口》篇描述这场重要战役：

> 惊人的天险又降临了，前进的路上面临峭壁高耸入云，在十多米的深谷里贯流着深水狭窄的小河，既浓密而又阴森的树林，抬头看去，只留出一线蔚蓝的天空，我们部队像梭子一般穿过，掀起了一阵阵的黄尘……腊子口天险已经到了，微笑向我们招手了。
>
> 谁知天刚拂晓，我们奋勇的英雄们在山顶上放了三颗红色信号枪，这就是他们动作要开始的先声，接着便向石崖敌人的纵深部队连爬带滚地冲击下去，一整手榴弹夹着巨大的杀声，他们已抄袭到敌人的侧后了，内外夹攻，互相策应，……"腊子口打开了！"一个跟一个，一队接一队，成百成千的战士通过隘口继续猛扑过去，守备和堡垒的敌人经不起半个冲锋便叫我们打得鸡飞狗啼，有个从石崖滚下深渊，有的倒压在石崖上手拉着崖上的树枝岌岌可危在叫喊，有个跌得头破血流，有的在喊叫，有的在哭叫，我们擎起了胜利的红旗，高唱着胜利的凯歌，继续北进一百二十里，穷追直扑岷州城。

突破天险腊子口后，红军主力到达哈达铺，红军余部到达岷县，实现会师。在"胜利的陕北会师"篇中称颂这个伟大的英雄壮举：

> 一九三五年十月红军到达陕北，万千的红军在吴起镇胜利的

会师。红军战士带着长期奔波的风尘和沿途鏖战的辛劳，欢欣地聚集一起，亲爱的战友们会见了，该是怎样的兴奋鼓舞啊！他们回忆着，难忘的一年里他们怎样通过了神奇的倮倮区，怎样巧妙地夺取了金沙江，怎样强渡了浪涛翻滚的大渡河，怎样从枪林弹雨中攀越了泸定桥，雪山草地的生活确是困难的，而腊子口的突破又是怎样艰苦啊！——但这一切都已经过去了，红军终于从艰难万险里走了出来，为苦难的中国杀出了一条血路。①

1935年10月22日中央政治局召开会议，指出长征已经结束，今后的战略任务是保卫和扩大西北的根据地，领导全国革命斗争。

《长征故事》结束语描绘着红军的胜利前景：

光荣的长征过来了，中国工农红军汇集了自己的队伍，整齐步伐，奔向中国西北抗日前线，开拓革命战斗的新纪元。②

《群众》周刊连载的《长征故事》，以独特的视角、真实的笔触、扣人心弦的历史情境记述了中央红军、红二、红四方面军经历的跌宕起伏的伟大征程。

二、《群众》周刊宣传《长征故事》的意图

为什么1949年3月中共党刊要宣传长征故事？需要分析当时的形势。

1948年9月12日开始的辽沈、淮海、平津三大战役，到1949年1月31日结束，国民党赖以维持统治的主要军事力量基本被摧毁，国民党

① 《长征故事》，《群众》香港版第3卷第14期，第22页，1949年3月31日。
② 《长征故事》，《群众》香港版第3卷第14期，第22页，1949年3月31日。

政府无论在军事上还是经济上都已经陷入绝境。在长江以北的力量已经完全崩溃，在长江以南也不能组织起有效的防御体系。国民党统治集团内部的矛盾日益尖锐，长期受到蒋介石排挤的桂系李宗仁、白崇禧乘机对蒋介石施加了巨大压力，提出恢复国共和平谈判的主张，其真实目的是逼蒋下野。社会上国共两党以长江为界，“划江而治”舆论四起。1948年12月31日毛泽东为新华社写了《将革命进行到底》，1949年1月6日《群众》周刊全文登载了这篇社论。

> 毛泽东引用了古代希腊的寓言故事：“一个农夫在冬季看见一条蛇冻僵着。他很可怜它，便拿来放在自己的胸口上。那蛇受了暖气就苏醒了，等到恢复了它的天性，便把它的恩人咬了一口，使他受到了致命的伤，农夫临死的时候说：‘我怜惜恶人，应该受这个恶报。’外国和中国的毒蛇们希望中国人民还像这个农夫一样地死去，希望中国共产党、中国的一切民主派，都像这个农夫一样地怀着对于毒蛇的好心肠。
>
> “盘踞在大部分中国土地上的大蛇小蛇，黑蛇和白蛇，露出了毒牙的蛇和化成美女的蛇，虽然它们已经感觉到冬天的威胁，但是还没有冻僵呢！”①

毛泽东表达了中国共产党的决心：

> 1949年中国人民解放军将向长江以南进军，将要获得比1948年更伟大的胜利。人民解放军主力兵团的作战将要摆脱现在还存在的某些游击性，进入更高程度的正规化。②
>
> 人民解放战争愈接近最后胜利，一切革命的人民和一切人民

①《将革命进行到底》，《群众》香港版第3卷第2期，第4页，1949年1月6日。
②《将革命进行到底》，《群众》香港版第3卷第2期，第5页，1949年1月6日。

的朋友将愈加巩固地团结一致，在中国共产党的领导之下，坚决地主张彻底消灭反动势力，彻底发展革命势力，一直达到全中国范围内建立人民民主共和国，实现统一的民主的和平。①

1949 年的 3 月中共中央七届二中全会在西柏坡召开，这次会议的主要精神表明了中国共产党已经在考虑：革命胜利后建设新民主主义社会的蓝图，标志着这是中国革命的转折关头。就在新中国即将诞生的重要时刻，毛泽东告诫全党全军：夺取全国的胜利，这只是万里长征走完了第一步。1949 年 3 月 31 日毛泽东在香山接见第四野战军师以上干部，讲了这样一番话：

在两年半的解放战争过程中，我们消灭了国民党反动派的主要军事力量和一切精锐师团。国民党反动统治机构即将土崩瓦解，归于消灭了。我们三路大军浩浩荡荡就要下江南了，声势大得很，气魄大得很。同志们，下江南去！我们一定要赢得全国的胜利！②

1949 年 4 月 28 日《群众》周刊以“毛主席朱总司令下令全面总攻”为题，并附上了毛泽东在七届二中全会上作报告和朱德骑马的照片，全文登载了 1949 年 4 月 21 日，毛泽东、朱德向解放军全体指挥员、战斗员发布《向全国进军的命令》：

奋勇前进、坚决、彻底、干净、全部地歼灭中国境内一切敢于抵抗的国民党反动派，解放全国人民，保卫中国领土主权的独

① 《将革命进行到底》，《群众》香港版第 3 卷第 2 期，第 4 页，1949 年 1 月 6 日。
② 《毛泽东年谱（1893—1949）》下册，中央文献出版社 2002 年版，第 471 页。

立和完整。[①]

1949 年 3 月中国共产党提出了《目前政治形势和宣传工作中心》，指出：

国内国外的敌人面临于最后覆灭之严重关头，是不会自行下场的，他们仍企图苟延残局，施行所谓假和平阴谋以求得喘息机会重建军备，卷土重来。一面纠集残余结合南方及边远省份的地方反动势力，以抵抗我军；一面策动一些所谓“反对派”混入革命阵营，企图阻止中国革命前途，或利用这样来保存一部反动力量，以备将来“复辟”之用。[②]

中国共产党强调要加强政治攻势：

在民众宣传上，强调指出我们的胜利就快要到来，但敌人要试图顽强挣扎，必须大量征兵、抽粮和大肆抢掠，目标会向着我们地区，这是胜利前的短短艰苦时间。揭发敌人阴谋，激励民心，号召大众，只要齐心合力组织起来加紧备战，防奸、放哨、瞭望、掩蔽财物，武装起来协同队伍作战，就可以打破敌人进攻。[③]

为了揭露蒋介石和谈阴谋，1949 年 1 月至 4 月《群众》周刊刊载了

① 《毛主席朱总司令下令全面总攻》，《群众》第 3 卷第 18 期，第 3 页，1949 年 4 月 28 日。

② 《目前政治形势和宣传工作中心》，《广东革命历史文件汇集》（广东党组织文件）（1945—1949），中央档案馆、广东省档案馆 1989 年版，第 99 页。

③ 《目前政治形势和宣传工作中心》，《广东革命历史文件汇集》（广东党组织文件）（1945—1949），中央档案馆、广东省档案馆 1989 年版，第 101 页。

新华社的社论以及专论文章共34篇（见附录三）。为了打破国内外对和谈的谣言，向全党上下官兵表示“将革命进行到底”的决心和信心，《群众》周刊首次刊载《长征故事》，期冀通过宣传《长征故事》，震撼地再现红军将士的苦难与辉煌；更广泛地颂扬红军艰苦卓绝、英勇奋战的英雄气概，鼓舞人民解放军，继续保持红军不怕千难万险，不怕牺牲，以顽强的斗志，打过长江，彻底消灭国民党统治赖以存在基础——国民党军事力量，推翻国民党，将革命进行到底。同时，也以通俗易懂的《长征故事》向民众展示中国共产党以及领导的人民解放军无坚不摧，什么困难都阻挡不了他们胜利前进的步伐。

《长征故事》宣告：

伟大英勇的中国工农红军是今天中国人民解放军的前身。今天中国人民解放军的伟大胜利，就是这种革命精神发扬光大的结果。

这是历史上的奇迹，是世界上任何军队所不曾经受过的；这是革命斗争史上最灿烂的、光芒万丈的一页，它向全世界昭示了中国人民和中国共产党具有何等坚强的革命意志是没有任何力量可以战胜它的！①

事实上1949年中国共产党在各种重要场合都在大力宣传红军长征。例如：1949年6月30日全国第一次文代会召开，会议期间北平曲艺界代表连阔如演唱二万五千里长征故事《横渡乌江》。②

《群众》周刊宣传《长征故事》，这是中国共产党提炼和挖掘长征精神时代内涵的起点，自此后，中国共产党在每个历史重要时期努力拓展

---

① 《长征故事》，《群众》香港版第3卷第12期，第22页，1949年3月17日。

② 炎伟：《全国第一次文代会与新中国文学体制的建构》，人民文学出版社2008年版，第242页。

长征精神的时代内涵，扩展长征精神的时代伟力，构筑自己的红色精神基因。

三、《长征故事》与中国共产党“将革命进行到底”的新使命

红军长征的历史叙述是怎样形成的？

1935年9月18日，中共中央率领的红一、红三军和军委纵队到达甘肃岷县以南的哈达铺，10月22日中央政治局召开会议指出，历时一年的长途行军已经结束。1936年6月中共中央、中央政府和中央军区撤离瓦窑堡，7月3日迁往宝安县（志丹县）。8月美国著名记者埃德加·斯诺在中共地下党组织安排下进入陕甘宁边区采访，毛泽东作为一个宣传家（胡乔木语），敏锐地感到这是“向全国和外国举行扩大红军影响”的好机会，[①] 作为中央军委主席的毛泽东与政治部主任杨尚昆一起向参加长征的同志写信，发起征稿活动。信中写道：

> 现因进行国际宣传，及在国内外进行大规模的募捐运动，需要出版《长征记》。所以特发起集体创作，各人就自己所经历的战斗、行军、地方及部队工作，择其精彩有趣的写上若干片断。文字只求清通达意，不求钻研深奥，写上一段即是为红军作了募捐宣传，为红军扩大了国际影响。[②]

同时，又向各部队发出电报：

> 望各首长并动员与组织师团干部，就自己在长征中所经历的战斗、民情风俗、奇闻逸事，写成许多片断，于九月五日以前汇交总政治部。事关重要。切勿忽视。[③]

---

①《毛泽东新闻工作文选》，新华出版社1983年版，第38页。

②《毛泽东新闻工作文选》，新华出版社1983年版，第38页。

③《毛泽东年谱》上卷，中央文献出版社2002年版，第566页。

一时间在红军指战员中掀起了撰写长征回忆录的热潮。中央领导、军委领导纷纷带头写作，红军的高级干部纷纷响应号召，过去拿枪，现在要拿起笔记下自己长征中刻骨铭心的回忆。短短的两个月里，就收到征稿200多件，50万字。到1942年11月由总政治部作为内部资料编辑的《红军长征记》，在延安排版印刷。这本册子内容包括文章100篇、诗歌10首、战斗英雄名录2份、附表3份。从今天国家图书馆统计的资料得知：自1945年后由中国共产党组织出版的《长征故事》就有25个版本，作为通俗读物，其发行的目的主要是通过宣传红军艰苦奋斗、不怕牺牲的优良传统，加强对人民军队战士的教育和鼓舞。

1949年2月1日中共中央宣传部部长陆定一作了《关于出版发行工作的报告》，特别指出：由于战争环境、农村环境与被分割的环境，导致出版物“内容错误百出、自相矛盾，形式上粗制滥造，版本混乱等等”。按照中央指示，要求纠正这些问题，出版物“必须有步骤的走向统一”[①]。新华书店立即行动起来，这个成立于1937年4月24日发行宣传机构，在短短3个月内里连续出版发行了关于长征故事的小册子，大致情况是：

1949年4月华东新华书店编印的《红军长征故事》；6月西北新华书店出版的《长征的故事》；7月中原新华书店编印的《红军长征故事》。

按照陆定一的话来讲，新华书店是中国共产党“实行思想领导的一个有力工具”，是“党委宣传部的一个重要业务部门”，并且“代表党，是党的一面旗帜”，并且在各解放区发行是“效力宏大”[②]。但它毕竟还只能在解放区发行。要扩展到国统区、港澳及其海外，还需要借助《群众》周刊的影响力。也就在这个时间，《群众》周刊连续3期刊载了《长征故

① 陆定一：《关于出版发行工作》，《中国共产党宣传工作文献汇编（1937—1949）》，学习出版社1996年版，第787页。

② 陆定一：《关于出版发行工作》，《中国共产党宣传工作文献汇编（1937—1949）》，学习出版社1996年版，第786页。

事》。它是从已经刊发的长征故事中精选出七个故事，即：突破乌江天险、巧夺金沙江；通过倮倮区；抢渡大渡河；飞夺泸定桥；翻过大雪山；草地行；突破天险腊子口。

《群众》周刊登载的《长征故事》采取大众喜闻乐见的传播形式，言辞表达通俗易懂、情节连贯，抓住人物活动的某个横断面，集中笔力加以具体生动地描写，以小见大，突出主题；情节生动，扣人心弦；有头有尾，引人入胜；意义深刻，扣人心弦。《长征故事》是一种民族化、群众化、革命化的文学样式，具有文学性、新闻性、社会性。

在征集长征故事时，毛泽东和中央曾要求要搜集当地的民俗风情和奇闻逸事，比如，1941 年 8 月 1 日《战士报》刊载的《爬雪山过草地》故事里就描述了：

> 七月九号到毛尔盖，这里有两三百人家，都是藏民，房子是用石头垒成两层的楼房，楼上住人，楼下放牛羊，房子都很黑暗，毛尔盖有个很大的喇嘛寺，寺里有很美丽的雕刻，有很大的锅，可做两百多人的饭，据说，是逢集会时，把牛羊和其他东西煮一大锅，集会跳舞以后，几百个人就吃这一锅饭。[①]

《群众》周刊刊载的《长征故事》中描写了倮倮区的社会状况：

> 倮倮是中国西南少数民族之一，住在四川西南，由冕宁以北到大渡河南岸，方圆百余里的山地中。正当魏蜀吴三国时候，倮倮也积极地活动和发展起来，威胁到刘备的后方，曾经引起诸葛亮不辞跋涉去征伐倮倮，倮倮的首领孟获依据天险与汉军顽抗，直到被诸葛亮七擒七纵才降服，诸葛亮至今尚为倮倮神人似的崇

① 《战士报》，1941 年 8 月 1 日，根据肖华的长征日记所编写的。

拜物，现在的倮倮大概是孟获的后代。倮倮里面的青倮倮和黑倮倮是对立的两个种族，为着争夺牲畜和食物，经常引起斗争，有时也引起残酷的流血，彼此积下了仇恨。①

红军长征途经少数民族聚居区还在奴隶社会，有的甚至还处在原始社会末期，他们千百年来与世隔绝。红军第一次认识和了解了这个民族，与他们交朋友，实行新的民族政策，这为以后制定和完善少数民族政策奠定初步基础，也为建立民族自治区、自治州准备了干部条件。红军长征为民族地区播下了文明、进步的种子，推动了民族地区自治近代化和现代化的发展进程。长征故事的社会性也正体现于此。

1949年年初《群众》周刊在香港通过宣传长征故事，一方面，向世界传达一个讯息：红军长征的胜利，靠的是广大红军将士所具有的坚定理想和信仰，而红军将士所具有的崇高理想、坚定信仰，则正是党的先进性的集中体现。另一方面从红军长征艰险历程提炼出长征精神，最大限度地实现了将长征故事这一具有特定时代的关联性，赋予其传承性，深化其精神内涵，即长征精神，它将彰显的是：中国共产党和人民军队的革命风范，长征精神为中国革命不断从胜利走向胜利提供了强大精神动力。

《群众》周刊对《长征故事》的刊载最大意义上实现了对长征精神价值的表达和对长征革命文化思想的广泛传播。毛泽东充满气魄的那句话——“长征是宣言书、长征是宣传队、长征是播种机”传遍了世界各大洲，彰显出中国共产党高度的文化自信。文化自信正是基于在被迫长征这血的教训和生死存亡考验中深刻认识到的中国革命必须坚持把马克思主义基本原理同中国具体实际相结合；这个自信正是基于长征谱写下的中国共产党与人民群众生死相依、患难与共的动人篇

①《长征故事》，《群众》香港版第3卷第12期，第20页，1949年3月17日。

章；这个自信正是基于红军将士在长征中表现出来的坚定的共产主义理想、革命必胜的信念、艰苦奋斗的精神和一往无前、不怕牺牲的英雄气概。表达了中华民族自强不息、艰苦奋斗、英勇斗争、敢于胜利的革命文化特质，正是这个特质成为中国革命胜利的强大文化支撑和精神动力。

在新民主主义革命时期中国共产党从来没有放松对革命文化的培育和领导。1940 年 1 月，毛泽东在《新民主主义论》中对革命文化理论作了较为系统的归纳和阐述，他指出：

> 一定的文化（当作观念形态的文化）是一定社会的政治和经济的反映，又给予伟大影响和作用于一定社会的政治和经济；而经济是基础，政治则是经济的集中表现：这是我们对于文化和政治、经济的关系及政治和经济的关系的基本观点。①

《长征故事》生成了中国共产党的革命观、价值观、群众观，成为革命文化的本质体现。《长征故事》承接了中华民族优秀文化和民族精神，它以中华民族优秀的传统文化为底蕴，既具有民族的优秀的传统的艺术特色，又赋予强烈的革命思想内容。

1944 年 3 月 1 日中共中央总政治部宣传部专门就“苏联的军事宣传与我们的军事宣传”进行了详细比较，找差距、找问题，指出：

> 苏联军事宣传的主要内容，首先是反映全国人民无论男女老幼，不论前线后方，如何英勇地投身于爱国战争的浪潮之中，使战争空气更为浓厚，使每个苏联人民更奋勇地为战争而勠力。
>
> 其次，是反映红军指战员在战斗中勇敢精神和英雄气概，大

① 毛泽东：《新民主主义论》（1940 年 1 月），《毛泽东选集》第 2 卷，人民出版社 1991 年版，第 663—664 页。

大提倡与表扬红军中的英雄主义。

最后，苏联的军事宣传公布与控诉了法西斯军队的一切残暴罪行，用以增加对法西斯的愤恨和憎恨，提高消灭法西斯的自信心和责任感。①

该报告还总结了苏联的军事宣传方式：

第一就是从描写典型着手。要写一个战役吧，就描写一个狙击兵、一个机枪手或一个通讯员英勇作战；要写炮兵的英勇作战吧，就描写一个炮兵小组或一个炮兵的英勇作战。诸如此类，都是从典型着手。第二就是要重点集中各种力量配合各种形式有系统地进行宣传。第三就是针锋相对地揭露敌人欺骗宣传的本质、希特勒的一切讲话，比如“德国军队是不可战胜的”“闪电战是世界上最优秀的战略理论”“大西洋壁垒是不可攻破的”等等鬼话，在苏联宣传的照妖镜下，都原形毕露了。②

总政治部宣传部根据对苏联军事宣传经验的总结，提出要纠正两个偏向：

一个偏向是藉口恐怕泄露军事机密，而放弃宣传；另一个是为了怕替敌人宣传而就不驳斥敌人的宣传。

正确的军事宣传内容就是：（一）提倡与表扬战斗中的英雄主义，用一个战斗单位的英雄杀敌的范例，来进行宣传与教育，

① 《苏联的军事宣传与我们的军事宣传》（1944 年 3 月 1 日），《中国共产党新闻工作文件汇编》上册，新华出版社 1980 年版，第 156—158 页。

② 《苏联的军事宣传与我们的军事宣传》（1944 年 3 月 1 日），《中国共产党新闻工作文件汇编》上册，新华出版社 1980 年版，第 156—158 页。

> 奖励他们，讴歌他们，崇敬他们，形成一种群众英雄主义的运动。（二）加强拥政爱民的宣传与教育，使人民知道军队是自己的军队，使战士知道人民是军队的母亲，达到真正的军民一致。（三）宣传我军的生产运动，加强部队的劳动观点。（四）暴露敌军的罪行，与揭穿敌军的欺骗宣传。（五）利用国际上的有利形势，我军给敌伪军的打击，敌军内部的不满情绪，扩大敌伪军矛盾的宣传。①

从上述材料可知，《群众》周刊对国共军事较量报道宣传，是对苏联军事宣传策略和方法范式的承继与发展。中国共产党军事报道和宣传目的是要全力表现人民解放军越来越壮大；动员广大农民踊跃参军；为国民党军队溃败、投诚和起义造势。军事宣传成为中国共产党军队政治工作的重要组成部分，极大地增强部队政治思想建设。

---

①《苏联的军事宣传与我们的军事宣传》（1944 年 3 月 1 日），《中国共产党新闻工作文件汇编》上册，新华出版社 1980 年版，第 168 页。

第四章

由美国对华白皮书引发的一场批判与宣教

1945—1949 年美国对华干预空前严重。战后初期美国对华政策可以概括为扶蒋反共。美国对华扶蒋反共政策出台的动机在于：一是遏制苏联扩张，二是维护美国在华既得权益。但是由于美国决策者对中国实际情况的错误估计，美国的扶蒋反共政策从制定、实施，到最后以失败告终。在中国革命处于决定阶段，中美关系影响了中国历史乃至世界政治的发展轨迹。作为国际贸易金融重要中心的香港，对世界风云的变幻十分敏感。《群众》非常重视国际时事的报道和评论，这其间发表对美评述和批判文章共计 140 多篇，围绕拆穿美国假调停真援蒋灭共这个主题进行大力宣传和揭露，整理这些文本，有助于我们梳理战后初期中共对美态度及反美舆论宣传的发展轨迹。

第一节　严斥美国大规模援蒋

一、中国共产党对美蒋发起舆论斗争

1946 年 4 月毛泽东写下了《关于目前国际形势的几点

估计》的内部文件，对国际形势作了三点估计：第一，美苏战争打不起来；第二，美国利用反苏叫嚣侵略中间地带；第三，除了打破美苏必战外，就是美苏妥协，中国人民必须准备坚决斗争。[①]1946年底毛泽东让陆定一写了《对于战后国际形势中几个基本问题的解释》，文章结尾说："第二次世界大战后，一切都变了，并正在继续变。在人民方面，是变得如此坚强，如此有觉悟，有组织，有决心，有信心。在反动派方面，则已变得如此蛮横猖獗，但又如此外强中干，众叛亲离，对于前途完全失去信心。可以预断，三年至五年后的中国与世界，其面目将比现时大不相同。全党同志与全中国人民，都应当为一个新中国与新世界而坚决奋斗。"结尾这段话是毛泽东修改时加的。[②]对这段史实，胡乔木和美国人李敦白都有回忆。胡乔木说：陆定一写的这篇文章是为毛泽东代笔，毛泽东亲自作了很多修改。[③]

李敦白在口述中说，他清楚地记得：

> 在这篇文章发表前的周末，陆定一到舞会上找毛主席——他自己从来不跳舞——请教什么问题，我听见毛主席说"恐怕这样讲比较妥当吧"。[④]

第二年年初，即1947年1月30日《群众》周刊在香港的创刊号上全文刊发这篇专稿，中国共产党对目前国际国内形势和各种复杂矛盾作出的判断是：

---

①《毛泽东年谱（1893—1949）》下卷，中央文献出版社2002年版，第75页。《毛泽东选集》第4卷，第1184—1185页。

②《毛泽东年谱（1893—1949）》下卷，中央文献出版社2002年版，第158页。

③《胡乔木回忆毛泽东》，人民出版社2003年版，第85页。

④ 徐秀丽：《我是一个中国的美国人：李敦白口述历史》，九州出版社2014年版，第209页。

第二次世界大战以后，世界政治的主要矛盾是资本主义世界内的民主势力与反民主势力之间的矛盾，更明确的说，世界的主要矛盾是美国人民与美国反动派的矛盾，是英美矛盾和中美矛盾。①

文章一刊出立即引起国际国内舆论特别是美国媒体的极大关注，美国舆论评论说："这是迄今为止中共最明白的忠于苏联理论的声明。"②

事实上，1947 年 1 月至 1948 年 8 月正是美国大规模援蒋时期。战后，美国援蒋作为政策目标，总冠以"促进中国和平统一"，"避免内战"的词句。但是，从 1947 年起，美国放弃了这些与实际不符的提法，把政策目标改为"阻止中共统治中国"，从经济和军事上给蒋介石政府以大规模援助。实际行动表现在：重新放宽运送军火的限制；派魏德迈访华；正式通过包括军事援助的《援华法》；加强美军顾问团并扩大其权限；等等。在这个时期，美国出钱、出枪、出主意，除了美军不直接参战外，为了挽救国民党政权，美国已经是殚精竭虑。

对美国这些做法中国共产党并没有沉默，1945 年 8 月 13 日毛泽东在延安干部会议上发表演讲，他说："美国帝国主义要帮助蒋介石打内战，要把中国变成美国的附庸，它的这个方针也是老早定了的。"我们是"无法无天"，不要怕美国人支持蒋介石，"帝国主义者就会吓人的那一套，殖民地有许多人也就是怕吓。"但是，"中国有那么一些人是不怕那一套的。""我们过去对美国的扶蒋反共政策作了公开的批评和揭露，这是必要的，今后还要继续揭穿它。"③

① 陆定一：《对于战后国际形势中几个基本问题的解释》，《群众》1947 年香港版创刊号，第 8 页，1947 年 1 月 30 日。

② 资中筠：《美国对华政策缘起和发展》，重庆出版社 1987 年版，第 141 页。

③ 毛泽东：《抗日战争胜利后的时局和我们的方针》，1945 年 8 月 13 日，《毛泽东选集》第 4 卷，人民出版社 1991 年版，第 1132、1133 页。

1947 年 6 月 5 日《群众》周刊刊发了美国记者安娜·路易斯·史特朗撰写的《毛泽东与世界局势》，作者回顾 1946 年 8 月在延安杨家坪对毛泽东访谈的场景以及谈话内容。[①] 她以女性的感性和细腻叙述道：

> 在毛泽东住的窑洞前的平台上，眺望着夕阳辉照的荒芜的群山，近处田里长着高高的玉蜀黍，和又大又红的番茄及花生。
>
> 他的小女儿绕着他的身边玩耍着，又爬上他的膝盖。
>
> 我访问他，他却更喜欢访问我。我能告诉他关于美国的一切政治经济，劳动运动，他都想知道。
>
> 这位被隔离的领袖和思想家是从访问者的口中，从一些偶然通过封锁线来的书籍，从窑洞中的小小收音机听到外国报道的新闻了解这个世界的。[②]

史特朗还描述了一个细节，当陆定一把毛泽东说的“纸老虎”翻译成“Scare-crow”（稻草人）时，被毛泽东打断，并特地指出“纸老虎”不是指插在一块田里的稻草人，“是一只看来凶恶的野兽，它吓唬的不是乌鸦而是人民，然而它却只是用纸糊的。”三人合计决定用“Paper Tiger”来表达更准确。毛泽东接着解释说，俄国二月革命以前，沙皇看上去强大而可怕，但是一阵二月的雨就把他冲跑了。希特勒也被历史的暴风雨冲走了。日本帝国主义也是如此，他们都是纸老虎。蒋介石也是纸老虎。

史特朗说：为了说明自己的观点，毛泽东笑着把茶杯和白色小酒杯放在桌子上，表明“美帝国主义”要发动战争不但有“美国人民”的障碍，而且在它和苏联中间还隔着一长串国家，这些国家没有一个愿意被拖入战争。

---

① 1946 年夏末和 10 月史特朗两次访问延安，并在延安过冬，到 1947 年 3 月才离开。

② 史特朗：《毛泽东与世界局势》，《群众》1947 年第 1 卷第 19 期，第 8 页，1947 年 6 月 5 日。

> 毛主席夫妇伴着我走下了山脚，一盏油灯照着那不平坦的弯曲的小路。我们踏上了一条较润的但仍是凹凸不平的路，一辆汽车已在等候着。道别后，他们还站在山坡上，看着我的车颠簸在延河水高低不平的河床上。星星光亮地、十分光亮地照耀着那荒野的黝黑的延安群山。①

史特朗满怀感情的文字映射着一个明亮、温暖、充满生机的解放区。《群众》周刊为这篇访谈特别附上了一幅漫画，题为“蒋介石——纸老虎！”就这样，毛泽东的著名论断——“一切反动派都是纸老虎”传遍香江，传遍世界。

《群众》周刊还发表路易斯·史特朗另一篇文章：《他们在向前挺进》，这篇文章提到了一个细节，一个纽约记者向毛泽东提问，说中共如果不用共产党这个称呼，就不会引起美国对它的恐惧（与苏联相联系），“如果美国人知道你怎样主张民主，他们会赞成你的。”毛泽东回答说：

> 问题不在名称上，因为一百多年以来，在苏联或布尔什维克还没有出现的时候，西方列强就一直支持着中国反民主的统治者。1900 年到 1917 年，那时候还没有苏联存在，西方列强又拿钱和武器接济反动的军阀，反对孙中山的民主和独立的运动。又在 1925 年至 1927 年间，国民党正北伐推翻南方的反动军阀，西方列强反对国民党，直到蒋介石镇压一切民主组织和屠杀工农之后，西方列强又给他经济和军事的支援。②

---

① 史特朗：《毛泽东与世界局势》，《群众》1947 年第 1 卷第 19 期，第 8 页，1947 年 6 月 5 日。

② 史特朗：《他们在向前挺进》，《群众》1948 年第 1 卷第 50 期，第 21 页，1948 年 1 月 8 日。

史特朗揭露说：美国战略服务局的小飞机从青岛出动，在山东低飞，肆意侦查，绘地图和摄影。“四次攻击轰炸运送民用救济物资的飞机”，“山东数千英亩最平坦肥沃的土地，都因为没有地方躲青岛方面来的这些空袭而不能耕种。”① 她还说，青岛农民已经掌握了美国空军的作息时间，“美国人吃饭的时间很准，农民因而算得准，早上九点以前，下午五点以后，和正午十二点到两点，这些时间去耕地不会被轰炸。”她甚至说：“在整个华北，美国已不复为亲爱的盟友，而成了去轰炸和扫射的飞机的来源。”②

《群众》周刊刊发史特朗的文章，透过美国记者的视角表现中国共产党反对和揭露美国扶蒋反共的态度与立场，在国际、国内获得极大的舆论影响力，触动那些还在观望、还对美蒋抱有幻想的国内知识分子。

二、《群众》短评专栏揭批美国军事和经济援蒋

1946 年上半年，美国进出口银行批准给国民党政府 6680 万美元的信用贷款，3 月马歇尔回美国述职，为争取给国民党政府的援助四处活动，他为蒋介石政府争取到了 5 亿美元贷款。而美国运送到东北的国民党军队超过了 5 个军。美国对国民党给予的大量援助，遭到中共严重抗议。1946 年 6 月 22 日延安新华社发表了毛泽东反对美国对华军事援助的声明。声明指出：美国实行所谓军事援助，其实质是武装干涉中国内政，以军力支持国民党独裁政府继续使中国陷于内战、分裂、混乱、恐怖和贫困。中共要求美国立即停止与收回对华的一切所谓军事援助，立即撤回在华的美国军队。③ 这份声明也开启战后初期中国共产党对美抗议和反美宣传的高潮。接着，中国共产党详细部署了反美宣传方针。

---

① 史特朗：《他们在向前挺进》，《群众》1948 年第 1 卷第 50 期，第 22 页，1948 年 1 月 8 日。

② 史特朗：《他们在向前挺进》，《群众》1948 年第 1 卷第 50 期，第 22 页，1948 年 1 月 8 日。

③《毛泽东年谱（1893—1949）》下卷，中央文献出版社 2002 年版，第 96 页。

1947年1月14日中共中央宣传部关于针对美国对华政策变化应采取的宣传方针发布指示，一方面要大力宣传要求美国撤兵以及停止援蒋内战；另一方面要强调废除中美商约与一切不平等条约。①

1947年1月20日中央发布关于揭穿美蒋和谈真相的宣传指示：

> 我方宣传坚持两条主张，理直气壮地向各方作广泛解释，说服民盟、民革、民联乃至民建与一般朋友。
>
> 要敢于进一步揭露蒋美和谈欺骗，坚持向他们斗争，相信人们胜利前途。
>
> 必须认识目前是揭穿美蒋和谈欺骗，将群众对美蒋斗争提高一步的关头，望各地统一宣传与活动步骤。②

1947年1月24日中央宣传部发布《关于目前宣传口号》，指示要求：

> 反对美国干涉与废除中美商约。用纪念国耻和其他通俗形式等方法使半年之内家喻户晓。每一民族问题，如美军强奸案等，亦须抓紧在群众中通俗宣传，动员很多宣传工作者来做此事，同时兼顾解放区内部问题的宣传。各战略区域，即可调查宣布蒋军罪行记录及统计，主张严惩战犯。③

---

①《中央宣传部关于针对美国对华政策变化应采取的宣传方针的指示》（1947年1月14日），《中国共产党宣传工作文献选编（1937—1949）》，学习出版社1996年版，第647页。

②《中央关于揭穿美蒋和谈真相宣传的指示》（1947年1月20日），《中国共产党宣传工作文献选编（1937—1949）》，学习出版社1996年版，第648—649页。

③《中央宣传部关于目前宣传口号的指示》（1947年1月24日），《中国共产党宣传工作文献选编（1937—1949）》，学习出版社1996年版，第650页。

在中共中央部署反美宣传之际，正值 1947 年 1 月 30 日《群众》周刊在香港成功发行。《群众》周刊立即设置短评专栏，集中力量宣传抗议美国援蒋和中国共产党反美立场。该专栏从 1947 年 1 月 30 日至 1947 年 12 月 4 日的一年时间里，集中刊发抨击和批判美蒋的政治短评，发表批驳和攻击美蒋的政治短评文章达 50 多篇。内容涉及大致有：反对美国对蒋军事援助、揭露美对华政策的实质、披露美蒋外交谈判和协议的意图和目的。为了全力贯彻执行“在群众中作通俗宣传”的精神，《群众》周刊在每期的社论后面，附上论点鲜明、语言精练、言辞辛辣的政治短评，精练、准确、快捷的短评文章，将中国共产党的最新指示迅速而广泛地传达到民众和社会舆论中。

什么是短评呢？它是一种篇幅短小、内容集中、简明扼要、运用灵活的新闻言论。其突出特点就是轻便活泼。它要求一事一议、一理一评的原则，针对一个问题、一个事件或一种现象，把道理讲深讲透。短评文章论点鲜明、语言精练、说服力强、开门见山、生动活泼、短小精悍、通俗易懂。政治短评文章能够给读者以新鲜深刻、见解独到的感觉。

在《群众》香港版创刊号上，登载一篇题为《儿皇帝的苦闷》的短评，这样写道：

> 美国的对华五亿元贷款，早已放在进出口银行了，可是什么时候颁发下来呢？在国民党当局，自然恨不得立刻伸手取来，而美国当局偏偏要等到五个月以后……而且据说还有条件，一要中国“统一”，二要提出计划，经过进出口银行的批准。——这就足以证明了宗主国和附庸国未必就是“天下一家”。①

寥寥几笔，让读者准确地了解到美国对华贷款的条件及其实质。

① 《儿皇帝的苦闷》，《群众》1947 年香港版创刊号，第 9 页，1947 年 1 月 30 日。

1946 年 4 月 9 日蒋介石对美联社记者发表谈话，表示他下决心消灭共产党。不料，美国和马歇尔这边表示出极大不满，认为蒋介石出言不慎，五亿元贷款的事暂缓宣布。

短评《难道还不明白吗？》分析揭露说：

岂是五亿元借款，一时拿不到手，而且连“独立国”的“面子”也不给。派到中国来的美海军高级将领，已经公开的声言：“马帅担任国务卿重职，驻青岛美海军并不受其影响，并将反而加重其任务。青岛为太平洋区域中之重要海口，美海军驻青，……负有警卫太平洋之责任。”这不是把中国当作一个主权独立的国家，而且简直露骨地把中国当成美国所保护的殖民地了。①

短评《怎么过问呢？》直截了当地揭露美国海军驻扎中国青岛后的状况：

美帝国主义口中的所谓“过问中国情形”意义不外是“扶蒋灭共”，使中国成为他不折不扣的殖民地。《美军驻地禁止游行》更是说：“美军如果不走，所到之处，将有一天禁止居民关门睡觉，好让美国兵大爷任意出入，奸淫一切妇女。”②

短评用语之激烈，可见一斑。

在 1947 年的前 3 个月里，《群众》周刊利用短评题材集中揭露美国士兵在中国土地的暴行，短评《又一血案》披露：

① 《难道还不明白吗？》，《群众》1947 年香港版创刊号，第 9 页，1947 年 1 月 30 日。
② 短评：《怎么过问呢？》，《群众》香港版第 1 卷第 2 期，第 5 页，1947 年 2 月 6 日。

北平西郊飞机场，美军又射死中国小学生王凤喜。死者年仅十四岁，又是一个寡妇的儿子。据说他是在等待购买美军剩菜时，和同伴玩弹玻璃珠戏，而忽然中弹倒地的。[①]

短评《杀人无罪》愤怒地写道：

美国兵在中国，打死了人，“无罪”；强奸了人，倘若不是因为引起了全国学生全国人民的抗议，是一定也“无罪”的。[②]

言辞激烈的反美短评文章打破了人们对美国尚存的一丝幻想，催衍着 1947 年 1 月中国大中城市学生罢课、游行等抗议活动，参加人数达到 50 多万。许多城市成立“抗暴联”。3 月 8 日全国学生的抗暴联合会就在上海成立了。[③]

周恩来在 1947 年 2 月说：

现在学生运动和小贩运动都直接地是反美运动。群众中，从贫民、工农和民族资产阶级都不满美国的压迫，斗争还要继续发展下去。[④]

统计 1947 年 1 月创刊后一年里，《群众》周刊刊发的政治短评文章共 32 篇（见附录 4），这些反对美国援蒋的政治短评文章，充分利用新闻言论的重要特点，实现把中国共产党反对美蒋的主张、意图与群众的思想、行动紧密联系起来，有效地教育、动员和组织群众参与到这场反

① 短评：《又一血案》，《群众》香港版第 1 卷第 7 期，第 5 页，1947 年 3 月 13 日。
② 短评：《杀人无罪》，《群众》香港版第 1 卷第 9 期，第 9 页，1947 年 3 月 27 日。
③ 金冲及：《二十世纪中国史纲》第二卷，社会科学文献出版社 2009 年版，第 599 页。
④《周恩来年谱（1898—1949）》下，中央文献出版社 2007 年版，第 736 页。

美抗暴运动中。

三、《群众》周刊发表社论集中火力反对美国援蒋

马歇尔返回美国不到两个月，1947 年 3 月 12 日杜鲁门在国会发表了“援助”希、土，干涉两国内政的演说，这是美国新殖民主义的纲领，也是战后美国政府第一次公开宣布把“冷战”作为美国国策。这引起中国共产党的高度关注。1947 年 6 月 26 日中共中央宣传部关于反对蒋介石政府向美借款宣传给邯郸新华总社发出指示，认为：我们应继续暴露美助蒋内战之事实，望能将以往美助蒋之事实汇编，待五亿元借款宣布交付时再公布一次并痛骂之。对美蒋争吵暂时不理，争吵中所暴露的双方罪行（如美联社承认美助蒋内战），须加以汇集，将来发表。①

1947 年 7 月 7 日，中共中央为纪念七七抗战发布对时局的口号，反对蒋介石卖国政策，反对蒋介石借外债打内战，反对蒋介石用美国军火杀害同胞，取消卖国的中美商约及一切卖国条约，否认蒋介石政府在内战时期所借的外债。反对美帝国主义侵略中国，反对美国政府供给蒋介石军火助长中国内战，要求一切美国海陆空军和美国顾问团全部退出中国。②

1947 年至 1948 年 9 月《群众》周刊登载三篇社论：《坚决反对美国援蒋》《美帝援蒋初步统计》以及《美帝经济与军事援蒋》，集中反映这一时期中国共产党反对美蒋宣传的重点是：反对美国援蒋，揭露美国扶蒋反共的实质。社论《坚决反对美国援蒋》刊载之时，正值林彪部署在东北发起反攻取得胜利之际。6 月初东北民主联军已经打通东、南、西、北各根据地之间的联系，“打得蒋介石发急了，打得美帝国主义发急了。”

---

①《中央宣传部关于开展反对蒋介石政府向美借款宣传给邯郸新华总社的指示》（1947 年 6 月 26 日），《中国共产党宣传工作文献选编（1937—1949）》，学习出版社 1996 年版，第 658 页。

②《中共中央为纪念“七七”抗战发布对时局口号》（1947 年 7 月 7 日），《中国共产党宣传工作文献选编（1937—1949）》，学习出版社 1996 年版，第 662、663 页。

中国共产党在东北取得胜利，美国和国民党党媒散布舆论，说“共军之火力大增”，事出有因，但也“未能发觉苏联对中共直接协助之切实力证”[①]。这篇社论凭借中国共产党在东北战场取得重要胜利的事实，论证美国援助国民党政府消灭共产党的企图已经破灭：

> 我们坚决反对美国干涉和援助蒋介石政府独裁内战的政策！美军及其私生子军事顾问团和一切军事技术人员必须立即滚出中国去。美国应立即停止对蒋介石政府一切财政的援助。我们坚决否定蒋介石政府的一切外债！我们更热诚呼吁美国人民把援助蒋介石打内战的反动派的手拉回去。[②]

1947 年 7 月 10 日，《群众》转载了新华社陕北电文《中共中央发言人评美国继续以军火供给蒋政府》，披露美国政府继续供给蒋介石政府大量军火，包括价值 650 多万美元的 1 亿 3 千万发“7-92”口径的“中正号”步枪的子弹，揭露美国将给中国更广泛的“经济援助”。[③]

社论辛辣地讽刺道：

> 美国罪人原想洗掉自己手上的血，推说这批子弹还是对日战争时的义务，又说他们只适合中国枪的口径，好像如果不用他们的这些军火来杀死成百上千的中国人，他们就不算有道德的人类，就好受上帝惩罚一般。[④]

---

① 社论：《坚决反对美国援蒋》，《群众》香港版第 1 卷第 20 期，第 3 页，1947 年 6 月 12 日。

② 社论：《坚决反对美国援蒋》，《群众》香港版第 1 卷第 20 期，第 3 页，1947 年 6 月 12 日。

③《中共中央发言人评美国继续以军火供给蒋政府》，《群众》香港版第 1 卷第 24 期，第 12 页，1947 年 7 月 10 日。

④《中共中央发言人评美国继续以军火供给蒋政府》，《群众》香港版第 1 卷第 24 期，第 1 页，1947 年 7 月 10 日。

杜鲁门总统为了了解中国战局和国民政府支撑作战的能力，谋求挽救国民党危机的办法，依照国务卿马歇尔的建议，派遣前驻华美军总司令魏德迈为特使，来华进行调查。魏德迈使团于1947年7月21日抵达南京。十天之后，社论《魏德迈来做什么？》在《群众》周刊上发表。社论指出：

> 挽救蒋介石的内战危机，是魏德迈的“主要项目”。魏德迈为了扶持蒋介石的垂死统治，已和蒋介石见面两次，召集了一次蒋军军事会议，并对白崇禧“面授机宜”外，还在对如何贷款等等，进行研究。……一切事实已经证明我们对他的估计的正确了。无论在军事上、财政经济上和政治上，美国将采取“公开的，野蛮的，直接的方式，来干涉中国，来控制中国”。在政治上既然企图以“顾问控制”为其主要项目，就不容许他抱有丝毫幻想。[①]

经过近一个月在各战区的“视察”后，8月22日，魏德迈出席了南京国民政府“政务会议”。会上，他即席发表演讲，表示形势比他预料的还糟：

> 对国民政府各级官吏的腐败无能深感失望。而只有立即改进政治及经济的状况以争取人民群众忠心的、热烈的、至诚的拥护。据我看来，中央政府在其共产党猛攻之下能否屹立或倒台，将决定于这种政治与经济状况改进的效率与时机。[②]

① 社论：《魏德迈来做什么？》，《群众》香港版第1卷第27期，第2—3页，1947年7月31日。

② 中国人民解放军政治学院党史教研室编：《中共党史参考资料》第十一册，人民出版社1979年版，第261页。

社论《魏德迈走了》[①] 揭露了魏德迈来华视察具有军事意义的天津塘沽、台湾，还在广州获取海南岛的地理资料，其目的是“要在中国建立一系列的海军基地及空军基地。海军基地则从海南岛、黄埔、台湾到青岛以至天津，空军则从成都、西安、迪化等地为基地……在中国取得的灭亡中国计划的极重要的步骤”[②]。

社论《总结魏德迈》把一个月来魏德迈的活动一一列举，向民众揭露魏德迈来华的使命就是：“全面监督蒋政府，灭亡全中国。”[③]

1947 年 9 月 4 日《群众》转载了《人民日报》的评论《新华社评魏德迈离华声明》，指出：

> 魏德迈离华声明最大的贡献，是说明了三件大事。第一，蒋介石独裁统治的贪污无耻和腐败颟顸已经无可掩饰；第二，全中国人民对这独裁统治与美国侵略的憎恨，已无从在全世界之前加以抹杀；第三，解放区人民，尤其是人民解放军的强大不可战胜。
>
> 在中国人民蓬勃的爱国自卫战争气氛下，只好夹着尾巴溜掉。[④]

美国对国民党政府军事经济援助，究竟给了多少钱？这本细账如何算？1948 年 3 月 2 日《群众》刊发了新华社社论《美帝援蒋初步统计》，从 1939 年 2 月 8 日开始对华提供的贷款，到战后

---

① 社论:《魏德迈走了》,《群众》香港版第 1 卷第 31 期，第 2—3 页，1947 年 8 月 28 日。

② 社论:《魏德迈走了》,《群众》香港版第 1 卷第 31 期，第 2—3 页，1947 年 8 月 28 日。

③ 社论:《总结魏德迈》,《群众》香港版第 1 卷第 32 期，第 3 页，1947 年 9 月 4 日。

④ 社论:《评魏德迈离华声明》,《群众》香港版第 1 卷第 32 期，第 4 页，1947 年 9 月 4 日。

贷款和物资援助进行了清单式地罗列。对日战争胜利以来，美帝为鼓励卖国贼蒋介石进行屠杀中国人民的内战，和将中国变成美国的殖民地，所给予蒋家匪帮的贷款及物资援助，据现有材料统计，已达四十六亿四千零四十九万八千二百二十三美元。抗战期中援助则为十五亿六千七百八十万美元，此项援助事实上绝大部分亦被蒋匪保留作抗战后发动内战的资本。两项合计则为六十二亿零八百二十九万八千二百二十三美元。详细项目如下：

（甲）贷款：

1. 一九三九年二月八日桐油贷款二千五百万美元。

2. 一九四二年三月七日滇锡贷款二千万美元。

3. 一九四二年九月二十五日钨砂贷款二千五百万美元。

4. 一九四二年十二月一日信用贷款五千万美元。

5. 一九四二年十二月一日平准基金贷款五千万美元。

6. 一九四二年二月七日财政贷款五亿美元。

（以上六项系据一九四四年四月十五日美国务院《援华报告书》）

7. 一九三九年三月信用贷款一千二百八十万美元。

8. 一九三九年三月飞机公司贷款一千五百万美元。

（后两项系据一九四一年《财政评论》五卷四期贾士毅文，贾材料来源系国民党财政部）

以上八项贷款合计六亿九千七百八十万美元。其中1、2、3及7、8五项，据知至一九四七年底，蒋匪政府已以中国战略物资锡锑钨等偿清。一九四〇年之信用贷款五千万美元，据上月二十日蒋匪驻美大使馆宣布，亦已以上项战略物资偿清。

（乙）物资：

租借物资一项，计八亿七千万美元（据一九四六年十二月杜鲁门对华政策声明）。

此系一九四二年六月《中（蒋）美互助协定》所规定，原数为十五亿六千五百万美元，其中八亿七千万美元系抗战结束前商定，有一部分实际至抗战后始交蒋政府。而其余部分则完全系抗战后交蒋政府者，故应算入抗战后美援部分内。

以上贷款及物资合计共为十五亿六千七百八十万美元。

抗战结束后：

（甲）贷款：

1. 历次棉花贷款共六千七百万美元。

2. 一九四六年五月改进海港贷款一千五百万美元（一九四六年十一月十二日柯克在青岛记者招待会上披露——美联社）。

3. 一九四七年四月船只贷款一千六百五十万美元（美航务委员会上月二十四日宣布）。

4. 一九四七年十月二十七日蒋美《救济协定》，规定给蒋救济贷款二千七百七十万美元。

5. 一九四七年十二月十九日美国会通过“临时援助”一千八百万美元。

以上五项合计一亿四千四百二十万美元。

（乙）物资：

1. 租借物资六亿九千四百万美元（据一九四七年二月一日美商务部《国外商务周刊》载，即一九四二年租借物资总额抗战中未商定部分）。

2. 一九四六年八月三十日让售太平洋剩余物资，成本八亿三千七百万美元（售价一亿七千五百万美元，同上美商务部数字）。

3. 一九四六年六月二十八日“八又三分之一队空军计划”

飞机、装备成本及训练费用共计三亿零七百七十五万美元（美国务院上月二十七日宣露）。（笔者注：原文如此）

4. 抗战结束至一九四七年六月三十日秘密“防务援助”七亿七千七百六十三万八千二百九十二美元（上月二十八日美国务院公布——当日中央社华盛顿英文电讯）。

5. 赠予海军舰只二百七十一艘，及美军在华剩余军火出售，合计价约八亿美元（十二月二十五日美国务院公布之估计数字——美联社该日华府讯）。

6. 美军在华固定设备转让八千四百万美元（据一九四七年五月八日美国务院《公报》）。

7. 印缅战场剩余物资五亿美元（据一九四五年九月二十七日《纽约时报》载，该报称：当时包括一亿五千万美元的军火和七百架飞机已交蒋政府完讫）。

8. 一九四七年六月二十七日一亿三千万发子弹，减价五百九十万九千九百三十一美元（原价六、五六六、五八九美元，售价六五六、六五八美元）。

9. 联总救济物资美国部分四亿八千五百万美元（部救济物资为六亿七千五百万美元。一九四七年二月一日美商务部数字）。

10. 联总[1]结束后赠予蒋匪善后救济经费五百万美元。

以上十项合计，四十四亿九千六百二十九万八千二百二十三美元。

（附注）1. 太平洋剩余物资，杜鲁门一九四六年十二月对华政策声明中，说明系用以抵偿战时美军在华费用债务者，其中且有二千万美元移作美国对华教育基金；2. 抗战结束后美舰美机运输蒋军费用及美军顾问团训练蒋军援助尚未计算在内。据本月

① 指联合国善后救济总署。

十三日法新社南京电讯转引美帝驻南京人员的材料称：空运蒋军一项，所费即达三亿美元。

以上战后贷款及物资两项合计，为四十六亿四千零四十九万八千二百二十三美元。

自抗战以来，美援蒋总数即为六十二亿零八百二十九万八千二百二十三美元。美帝在其战后扩张侵略总计划下，对世界各国反动派所援助总额，据一九四七年八月十四日美商务部公布共为二百亿美元左右（包括贷款、赠予、私人捐款、美捐助世界银行及货币基金等）。

这份统计的结论是“美帝对蒋内战援助至少占其总数五分之一以上”①。

新华社社论的数据有来自美国的，有来自国民政府的，也有民间机构的，经过这样系统地归纳后，《群众》周刊为使广大的中国民众了解美援究竟有多少，清楚地算了一笔账。中国共产党在香港公布这个统计数据，目的是让更多的工商业者和中间派人士了解这一真相。最具说服力的数据足以让民众清醒。这篇社论在《群众》周刊上转载，在当时算得上是中国共产党反美援蒋宣传战打出的一枚重磅炮弹。国内《经济通讯》对中共的这份统计作出最快反响，它用醒目的标题写着：“中共方面发表美国援蒋初步统计战后共达四十六亿四千余万美元。”② 并且一字不改地转载了《美帝援蒋初步统计》中的统计数据。《美帝援蒋初步统计》分别被收入到《中共中央文件选集》（第17册）、《建党以来重要文献选编》（第25册），足见这篇社论的文献价值和时代意义。

1948年4月2日美国众议院通过的《援华法》，对华援助四亿

① 新华社：《美帝援蒋初步统计》，《群众》香港版第2卷第11期，第9页，1948年3月18日。

②《经济通讯》1948年第3卷第11期。

六千三百万美元，其中一亿二千五百万作为“特别赠款”。经济援助为二亿七千五百万美元。成立中国农村复兴（中美）联合委员会，以不超过总拨款的十分之一用于中国农村复兴计划。1948 年 4 月 15 日《群众》转载了新华社社论《评美帝经济与军事援蒋》，向国人披露美援蒋这一新计划。社论算了一笔账：“蒋政府 1948 年上半年的公开货币支出预算列为蒋币九十六万余亿元，从历年蒋管区物价上涨的速度与反革命内战财政支出至少当在蒋币一千万亿元以上，每月支出八十三万亿元，每天支出三万亿元，按二月上旬蒋政府牌价折合，每天支出美金二千万元，这项四亿六千三百万美元的援助以一年计算，每月平均三千八百五十八万美元，尚不足蒋府两天的开支。”“就算四亿六千三百万美元一次运来了吧，也不够蒋朝花销二十三天。”“一切美援对于摇摇欲坠的蒋家小朝廷，其结果只能是四个字‘无济于事’。”[①] 中共指出：“这是表示美帝国主义正式向中国人民宣战”。[②]

作为直接影响社会舆论的最权威、最有战斗性的一种宣传手段，社论对广大人民群众“有极大的组织、鼓舞、激励、批判、推动的作用。”

邓拓说：“社论是表明报纸的政治面目的旗帜，报纸必须有了社论才具有完全的政治价值。”[③] 苏联著名的宣传教育家加里宁说：“报纸是永远不散的群众大会。社论是会议的总结。”[④] 通过新闻评论，读者从具体问题的分析论证中，提高对美扶蒋反共的本质性认识。

从 1947 年 1 月 30 日至 1948 年 9 月《群众》周刊抨击美国对蒋援助的政论文章就达 77 篇（见附录 5）。

---

① 新华社：《评美帝经济与军事援蒋》，《群众》香港版第 2 卷第 14 期，第 9 页，1948 年 4 月 15 日。

② 新华社：《评美帝经济与军事援蒋》，《群众》香港版第 2 卷第 14 期，第 9 页，1948 年 4 月 15 日。

③《中国报刊研究文集》，上海人民出版社 1959 年版，第 413 页。

④ 丁法章：《新闻评论教程》（第四版），复旦大学出版社 2008 年版，第 53 页。

美国当局对中国共产党掀起这场反美抗暴运动的宣传技巧恨得咬牙切齿。马歇尔在离开中国前发表声明时说了一段话：

> 中共手段中之极有害及煽动性的方面则为宣传文字。余愿告示美国人民：此种宣传已全然不顾及真理及事实经过，对吾人政府之政策及意志，极尽故意曲解及诋毁之能事。且种种事实，均足证明此项宣传之主要目标，欺骗中国及世界人民，激发彼等对美国痛恨心理。①

第二节　对白皮书的批判

1949 年 8 月 5 日美国国务院正式发表题为《美国与中国的关系》的白皮书。白皮书公布了 1844 年以来特别是 1944 年至 1949 年一系列中美关系的外交档案。在长达 409 页，连同附件共有 1054 页中披露了美国政府干涉中国内政和援蒋内战的真相及其这些政策目的在于遏制远东共产主义“蔓延”。提出了美国政府对国民党政权垮台的原因，即国民党本身的腐败和脱离人民群众，以及国民党军事战略的失误与指挥无能。国民党对白皮书的发表极度不满，认为它抨击国民党，却偏袒共产党。蒋介石在 8 月 10 日的日记中甚至感叹：

> 其领导世界之美国总统杜鲁门竟准其发表此失信于世之《中美关系白皮书》，为美国历史上，留下莫大污点。此不仅为美国悲，而更为世界前途悲矣。②

---

① 四川大学马列主义教研室中共党史科研组：《停战谈判资料选编》（内部参考），第 207 页。

② 古屋奎二：《蒋总统秘录》第 4 卷，（台湾）“中央日报社” 1976 年译印，第 481 页。

离任的美国驻华大使司徒雷登认为，白皮书“是1949年8月国务院在美中关系的历史和现状问题上造成混乱认识的关键所在”[①]。

> 艾奇逊的信已经令我惊诧不已，可白皮书的内容及发表的秘密材料更使我震惊。我的不安有增无减。我常想，这一切将对美国、中国和美中关系产生什么影响呢？我还经常问自己，这对于那些名字被发表，言论被引述的中国人将造成什么样的后果？[②]

司徒雷登凭着他多年与蒋介石打交道的经验，以及他对中共的了解，他深知今后无论谁在中国执政，白皮书对中美关系所产生的冲击波和破坏力都将是严重而持久的。

在1949年年初，1月6日至8日中国共产党在西柏坡召开了政治局会议，在中共历史上第一次起草了外交工作指示。在会议发言中毛泽东再次提出了“不怕”外国军事干涉的问题，他说“害怕”的心理还没有解决，“对看不见的东西，人们就容易怕，国民党即以这些看不见的东西吓人。”他在第一次谈新中国同美、英、法等国的关系时就说，“我们是打倒它，不是承认它”[③]。周恩来在对外交问题发言时说，“强调外交上我国人民百年来受压迫现在站起来了，要有些气概。要反对恐美媚外，增长自己的志气，去掉国民党的买办作风。”[④]“整个观念形态要改变，甚至许多习惯作风也要改变，这种气概必须在知识分子中广泛宣传”[⑤]。

至于什么时间发起这场反对恐美媚外的宣传战，中国共产党在等时

① John Leighton Stuart，FIFTY YEARS IN CHINA. The Memoirs of John Leighton Stuart，Missionary and Ambassador，RANDOM HOUSE，New York，1954，p.267.

② John Leighton Stuart，FIFTY YEARS IN CHINA. The Memoirs of John Leighton Stuart，Missionary and Ambassador，RANDOM HOUSE，New York，1954，pp.268—269.

③《胡乔木回忆毛泽东》，人民出版社2003年版，第537、546—547页。

④《周恩来年谱1898—1949》下卷，中央文献出版社2007年版，第825页。

⑤《周恩来年谱1898—1949》下卷，中央文献出版社2007年版，第825页。

机，美国对华白皮书的发表，引发了一场对“民主主义分子”的宣教。

一、批判白皮书所引发的热议

为了向国内各阶层阐明中国的立场，驳斥美国的论调，揭露美国对华政策的帝国主义本质，1949 年 8 月 12 日至 9 月 16 日，毛泽东先后为新华社撰写了五篇社论：《丢掉幻想，准备斗争》《别了，司徒雷登》《四评白皮书——为什么要讨论白皮书》《五评白皮书——友谊还是侵略》《六评白皮书——唯心历史观的破产》。这五篇社论针对白皮书所提到的“中国的民主个人主义者”从内部抵制中共，展开来势凶猛的批判攻势。追溯抗战胜利后中共对美的态度，以及对美的方针政策的一步一步衍化，结合美国对华政策和言论，去思量毛泽东为什么在 1949 年特别忙碌中连续写了五篇社论，是不难得出答案的。新华社六篇社论（加上胡乔木撰写的一篇）就是要向那些“摇摆不定的知识分子”进行一场宣教，要让他们彻底打消亲美、崇美、恐美的心理。

早在 1948 年 1 月 14 日毛泽东为中共中央起草致电香港分局、上海局及各中央局电文，要求：

> 对一切可以争取的中间派，不管他们言论行动中包含多少动摇性及错误成分，我们应采取积极争取与合作态度，对他们的错误缺点，采取口头的善意的批评态度。要在报纸上刊物上对于对美帝及国民党反动派存有幻想、反对人民民主革命、反对共产党的某些资产阶级右翼分子的公开的严重的反动倾向加以公开的批评与揭露，文章要有分析，要有说服力，要入情入理。对一切应当争取的中间派的错误观点，在报纸刊物上批评时，尤其要注意文章的说服力。①

①《毛泽东年谱（1893—1949）》下卷，中央文献出版社 2002 年版，第 266 页。

《毛泽东选集》第四卷在《丢掉幻想，准备斗争》一文的脚注中对这五篇评论的基本思想从三个层面进行了概括：

> 揭露了美国对华政策的帝国主义本质，批评了国内一部分资产阶级知识分子对于美国帝国主义的幻想，并且对中国革命的发生和胜利的原因作了理论上的说明。[①]

毛泽东在《丢掉幻想，准备战斗》中指出：

> 有一部分知识分子还要看一看。他们想，国民党是不好的，共产党也不见得好。看一看再说。其中有些人口头上说拥护，骨子里是看。正是这些人，他们对美国存着幻想。他们不愿意将当权的美国帝国主义分子和不当权的美国人民加以区别，他们容易被美国帝国主义的某些甜言蜜语所欺骗。

毛泽东严厉斥责道："那些近视的思想糊涂的自由主义或民主个人主义的中国人听着，艾奇逊在给你们上课了，艾奇逊是你们的好教员。你们所设想的美国的仁义道德，已被艾奇逊一扫而空。不是吗？你们能在白皮书和艾奇逊信件里找到一丝一毫的仁义道德吗？"[②]

8 月 18 日毛泽东再为新华社写了《别了，司徒雷登》，继续强调：

> 我们中国人是有骨气的。许多曾经是自由主义者或民主个人主义者的人们，在美帝国主义者及其走狗面前站起来了。闻一多拍案而起，横眉怒对国民党的手枪，宁可倒下去，不愿屈服。朱

① 毛泽东：《丢掉幻想，准备战斗》，《毛泽东选集》第 4 卷，人民出版社 1991 年版，第 1483 页。

②《丢掉幻想准备战斗》，《群众》香港版第 3 卷第 34 期，1949 年 8 月 18 日。

自清一身重病，宁可饿死，不领美国的“救济粮”。

中国还有一部分知识分子和其他人存有糊涂思想，对美国存有幻想，因此，应当对他们进行说服、争取、教育和团结的工作，使他们站到人民方面来，不上帝国主义的当。①

新华社六篇评论将批驳的靶子瞄准对美国还报有幻想的知识分子，劝他们丢弃对美国的幻想，与中国共产党精诚合作。

二、对“摇摆不定”的知识分子宣教

艾奇逊在《白皮书附信》声称，美国将鼓励“中国的民主个人主义再显身手”，以推翻被称为“外来羁绊”的新中国政权。②而在1947年1月7日马歇尔离华声明中他认为，“据余观察所及，此项情势之挽救，惟有使政府中与小党派中之自由分子居于领导者的地位，此种自由分子为优秀人物之集合，惟仍缺乏政治权力以发挥其起支配作用的影响。”③马歇尔提出中国的希望在“自由分子”身上。“民主个人主义”这个词语一出现，就使对美国“民主”存有一定好感的、爱国知识分子看到自己被美国列入争取的对象用以反对本国政府的力量，感到了莫大耻辱，他们纷纷表态，表达自己的立场和不满。民主建国会副主席黄炎培发表文章，代表着这种感情，他说：“‘民主个人主义’一词已经够滑稽了，拿来侮辱我们各党派，更不成话。”“美国失败的原因在哪里呢？怕到今天它自己还没有了解。”④

毛泽东在《丢掉幻想，准备战斗》中向各民主党派、工人、青年学

① 毛泽东：《别了，司徒雷登》，《毛泽东选集》第4卷，人民出版社1991年版，第1483页。

② 资中筠：《战后美国对华政策的缘起和发展（1945—1950）》，重庆出版社1987年版，第158页。

③ 四川大学马列主义教研室中共党史科研组：《停战谈判资料选编（内部参考）》，第208页。

④《人民日报》1949年8月21日。

生以及进步知识分子发出号召，号召他们有责任去团结人民、中国内部的中间阶层、中间派、各阶层中的落后分子，以及犹豫中的人们，用善意去帮助他们。为了配合新华社的强势宣传，从8月到10月不到两个月的时间，《群众》周刊上刊载了23篇猛烈批判白皮书的专论文章（见附录6），开启了一场对“摇摆不定”知识分子的宣教。

1949年8月19日各民主党派首先响应了中共中央和毛泽东的号召，纷纷发言和表态。《群众》周刊以《各民主党派严斥白皮书》为题，写道：

> 美国国务院发表白皮书后，中国国民党革命委员会李济深和李德全、中国民主促进会马叙伦、中国农工民主党彭泽民、九三学社许德珩、中国人民救国会胡愈之、三民主义同志联合会谭平山、中国国民党民主促进会蔡廷锴、中国致公党陈其尤等分别发表谈话，斥责美国帝国主义者始终与中国人民为敌的侵略政策，并揭露它今后破坏中国人民民主革命的阴谋诡计，号召各民主党派加强团结、粉碎美帝国主义对中国人民的任何进攻。[①]

在港的各民主党派领导人发言的基本内容公诸于众。我们今天整理这些文献时，得知当时的各位民主党派负责人都说了些什么。

李济深说：“白皮书是美帝国主义无可奈何的供状，把自己企图控制中国、奴役中国人民的狰狞面目，原形毕露地在世界人士面前。”

马叙伦认为：“白皮书是多少年来美帝国主义破坏中国，使中国殖民地化的罪状，给那些总以为美帝国主义有什么好的人一种强烈的教训。”他说：“美帝国主义还想利用中国自由主义分子来破坏我们，他们以为中国建设没有美帝国主义，就建设成功不了似的。我们要团结，努力建设

① 《各民主党派严斥白皮书》，《群众》香港版第3卷第35期，第12页，1949年8月20日。

新中国，决不让美帝国主义有点儿空隙来施其诡计。”①

中国农工民主党彭泽民表态：“美国从赫尔利、马歇尔到魏德迈都是美帝国主义侵略大阴谋的实际执行人，从赫尔利起，他们以伪善的假面具掩护其对中国人民的进攻是一贯的，而且一次比一次来的凶残恶毒，此次白皮书的发表，是贪婪的野兽受到迎头痛击的悲鸣，但是时至今天，这只野兽还是‘未见黄河心不死’，还以其伪善者脸孔，在白皮书中遮遮掩掩，掩护着进行最后一次阴谋。”彭进一步说：“毛主席指示我们应该‘一面倒’，坚决地站到以苏联为首的爱好和平、自由的民主阵营一面，誓与仇视中国人民、侵略世界人民的美国帝国主义斗争到底。”②

九三学社许德珩说：“现在蒋政权已完全溃败，而美帝国主义者仍然给予大量的军火飞机和金钱的支援，滥炸各地城市，封锁沿海港口，同时又与幕后指使蒋介石、季里洛、李承晚等傀儡进行其反共反苏的阴谋，这些事实，是中国人民无论如何也不会忘记的。”③

中国人民救国会胡愈之说：“美帝国主义对中国是有一套如意算盘的，那就是一边用美元、飞机、大炮供给中国反动头子去屠杀中国人民，另一边，收买一些软骨头的知识分子，即所谓自由主义分子或民主个人主义分子，去哄骗中国人民，这样就可以使中国人民服服帖帖地做美帝国主义的奴隶顺民。”④

中国国民党民主促进会蔡廷锴说：“在不可挽救的，正在灭亡中的国民党反动统治垮台时，美帝还想利用什么‘民主个人主义者’来组织反

---

①《各民主党派严斥白皮书》,《群众》香港版第3卷第35期，第12页，1949年8月20日。

②《各民主党派严斥白皮书》,《群众》香港版第3卷第35期，第12页，1949年8月20日。

③《各民主党派严斥白皮书》,《群众》香港版第3卷第35期，第12页，1949年8月20日。

④《各民主党派严斥白皮书》,《群众》香港版第3卷第35期，第12页，1949年8月20日。

共派别，企图推翻中国人民民主政权，那真是梦想！须知今天中国人民已经觉悟起来了，尤其在中国共产党毛主席的英明领导下，……白皮书暴露了，指使蒋介石发动内战，企图支配全中国的正是美帝国主义。”①

中国致公党陈其尤说：“美帝国主义支持蒋介石失败，它将继续欺骗中国人民，改头换面，利用所谓‘民主个人自由主义者’支持反人民政权，但我们人民是有把握去消灭一切反动派，并击退美帝国主义对我们这种侵略行动的。”②

1949 年 8 月起，《群众》周刊组织力量撰写专论，集中抨击国内摇摆不定的知识分子。《群众》周刊的主要编委杜埃发表题为《“民主人士”的本质》，文中分析“民主人士”对美帝国主义存有幻想，他们最大问题是：

> 有个天真的想法，既要反对美帝国主义，又怕刺激了美帝国主义。他们的政治思想属于资产阶级民主主义范畴，仍然保存这旧民主主义残余影响，还没有树立起新民主主义的思想。他们只追求属于自己阶级的个性与自由，对自由主义恋恋不舍。
>
> 文章进一步指出，今后任务就是对民主个人主义思想的人进行适当的教育、说服，这是团结中间阶层共同参加建设新国家的重要任务。③

吴广在《谈丢掉幻想》一文中首先解释“什么是幻想”，“它是没落的个人主义的主观产物”。文章指出：“一切喜欢幻想的人，最大的毛病

---

①《各民主党派严斥白皮书》，《群众》香港版第 3 卷第 35 期，第 12 页，1949 年 8 月 20 日。

②《各民主党派严斥白皮书》，《群众》香港版第 3 卷第 35 期，第 12 页，1949 年 8 月 20 日。

③ 杜埃：《“民主个人主义”的本质》，《群众》香港版第 3 卷第 37 期，第 5 页，1949 年 9 月 8 日。

就是把一切观察停留在事物的表象上，再加上主观的意识作怪，结果必然是盲目的，或是怯懦的，在斗争工作上则必然是永远的失败者。”文章呼吁：“真正的革命者是应该和幻想绝缘的，不丢掉幻想，就休想斗争，更休想在斗争中胜利。”如何才能做到呢？“要丢掉幻想，就必须站稳立场，分清敌友，掌握马列主义的思想，以科学的实事求是精神，去调查研究，根据客观实际确定我们斗争的战略和策略。”① 这就向知识分子指明了一条道路：要用毛泽东思想去武装知识分子头脑。

1948 年毛泽东在《关于目前党的政策中的几个重要问题》中就明确指出：

> 对于学生、教授、科学工作者、艺术工作者和一般知识分子，必须避免采取任何冒险政策。中国学生运动和革命斗争的经验证明，学生、教员、教授、科学工作者、艺术工作者和一般知识分子的绝大多数，是可以参加革命或者中立的，坚决的反革命分子只占极少数。因此，我们对于学生、教员、教授、科学工作者、艺术工作者和一般知识分子，必须采取慎重态度。必须分别情况，加以团结、教育和任用，只对其中极少数坚决的反革命分子，才经过群众路线予以适当的处置。②

1949 年 1 月，《中共中央关于对待民主人士的指示》中指出：“我党对待民主人士的方针应该是彻底坦白与诚恳的态度，向他们解释政治的及有关党的政策的一切问题，积极地教育与争取他们。”③

---

① 吴广：《谈丢掉幻想》，《群众》1949 年第 3 卷第 37 期，第 21 页，1949 年 9 月 8 日。

② 毛泽东：《关于目前党的政策中的几个重要问题》，《毛泽东选集》第 4 卷，人民出版社 1991 年版，第 1269—1270 页。

③ 中央档案馆编：《中共中央文件选编》第 18 册，中共中央党校出版社 1992 年版，第 69 页。

中国共产党对知识分子的政策立即引起国内公共舆论极大反响，“知识分子”成了国内舆论热议的话题。茅盾以“知识分子道路”为主题，发表见解；张东荪列举了国内知识分子的近状；张申府很活跃，试图为中间派、自由知识分子找寻出路。还有人在文章中把知识分子分成几个类型。有的文章非常明确地表示，需要厘清知识分子的任务及使命，于是，关于“知识分子改造”的问题成为热点。例如：孙起孟《我对知识分子改造的几点认识》(《进步青年》1949 年第 2 期)、冯契《知识分子的彷徨》(《时与文》1948 年第 2 卷第 24 期)、《知识分子往何处去——为人民服务》(《透视》1949 年第 2 期)、《知识分子必须体认国家的危机》(《中央周刊》1948 年第 10 卷第 44 期)，这些文章关切知识分子的命运、前途和责任。他们对中国共产党关于知识分子的改造政策表示认同和赞许。

1949 年 9 月 22 日《群众》周刊发表了饶彰风的专论文章《展开拥护新中国的群众运动》，他呼吁：“我们应当在各阶层人民中间展开一个拥护新政府的群众运动。这个群众运动为什么是必要的呢？”“我们知道，以美帝国主义为首的国际反动集团，在政治上是仇恨新政府的，它们也企图使用一切可能的办法来绞杀新政府，支持蒋匪封锁我沿海港口是众所周知的事实，美帝所公布的白皮书承认要反对新政府，要豢养一些所谓‘民主个人主义’来推翻新政府。”那么，“对于一部分中间落后分子要不要去争取呢？要争取。这样当是我们肯定的回答。一方面要斗争，一方面要争取，这不是单靠宣传队及报纸杂志所能解决的问题，必须是展开群众运动，把这种工作成为真正的群众运动。”文章提出：“必须把这一运动深入到中间落后群众中间去，提高中间落后群众的政治觉悟，必须把这一运动范围扩大再扩大，深入再深入。”①

《群众》周刊为把知识分子团结在中国共产党统一战线旗帜下，掀起

① 彰风：《展开拥护新中国的群众运动——预祝人民政治协商会议的胜利与成功》，《群众》1949 年第 3 卷第 39 期，第 5 页，1949 年 9 月 22 日。

一场对知识分子社会责任大讨论，引发对知识分子的宣教，鼓励知识分子群体为新生政权作出智力贡献排除一切干扰，起到重要作用。

第三节　中国共产党“严防美国在华新闻侵略”

20 世纪三四十年代中国新闻界对于国际新闻的报道，很大程度上要依赖于美国新闻处的新闻稿，即使中国共产党理论刊物《群众》周刊的评论文章也会引用美国新闻稿的一些信息来进行分析和批驳。1949 年《群众》周刊贯彻中央的一系列指示精神，为构建中国共产党领导下的新闻宣传体制，抨击美国在华新闻活动，竭力扫除美国新闻处的旧影响，动员新闻工作者进行批评与自我批评，建立一支为中国共产党立言立说的新闻队伍。

一、美国新闻处在华活动

美国新闻处（United States Information Service，USIS）的前身是第二次世界大战期间美国总统罗斯福下令设立的美国战时情报局（the office of War Information），后改名为美国新闻处，其任务是向民众进行反法西斯战争的宣传鼓动。太平洋战争期间，战争信息署在中国的五个城市，即重庆、成都、昆明、桂林和永安设立了站点（outpost），站点称为“美国新闻处”（American Information Service）。

抗战期间，美国在驻中国重庆使馆设立了该组织的在华总办事处。其活动内容及方式包括以下几个方面：（1）搜集情报，拍发上海总处转美国国务院参考；（2）转发美国国务院和上海总处发来的“新闻电讯”，供给国民党各报馆、通讯社和订户；（3）利用电影放映、图片展览、图书赠送等方式，宣传美国军事力量强大，工业先进，政治制度“合理”与“民主”。这个机构创立的目的是配合美国外交政策，“足够广泛地散播”有关美国的信息，向世界展现出一个“民主、强大、爱好和平、繁荣、安定、进步、平等、教育文化发达”的美国国家形象。对中国开展的宣传活动是美国对外宣传政策的集中体现，是美国全球“冷战”战略的重要组成部分。

美国新闻处在华活动的时间不长，只有短短不到四年的时间，抗战胜利后，美国政府撤销了战争信息署，新设“国际新闻与文化事务办公室”（Officer of International Information and Cultural Affairs，OIC），统一管理美国的对外宣传、文化外交和教育交流工作，由主管公共事务的助理国务卿主持。在海外的宣传点仍然称之为“美国新闻处”（USIS），由驻外使馆领导，是驻外政治处和经济处平行机构，同时美国政府增加了在中国的宣传点，在全中国建立了 11 个宣传点和 1 个总部，在上海、北平、天津、广州、汉口、南京、沈阳、台北分别增设美国新闻处的分办事处，1945 年 10 月到 1946 年 7 月由美国的著名汉学家费正清（John K. Fairbank）担任处长。其对华活动的重心是通过全方位的宣传和文化渗透活动，向别国传播和渗透美国的意识形态和价值观，进而为美国的国家利益服务。例如，《美国新闻处电稿》对于美国国内的情况大加赞美，几乎每天都有关于美国科学技术的先进、社会福利的进步的报道稿件。为了服务于美国的冷战政策，往往对社会主义阵营国家进行一些带有歪曲性和偏见性的报道。以便使得中国人民加深对美国科技、经济、军事、文化乃至社会制度和意识形态的理解，进一步更期望能“化理解为行动”，实现美国国家利益的最大化。①

为了加强对中国的文化渗透，谋取中国新闻文化情报，美国新闻处宣传手段丰富多样，它成为一个包括新闻发布、图书借阅、电影和幻灯播放、印刷材料散发、海报和图片展览、人员交流、广播等多元宣传媒介综合体。而其中最为重要的是新闻、广播、图书报刊和电影四大媒体。举办图片展览，与各界文化人士保持交往，定期放映免费招待电影，设立图书馆，办理新闻文化界人士的互访等，目的只有一个，为该国对华

① 费正清：《费正清对华回忆录》，知识出版社 1991 年版，第 361 页。

政策服务。[①]

说到美国新闻处的社交活动，在 1946 年 4 月新闻处在上海的总部新址启用，费正清连续举办了三次酒会，招待和联络上海的中外官员、工商和文化各界人士。费正清本人与郭沫若、郑振铎、徐迟、冯亦代、金仲华等文化名人交往甚密，甚至还经常请这些作家为美国新闻处工作。[②]

最早担任美新处处长的是美国的"中国通"麦克·费希尔（Francis Macracken Fishe），20 世纪 30 年代曾任美国合众社驻中国记者，常驻北平，一二九学生运动爆发时，曾同埃德加·斯诺等一起采访，在中国的美国新闻处的筹建工作主要由费希尔承担。他深知：要在中国进行新闻宣传，最便捷有效的方法是向中国的报纸发送中文新闻稿，因此美国新闻处专门设有一个中文编辑部。[③]特别需要指出的是，美国新闻处以新的传播方式——电影大肆宣传"美国方式"。美国新闻处在华播放的电影主要题材是科教类、交通、技术、公共卫生和医学方面的电影宣传片。

总之，抗战胜利后，美国新闻处的新闻稿对于中国新闻界的国际报道有着极大的话语权。当时中国读者，特别是知识分子群体，了解世界、了解国共政治、军事动向，都倾向于美国新闻处的新闻稿的立场和观点。例如，电稿曾多次公开声明美国援助国民党蒋介石打内战，是为"防止苏联共产主义"在中国"任意发展"。这一方面暴露了美国国内各派政治势力对中国内战的不同态度；另一方面，也让中国读者似乎觉得美国新闻传播才是可信的，才是权威的。

二、中国共产党"严防美国的新闻侵略"

战后美国凭借与蒋介石政权的特殊关系于 1946 年 11 月与国民党政府分别签订了《中美友好通商航海条约》《中美空中运输协定》《中美文化协定》等文件，并进行了承认美国有权在中国驻军的换文，使美国取

① 翟韬在其论文《美国新闻处在华活动专门研究（1945—1949）》有较系统的阐述。

② 费正清：《费正清对华回忆录》，知识出版社 1991 年版，第 360—374 页。

③ 于友：《报人往事》，群言出版社 2013 年版，第 264 页。

得了在上海、青岛、台北等要塞设立军事基地，在北平、天津、南京等地驻军，在中国领空飞行，在中国领水航行等特权。美国人在中国还享有在中国境内居住、旅行、经商、开厂、购地、置产，以及从事各种文教、宗教、慈善事业的权利，中国的独立与主权受到严重侵害。为了从根本上划清与旧中国半殖民地屈辱外交的界线，彻底摆脱美国等帝国主义对中国的控制和影响，维护中国的独立和主权，毛泽东在中共七届二中全会上提出："我们可以采取和应当采取有步骤地彻底地摧毁帝国主义在中国的控制权的方针。""取消一切帝国主义在中国开办的宣传机构。"[①]停止各地"美国新闻处"的一切活动，包括发布新闻、出版、电影、图书馆、图片展览会和音乐会等，彻底铲除美国在华势力的影响。

1948 年下半年随着大城市的陆续解放，中共中央向各地军管会发出指示要求清理帝国主义在中国设立的官方或半官方的宣传机构。1948 年 11 月 28 日发布的《中共中央关于新解放城市中中外报刊通讯社处理办法的决定》规定，外国通讯社非经中央许可不得在解放区发稿，并一律不得私设收发报台；外国记者停留解放区继续记者业务者，应根据外交手续向人民民主政府请求许可，并不得私设收发报台，其发出之稿件，应受中央所指定之机关检查；外国人非经中央许可，不得在解放区出版报纸与刊物，原已出版者亦须报告中央处理。[②]1949 年 1 月 18 日，中共中央发布《对处理帝国主义通讯社电讯办法的规定》。明确指出：各地所有私营报社及通讯社，一律不得擅自设立收报台抄收各外国通讯社电讯；各地所有公私报纸、刊物，一律不得登载各帝国主义国家通讯社的电讯。《规定》还强调："所有帝国主义国家通讯社都是帝国主义进行侵略的工具，美国合众社、美联社、美新闻处、英国的路透社、英新闻处、法国

① 毛泽东：《在中国共产党第七届中央委员会第二次全体会议上的报告》（1949 年 3 月 5 日），《毛泽东选集》第 4 卷，人民出版社 1991 年版，第 1434 页。

②《中共中央关于新解放城市中中外报刊通讯社处理办法的决定》（1948 年 11 月 28 日），《中国共产党新闻工作文件汇编》上，新华出版社 1980 年版，第 193 页。

的法新社、日本的协同社等等，一向敌视中国人民的解放事业，为各帝国主义国家的侵略势力及国民党反动势力张目，因此决不能容许他们的电讯在解放区自由发表。”[①]2 月 10 日，中央发布关于美国新闻处发稿指示：在军事时期禁止私设电台、收发报机、报话机及可以利用收音机抄报的耳机，未经特许的收发无线电报工具，一律限期缴交指定的机关封存。违抗不交的，予以没收和处罚。[②] 至于外国通讯社，一律要向军管会登记，登记获准前一律禁止发稿。2 月 20 日中共中央发出《关于停止外国通讯社、记者、报纸杂志的活动和出版给平津两市委的指示》，要求：所有的外国通讯社及外国记者均不得在两市活动，所有的外侨均不得在两市主办报纸或杂志。从即日起各外国通讯社及外国报纸、杂志的记者，停止采访新闻以及拍发新闻电报的活动。[③]

为了宣传中共中央关于铲除美国新闻在华势力系列指示和精神，1949 年 3 月 3 日《群众》周刊转载了《新时代》1947 年第 28 期的一篇文章，介绍一位名叫摩莱的记者，他长期为美国很畅销的两家周刊：纽约的《每日新闻》（*Daliy News*）和 *Gollier's* 周刊撰文。他每年的收入超过 5 万美元，报社需要什么他就写什么，甚至当这家报刊需要的与另一家报刊需要的是完全相反的时候，他照样能写出两种观点不同的社论。比如，摩莱在 1945 年 5 月的 *Gollier's* 周刊中发表了一篇社论，劝告美国装运食物给欧洲贫困的国家，不仅作为一个人道的措施，而且可以使欧洲迅速恢复。然而不久他又在《每日新闻》上发表了另一篇社论，表达美国不应该供养欧洲。1944 年摩莱在《每日新闻》中反对贷款给欧洲购

① 《中共中央对处理帝国主义通讯社电讯办法的规定》（1949 年 1 月 18 日），《中国共产党新闻工作文件汇编》上，新华出版社 1980 年版，第 266 页。

② 《中央关于美国新闻处发稿问题的指示》（1949 年 2 月 10 日），《中国共产党宣传工作文献选编》（1937—1949），学习出版社 1996 年版，第 792 页。

③ 《关于停止外国通讯社、记者、报纸杂志的活动和出版给平津两市委的指示》（1949 年 2 月 20 日），《中国共产党宣传工作文献选编》（1937—1949），学习出版社 1996 年版，第 796 页。

买军火，而在 *Gollier's* 中他主张在这个问题上美国应该满足盟国的要求。在《每日新闻》上他说美国应当与日本“交朋友”，把它作为美国远东正常的堡垒，在 *Gollier's* 上他说美国应对日使用压力。尽管摩莱在这两个刊物上表达了不同的观点，但在一个问题始终保持一贯的态度，那就是对苏联恶意的挑战和攻击。1940 年摩莱获得普利策奖。《新时代》这篇文章最后说，摩莱“不仅是两面派的记者，他乃是一定制度的产物。美国所谓‘新闻自由’就是设立在这个制度上的。”[①]《群众》周刊为这篇专论特别加上了标题：《美国的新闻道德》，实际上是对美国新闻处在华活动的一次清算。

《群众》周刊利用这篇报道表达根本立场：新闻报告必须是现实事物，并且是真实的，摩莱的行为违背了新闻的客观性选择。

《群众》1948 年 1 月 15 日发表了王宗一的署名文章，题为《一年来美国的侵华活动》，分析了美国扶蒋反共的表现：“军事上，驻华美国军事顾问团已逐渐发展为对蒋介石统治区的最高军事监督机关”，“美帝国主义又从蒋介石手中取得青岛、西安、天水、兰州、成都、迪化、黄浦、三灶岛、榆林港以及台湾的基隆、高雄、台北、台中、屏东等陆海空军事基地，从而组成了美国在华空中、海上和陆上的侵略基地网。”[②] 在经济上，“美人杨格就任蒋介石‘平准基金委员会’顾问，获得了蒋介石金融外汇的监督权。十月二十七日的蒋美‘救济协定’，确定了美国对于蒋介石生产、贸易分配以及财政的监督权。华盛顿方面已成立‘中国救济委员会’，负责执行此项监督权。蒋介石行政院又宣布‘欢迎外人来华投资’，这即是欢迎美国投资，蒋管区一切民族工商业从此都可能遭受美国独占资本家的垄断。农业方面，蒋介石政府为执行其美国主子之‘原料中国’殖民地生产计划，已于去年十一月间通过一个决定，从水产

① 《美国的新闻道德》，《群众》1949 年第 3 卷第 10 期，第 12—13 页，1949 年 3 月 3 日。

② 王宗一：《一年来美国的侵华活动》，《群众》1948 年第 2 卷第 1 期，第 10 页，1948 年 1 月 15 日。

研究直到农业教育，土地测量，全部农业主权都断送给美国帝国主义。”①

文章透彻地分析了美国文化思想侵略政策。指出“救济协定”中特别规定了蒋介石当局必须用一切力量进行“关于美国援助之充分与不断之宣传”，以愚弄中国民族意识。“美国在华教育基金会”就是要以美国帝国主义观点，将中国教育彻底改造为殖民地奴隶教育。除此之外，蒋介石当局“已将中国的司法行政的监督权送给了美帝国主义”。“驻华美国大使馆则早已成为美国对蒋介石政权的监管活动中心，大使馆农业参赞、文化专员、财政参赞及军事参赞等直接参与蒋介石内政事务，美帝国主义通过其驻华大使馆，指挥着蒋介石当局的每一个政治行动。”“蒋介石为了换取美国的援助救命，将会更彻底地出卖中国。”②

在题为《警惕美帝的文化侵略》专论中，特别提出：“美帝国主义对于文化侵略的工作，已经透过宗教、教育、新闻电讯、广播事业、书籍杂志，特别是洪水泛滥在中国的娱乐市场的美国电影，而打下了根深蒂固的基础。”③

作者对美国电影在上海影响力作了专门统计：

> 上海一共有四十三家每日连续上映的电影院，其中规模较大的头轮戏院十五家，假定平均每院有一千二百个座位，规模中等的戏院十六家，假定平均每院有九百个座位，规模较小的三轮戏院十二家，假定每院有七百个座位，那么全体座位计约在四万个以上。现在每院每日放映四场，所以全上海影院每日收容量计十六万人，即使低估一点平均以卖座八成计算（实际上，因

① 王宗一：《一年来美国的侵华活动》，《群众》1948年第2卷第1期，第10页，1948年1月15日。

② 王宗一：《一年来美国的侵华活动》，《群众》1948年第2卷第1期，第11页，1948年1月15日。

③ 伍启明：《警惕美帝的文化侵略》，《群众》1948年第2卷第17期，第18页，1948年5月6日。

为上海这种大都市，缺乏正当的娱乐场所，电影比较还算是一种廉价，所以普遍是几乎每场客满，而且要买黑市入座的），那么，上海每天进入电影院的计有十三万人之多。上海现在人口假定四百万计算，那么平均一百个市民里每天就有三个人以上在接受电影的宣传。再看看这十三家电影院上映节目，以最近四月二十八日这一天作为例子，四十三家电影院中放映美国影片者计二十八家（而且大多是头轮）约占全放映数的百分之七十，中国片计十四家，占百分之三十，其余是英国片一家，所占比例卑不足道。就以这样一个数字来计算，上海每天接受美国影片宣传的市民约在九万人以上，换言之，每月累计约三百万人，每年约计一万万人，请想想这是如何巨大的一个数字，这是如何巨大的一种民族精神上的损失。①

《警惕美帝的文化侵略》坚持认为：

电影是一种影响最大的宣传武器，所以侵略性和堕落性的美国电影不仅腐蚀和损害着我们民族精神上、思想文化上的健康，更以一种潜移默化的力量，对我们人民的生活习惯、人生态度，甚至语言动作上也积极地起着使人堕落的影响。加上，国民党反动文化统制下，除了极少数特例之外，所谓国产影片实际上也不过是美国电影的模仿和翻版，经过这种反复不断而互为因果的宣传，这种文化侵略的作用，更难以明确的数字来说明和估计了。②

① 伍启明：《警惕美帝的文化侵略》，《群众》1948年第2卷第17期，第19页，1948年5月6日。

② 伍启明：《警惕美帝的文化侵略》，《群众》1948年第2卷第17期，第19页，1948年5月6日。

文章为彻底扫除美国在华的势力和影响，大肆呼吁：

> 全心全意地反对帝国主义的文化侵略，勇敢地保卫我们人民精神领域的防线，这也可以说是一场极具微妙的战争，那么为了发扬五四反帝反封建精神，让我们对祖国对人民的爱，以对美帝对蒋介石的恨，更奋发地团结起来，站在反美帝文化侵略的岗位上吧。[①]

综上所述《群众》周刊这三篇专论言辞中虽有夸大其词之嫌，但从美国新闻处的宣传本质、到美国的文化侵略活动的表现，集中力量揭露和批判了美国对华的新闻侵略表现和后果。

随着 1949 年 1 月 14 日和 31 日人民解放军相继解放天津、北平，美国新闻处的一切活动被禁止。1 月 18 日中共中央发布对处理帝国主义通讯社电讯办法的规定，指出：

> 各地所有公私报纸、刊物，一律不得登载各帝国主义国家通讯社（如合众社、美联社、美新闻处、路透社、英新闻处、法新社等）的电讯，一切国际新闻，均须根据新华总社广播稿发表。
>
> 所有帝国主义国家通讯社是帝国主义进行侵略的工具，它们一向敌视中国人民的解放事业，为各帝国主义国家的侵略势力及国民党反动势力张目，因此也不能容许它们的电讯在解放区公开自由发表。[②]

① 伍启明：《警惕美帝的文化侵略》，《群众》1948 年第 2 卷第 17 期，第 19 页，1948 年 5 月 6 日。

②《中共中央对处理帝国主义通讯社电讯办法的规定》（1949 年 1 月 18 日），《中国共产党新闻工作文件汇编》上，新华出版社 1980 年版，第 265、266 页。

中国共产党也考虑到这一规定会引起一部分自由资产阶级和一部分资产阶级知识分子不满，会指责中国新华社总社发布的国际新闻少、不合这个群体的口味。为此，一方面坚决不能再“冒昧地做帝国主义的义务宣传”，以防备这些通讯社的“所惯有的那些造谣、污蔑、诽谤”，使中国人民的利益受到损害；另一方面要求新华总社应当努力多发新闻、快发新闻。2月10日，中共中央在对全体党员、干部、前线指战员、同情共产党的民主分子，作出了关于严防帝国主义分子反动新闻记者刺探政情军情的指示，在大城市及接近前线的地方，“凡属党员及战士未奉命令、未获上级批准，一律不得和上述帝国主义分子及反动新闻记者接近和交谈。”凡违背此项纪律，将给予批评、严重者将给予处分。一旦有泄露政情军情的事件，“必须立即报告中央。”[①]2月20日，中共中央向北平、天津市委发布命令，即日起各外国新闻通讯社及外国报纸、杂志记者，停止采访新闻及拍发新闻电报的活动。[②]

1949年10月山东新华书店发行过美国人A. Bucar所著的小册子，名为《美国外交官的真面目》，他称自己在美国新闻处工作了两年，非常清楚其机构和各个职能，书中第五章“美国新闻处和美国的宣传”中披露美国为了获取情报，如何利用“美国之音”来“向苏联人民‘出卖’美国的文化和外交政策”。[③]还指出：美国通过肥皂剧，宣传“美国式生活”的虚构情景和观念，“巧妙地向苏联暗示说，只有资本主义制度下，才有这种‘人间天堂’。”[④]

“冷战”格局下敌对势力的宣传影响作用已经被极大地夸张和扭曲

---

①《中共中央关于严防帝国主义分子反动新闻记者刺探政情军情的指示》（1949年2月10日），《中国共产党新闻工作文件汇编》上，新华出版社1980年版，第272页。

②《中共中央关于停止外国通讯社、记者、报纸杂志的活动和出版给平津两市委的指示》（1949年2月20日），《中国共产党新闻工作文件汇编》上，新华出版社1980年版，第276页。

③［美］A. Bcuar：《美国外交官的真面目》，新华书店1949年版，第75页。

④［美］A. Bcuar：《美国外交官的真面目》，新华书店1949年版，第77页。

了。处于这个格局下的中国共产党，毋庸置疑，需要防止“新闻第一、政治其次”的错误认识。因此，1949 年 2 月 24 日《群众》刊载了署名文章《为了新闻的正确与纯洁》，吹响了新时代的号角，那就是：在这个伟大时代即将开启之时，“每一个从事新闻工作知识分子必须有脱胎换骨的决心与勇气，深刻反省和检讨自己过去的工作，彻底摆脱从旧社会里浸润过来的一切反人民的观点和作风，勇敢地进入人民的队伍，虚心地从人民学习”。①

1949 年 5 月 5 日的《群众》周刊上转载了《东北日报》的一篇社论，题为《为什么我们必须实行批评与自我批评》，特别声明：

> 在工作报告或新闻报道上，我们不但要报告或宣传成绩，用成功的经验来引导并鼓舞人民大众前进，抓紧这主要的一面；另外还需要报告或揭露自己的缺点和错误，以便从失败中接受经验教训，提高大家的认识和警惕，避免以后再蹈“覆辙”。只有发扬民主提高一切革命工作者的责任心和主人翁感觉，我们的事情才能办得好！②

1948—1949 年国民党经济崩溃、军事失败、政治腐败，都让国人感受真切痛恨。这一时期国民党政府对新闻舆论控制最严重。1948 年 9 月 1 日“记者节”前夕，南昌报纸就因为刊载了对市政府不利的消息，发生“开天窗”事件。为了进一步控制舆论导向，国民党政府在《出版法》之外，不断制定新的新闻标准，统一新闻报道口径，限制新闻报道范围，新闻报道千篇一律，《和与战》《新闻观察》《共产党内幕》《新闻世界》

① 李卫明：《为了新闻的正确与纯洁》，《群众》1949 年第 3 卷第 9 期，第 11 页，1948 年 2 月 24 日。

②《为什么我们必须实行批评与自我批评》，《群众》1949 年第 3 卷第 19 期，第 14 页，1949 年 5 月 5 日。

《新时代》《老百姓》《上海滩》等28种刊物被取缔，《经济评论》《政治家》《新闻杂志》等受到警告。但是全社会上下都密切关注着中国共产党的一举一动和事态发展的走向。而批判白皮书热潮中各民主党派的纷纷表态，表示对美国侵略政策的反对，更清楚表明了事态的发展，那就是自由主义者倒向中国共产党。而这除了与中国革命的实际状况有关外，也由于美国政府大力扶持反共亲美的蒋氏政权，而对中国的民主事业只有口惠而无实质，以及美军在华的横行霸道等，使中国的自由主义者对美国已是“鄙”而远之。美国政府也像蒋政权一样把自由分子推向敌对的阵营去了。①

为了迎接胜利后的新中国建设任务，时任香港工委书记、新华社香港分社社长的饶彰风授意《群众》出版一期“专家特辑”，请逗留在香港的科技、文教、卫生等专家学者写稿，为此，周刊负责人陈夏苏写了《专家们的光荣任务》②，经过饶彰风的修改，定稿后在1949年10月20日《群众》上刊出，产生了很大影响。

《专家们的光荣任务》呼吁：

> 必须把我们的科学、教育、文学、艺术、医药卫生等，依据人民大众的需要，为人民大众能够服务。我们的科学家、机械师、工程师们，今天最迫切的工作，就是要在现有的物资条件下，竭力为生产工具和交通工具的改良和创造，一切都朝向有利于生产专业的发展而努力，同时，有必要普及科学知识，使工农大众懂得科学，热爱科学，学会运用机器，直至发明创造一切

① 汪荣祖：《自由主义与中国》，香港中文大学文化研究所编：《二十一世纪》第2卷第37页。

② 夏苏：《专家们的光荣任务》，《群众》1949年第3卷第42-43期，第32页，1949年10月20日。

机器。[①]

《群众》周刊专家特辑，大张旗鼓地动员号召广大海内外科技、文教、卫生等领域专家学者把自己的聪明才智、技术专长贡献给新中国的各项建设。

> 敬爱的专家们，是时候了，请奔向祖国，投向光明，面对人民，发挥你们高度的创造能力吧！让人民祖国在毛主席的领导下，从封建走向民主，从迷信走向科学，从落后走向文明，由农业国走向工业国，从病弱走向壮健，从贫困走向富裕。请从今天起就立誓做个独立、自由、和平、统一与富强的新中国的忠诚劳动能手吧！[②]

---

① 夏苏：《专家们的光荣任务》，《群众》1949 年第 3 卷第 42-43 期，第 32 页，1949 年 10 月 20 日。

② 夏苏：《专家们的光荣任务》，《群众》1949 年第 3 卷第 42-43 期，第 32 页，1949 年 10 月 20 日。

第五章

“首先是战士，然后才是学者”

——《群众》周刊撰稿人群体

汉语“知识分子”一词是20世纪20年代出现的，具体说是在五四运动后开始使用。1920年11月7日秘密出版发行的《共产党》月刊在第1期的一篇文章中这样写道：“在无产阶级和资本阶级奋战的时候，他们来助无产阶级；并且无产阶级的群众，反为他们的知识分子所引率。”[①]这段话清楚地讲明了“知识分子”的作用。毛泽东在给蔡和森的信中谈到国内建党情况时说：“出版物一层，上海出的《共产党》，你处谅可得到，颇不愧‘旗帜鲜明’四字。”[②]学者邹谠认为：“在1910年和1920年，知识分子已经因意识形态、知识、文化、社会和政治路线的不同而明显分化，他们不再主要来自同一个经济阶层，他们的教育背景也有巨大差异，传统的个人联系可被用来作为小范围的知识分子之间交流的渠道。”“为了采取政治行动并取得一定程度的成功，他们就必须找到一个新的团结、凝聚

① 《共产党》月刊，1920年11月7日。原文如此。

② 《毛泽东书信选集》，人民出版社1983年版，第15页。

和认同的基础以及一种新的组织形式，从而能够使大批知识分子共同行动，履行其自我设定的重建国家、改造社会的职责，并回应时代的要求。……他们从现代政党中找到这种新的组织形式。”[①] 他明确提出中国近代知识分子与政党政治的关系及其作用。

一言蔽之，知识分子运用政党知识进行政党实践，并使用政党政治手段对社会进行批判。中国共产党的知识分子群体在这个过程中，由知识精英向政党精英转变，不仅改变了他们自身生存和发展的道路，并与中国共产党领袖进行理论互动，影响了中国政党政治意识形态架构。伴随着这个历程，中国共产党新闻宣传骨干力量成长起来。

抗日战争开始后，中国共产党大大加强了在香港的宣传舆论工作。其前提是必须有一支精于新闻宣传的干部队伍，而这项艰巨工作伴随着中国共产党对进步知识分子的援救和保护工作开展起来。1941 年 1 月皖南事变发生，国民党政府加强了对新闻出版的限制，受中国共产党影响的杂志《七月》《文艺阵地》《文学月报》等刊物的出版证被政府取缔，1941 年 1 月因国民党已准备破裂，重庆的环境险恶，中共中央指示周恩来、叶剑英、董必武立即离渝返延，要将党外的同情分子分批转移到南洋、香港，并助其旅费。南方局在给中央的报告中也说明了情况：

> 一至五月，新四军事变后，重庆又入黑暗时期，党决定疏散文化人他往。此时文委主要工作，即以全力说服文化界文艺界友人离渝，为其筹划路费，安排去处。经文委手疏散的计百余人，但一时无确实统计可查。所去之路有延安、苏北、香港、新加坡、仰光及内地各县。[②]

---

① 邹谠：《二十世纪中国政治——从宏观历史和微观行动的角度看》，牛津大学出版社 1994 年版，第 12 页。

②《南方局关于文化运动工作向中央的报告》，《南方局党史资料（文化工作）》，重庆出版社 1990 年版，第 13 页。

为了保存进步文化力量，中国共产党部署在海外建立自己的宣传阵地，南方局有计划地将文化界一大批进步人士从重庆和广西等地撤退到香港，或者转移到东南亚各国从事华侨新闻报刊工作。陆诒、刘尊棋、沈兹久等到了新加坡，张光年、李凌到了缅甸，张敏思、林林、杜埃到了菲律宾，他们肩负着中国共产党海外宣传的重任。这一时期在香港，除了《群众》周刊外，属于中国共产党舆论宣传的刊物还有茅盾主编的《笔谈》《文艺阵地》，郁风主编的《耕耘》，张明养主编的《世界知识》，马国亮主编的《大地画报》。

1945 年 9 月中共中央明确指示中共广东区委："立即派出干部前往香港、广州占领宣传阵地"。原东江纵队机关报《前进报》的社长杨奇立即于 10 月 13 日在香港创建《正报》。这是抗战胜利后在香港公开出版的第一家中国共产党报纸。1946 年 1 月，《华商报》在香港复刊，1947 年 5 月 15 日新华社香港分社成立，乔冠华任社长。1947 年 1 月，中共香港工委财经委还创办了《经济导报》，其宗旨是宣传新民主主义经济政策，沟通各地经济消息；研究各主要国家的经济动态，特别是和香港市场关系密切的东南亚市场；报道与分析国内外经济情况，而核心工作是争取更多的香港工商界人士与中国共产党合作。

《群众》的主要编委和撰稿人呈现出几个重要的特征：

第一，具有较高的马克思主义理论素养，是 20 世纪 40 年代马克思主义理论的重要传播者和理论建树者，推动了马克思主义理论在中国的不断创新与发展。

这个群体具有扎实的马克思主义理论功底，丰富的马克思主义理论基础知识、深厚的马克思主义理论涵养。他们能够及时体察和领悟中国共产党对国家意识形态构建的整体趋势。他们肩负着对广大民众进行理论宣传与灌输的时代重任。新中国成立后，他们成为马克思主义理论研究权威专家，其理论影响和学术地位日益巩固和扩大。

第二，具有坚定的革命信仰和党性原则。他们的学术理论生涯与革命生涯紧密地结合在一起。他们早年选择了信仰马克思主义，宣传马克思主义，且随着新民主主义革命的进程，信仰更加坚定。他们一生践行着“首先是战士，然后才是学者”，他们的人生之旅折射出马克思主义理论思想家的特质。

第三，早年留学经历，塑造了他们的世界视野和世界胸怀，他们了解学习西方先进的新闻宣传理论，也谙熟苏联关于意识形态宣传的技巧。章汉夫曾留学美国，后到莫斯科东方大学；夏衍留学日本九州明治专门学校；林默涵留学日本东京新闻学院；廖承志先后留学日本早稻田大学、汉堡大学、莫斯科中山大学；乔冠华留学日本东京帝国大学、德国图宾根大学；戈宝权是驻苏记者。章汉夫、方方、廖承志、乔冠华、华岗、胡绳、潘梓年、连贯、许涤新、夏衍、邵荃麟、廖沫沙、戈宝权、林默涵、范剑涯、刘宁一等，构成了《群众》周刊最强阵容（见附录 15）。

《群众》周刊撰稿人群体，以社会政治生活参加者的严肃身份出现在报刊上，在香港统战社交与中国共产党意识形态理论宣传之间游刃有余地切换着角色。他们以党刊为平台，与其他社会力量积极互动。他们凭借着历史形成的权威性，掌控着为党修史、为党立言的话语权，致力于实现传播效果的最大化——中国共产党形象塑造。

第一节　《群众》周刊撰稿人①

一、枪杆子和笔杆子一起抓的方方

方方出生在广东省普宁县洪阳镇的一个小商家庭。五四运动时期他热衷政治，立志救国救民。1924 年他考入第二届广州农民运动讲习所学习，他的才干很快就引起彭湃的关注，1925 年 5 月加入共青团，任团支部书记，兼管党的工作。1926 年春方方加入中国共产党，分别担

① 人物按姓氏笔画为序。

任过中共普宁县委书记、汕头市委书记、杭武县委书记、上杭中心县委书记、福建省委代理书记、闽粤赣边省委书记、南方工委书记、香港分局、华南分局书记等要职。方方参与领导了普宁10万农军攻打县城反动集团的斗争，当时彭湃就赞扬他机智勇敢。1937年4、5月间闽西南军政委员会委派方方到延安向中共中央汇报三年游击战争情况，毛泽东听了汇报后，高度评价闽西南的革命斗争所取得的成果，对方方说："你们坚持了三年游击战争，保留了这么多干部，保留和发展了部队，保留了二十万亩土地，保卫了苏区广大群众的利益，这是伟大的胜利。"①

全面内战爆发后，为了加强华南党组织的领导，开展华南游击战争，发展民主人士、海外华侨、港澳同胞的反美蒋统一战线，党组织调方方到香港任中共中央代表，出任中共中央香港分局（后为华南分局）书记。据友人回忆：方方体格高大，身材微胖，出门时他总是穿着长袍、戴一副金丝眼镜，拄着手杖，俨然一副国民党大官或富豪大贾的派头。②1948年5月1日，中共中央发出召开新政协会议的号召，他参与了精心安排护送110多位著名民主人士进入解放区，参加新政协会议的工作，为以香港为中心的新政协运动的发展作出了突出贡献。由于长期处于游击战争、地下党工作环境中，方方虽历尽艰险，却泰然自若，机敏灵活，渡过一个又一个的难关、险关。在这种环境中，既要胆大，又要心细；对敌情要有准确的了解和判断，对秘密工作纪律要不折不扣遵守，遇事要机智灵活，当机立断。

在繁忙紧张的工作之余，他为《群众》香港版撰写了26篇文章（见附录9）。给我们印象很深刻的是他以星星为笔名，撰写针对当时形势和战局的评述性文章《狗急跳墙》。

---

①《方方文集》，江苏人民出版社1995年版，第63页。

② 王致远:《丹心昭日　月亮节映苍松——纪念方方诞辰90周年》,《广东社会科学》1994年第6期，第96页。

> 狗急跳墙这句俗语，就是美蒋进攻延安最好的譬喻。如果翻译成为人说的话，那就是说：蒋介石要在全面内战中获得胜利，是没有希望的了。因为蒋军在各个战线的屡次失利，教训了每个士兵甚至一些军官知道要战胜人民解放军是不可能的，即全中国的人民，也知道蒋军必败。现在要挽救这一个不可救药的军事危机，只有不顾一切集结兵力向着延安作“孤注一掷”的进攻。这不是硬碰是什么！这不是狗急跳墙是什么！①

针对胡宗南对延安的进攻，他说明胡宗南再次进攻延安的后台老板是“美国帝国主义在那里鼓气撑腰，是不顾晋南的空虚告急，不顾豫东我军游击战之开展，不顾陕南李先念之威胁，而从这些地区调集了十五个旅的兵力。”并断言“企图用急进强攻来解决其‘可悲’的命运而已。”这是“打肿脸孔装胖子”的自安自慰。

方方以军事战略家的视角指出胡宗南军队进攻延安的困境：“坚壁清野后的延安，食无粮，住无屋，十万大军如何过活？”②方方用“兽军”来比喻胡宗南统领的全部兵力34个旅大约2万人对延安的进攻，“吗啡针固然可应一时之急，起着兴奋作用，但根本却不能救治垂死者的病症。”③

这篇文章目的是要告诉社会舆论应该如何观察国共双方战场较量的局势演变与发展，同时表现了中共从容指挥全国各战场的决策和胆略。文章表达了高度的战斗意志和必胜信心，也给民众和观望者极大的信心和鼓舞。

在香港期间结合华南的实际，方方在《群众》周刊上发表了一系列宣传毛泽东军事思想的论述文章，主要有：《略论当前农村武装斗争的几

---

① 方方：《狗急跳墙》，《群众》香港版第1卷第9期，第3页，1947年3月7日。
② 方方：《狗急跳墙》，《群众》香港版第1卷第9期，第3页，1947年3月7日。
③ 方方：《狗急跳墙》，《群众》香港版第1卷第9期，第3页，1947年3月7日。

个问题》《论毛泽东军事学说中的游击战争》《狗急跳墙》《敌人不投降就消灭它》。

在《论毛泽东军事学说中的游击战争》一文里，方方指出毛泽东的军事思想“是运用马列主义与中国具体情况实践相结合的异常正确的学说”，其主要的根本点有两个：

第一，中国共产党领导的军队必须是服从于无产阶级思想领导的，服务于人民斗争和根据地建设的工具。

第二，中国革命战争必须在承认敌强我弱、敌大我小的条件下，充分地利用敌之劣点与我之优点，充分地依靠人民群众的力量，以求得生存、胜利与发展。

以这两个根本点出发，方方得出以下结论：

中国共产党领导的人民军队，服从于无产阶级思想领导，服务于人民斗争和根据地建设。它必须具备：第一，全心全意地为着党的路线、纲领与政策，也就是为着全国人民的各方面利益而奋斗。当前人民军队所面临任务就是：反对帝国主义在中国的特权、肃清封建主义、打倒官僚资本主义，人民军队政治任务与军队建设都紧紧围绕着当前《中国土地法大纲》、新民主主义工商业政策（在蒋管区是反“三征”，减租减息，合理负担，增加生产）。

他特别提出：不能随随便便就将那些这些未经改造的国民党投诚队伍命名为“人民解放军”，必须给予严格的教育和改造。否则，就是挂着“人民解放军”的光荣称号，实地里却是地主土匪武装。

第二，人民军队必须同时担负起打仗、做群众工作与筹款（有根据地部队主要是生产）三位一体的任务。群众工作至关重要。群众是党与人民政权的宣传者与组织者。群众工作就是要帮助地方人民群众分配土地（在蒋管区是反“三征”、减租减息、调剂粮食种籽、救荒救灾），建立武装，甚至于在蒋管区建立政权，发展党组织。严格执行“三大纪律和八项注意”。要严格纠正那些只想“以枪杆子打天下”，不做群众工作，对群众困难漠不关心的单纯军事观点；要严格纠正那些不尊重人民政权机关与群众团体、特别是损害人民利益的错误倾向。

第三，在人民军队内部必须建立正确的官兵关系，必须建立良好的民主生活制度和以自觉为基础的严明的军事纪律。什么叫“一定的民主生活”，就是除了战斗计划、战斗指挥等带有秘密性、紧急性的行动以外，对于部队的管理教育、生产生活、文化卫生种种日常工作，必须用最大限度的民主来解决，吸引士兵来参加；至于什么叫“以自觉为基础的军事纪律”，那就是要反对打骂制度，要反对单纯的惩办制度，对于犯错误者进行处分，也应该以思想工作为主，用严肃的纪律和严格的制度来巩固军队的建设。

第四，人民军队必须实行瓦解敌军与争取俘虏的正确政策。不枪杀放下武器的敌人，不搜俘虏的荷包及没收其私人财物，尊重俘虏的人格，为受伤的俘虏上药，给俘虏上政治课，争取俘虏参加我部队，遣散不愿参加人民解放军队的俘虏。

方方进而论证了毛泽东军事思想的游击战术问题。他指出：敌强我弱、敌大我小的条件下，必须充分利用敌之劣点与我之优点，充分依靠人民群众的力量，以求得生存、胜利与发展。因此，就必须遵守以下规则：

第一，要认识到当前的主要战争形式是游击战与带游击性的运动战；要认识到只有主力兵团与地方兵团相结合，正规军与游击队、民兵相结合，武装群众与非武装群众相结合的人民战争，才能够战胜比自己力量强大许多倍的敌人。

第二，必须坚持战略的持久战与战役的速决战，坚持战役战术以多胜少。由游击战争的发展以至达到最后的胜利，不可能是一朝一夕的事情，也不可能毕其功于一役，它必须反复多次地打破敌人的进攻，粉碎敌人的“扫荡”，改变敌我的形势，然后转入胜利的进攻。这种一开始就盲目地攻占城市、巩固城市、或立刻就建立巩固根据地的速胜观点，是错误的，也是不容许的。在这种情势下的城市起义与攻占城市，不过是为着扩大影响，提起军威，振奋人心，而更便利于我们在农村中打下基础。根据地都是在不断歼灭敌人，肃清地方反动势力的基础上得以发展壮大的。

第三，游击战略战术的原则就是“分兵以发动群众，集中以应付敌人”；“敌进我退，敌驻我扰，敌疲我打，敌退我追”；“固定区域的割据，用波浪式的推进政策，强敌跟追，用盘旋式的打圈子政策”；“诱敌深入”；“集中优势兵力，选择敌人的弱点，在运动战中有把握地消灭敌人的一部或大部，以各个击破敌人”。

这篇文章以毛泽东军事思想为视角系统地阐述了中国共产党关于军队建设和游击战略战术理论。不仅如此，它还从毛泽东军事思想以及军事理论出发，论证了人民解放军战略反攻和大决战的胜利的原因，军事上的胜利取决于政治和政策的正确性。

1948 年 7 月 1 日，方方为《群众》撰写《加强党，成为统一的全国人民民主政府的领导政党》[①]，针对党的建设的理论和整党的意见，作出了自己的思考：

> 我们的党，从建立到现在，已经二十七个周年，在这二十七个周年中，尽管敌人如何强大，革命斗争如何复杂、艰苦，我们党终于领导着广大的全国人民，渡过了无数的波折和难关，而走上了今日的面临着全国革命彻底胜利的局面。我们党之所以有力量从若干困难和长期斗争中扭转了中国革命的关键，使之走向面临全国最后的彻底胜利的局面，是由于我们的党，从建党的第一天起，就是以正确的马克思主义列宁主义来武装我们的头脑，来

① 方方：《加强党，成为统一的全国人民民主政府的领导政党》，《群众》香港版第 2 卷第 25 期，1948 年 7 月 1 日。

指导中国的革命斗争。二十七年来，我们党根据列宁同志的“政治是从联系到千百万人民利益的事情出发，是原则的从政治去对待问题”的教导，也即是毛泽东同志的“巩固党与群众的联系”的一贯的思想原则与组织原则，因此我们就能够依靠群众克服困难，渡过曲折，走上胜利。①

他对党的群众路线作了准确解读：

二十七年来我党对人民负责的真正严肃态度，是毫不苟且，毫不马虎，坚持原则，修正错误，因此能够使我党更加巩固与群众联系，更加获得群众的信任与拥护，因此就有强大的力量足以战胜敌人。

从今天党要达到领导全国规模的胜利，以便更进一步的领导统一的全国人民民主政权，就非比过去任何时期更提高真正铁的纪律与取得最广大的人民群众全心全意拥护不可。②

在党的建设和整党问题上方方对党的群众路线作了颇具深度和耐人寻味的思考，对马克思主义政党建设理论作出了富有探索性和拓展性意义的理论贡献。

1949 年 8 月 25 日身在广州的方方为《群众》香港版写了最后一篇激情昂扬的文章《继续进攻，彻底消灭残敌》，窗外，轰隆隆的枪炮声在广州城响起，人民解放军即将占领羊城。

二、精于国际问题分析的乔冠华

① 方方：《加强党，成为统一的全国人民民主政府的领导政党》，《群众》香港版第 2 卷第 25 期，1948 年 7 月 1 日。

② 方方：《加强党，成为统一的全国人民民主政府的领导政党》，《群众》香港版第 2 卷第 25 期，1948 年 7 月 1 日。

1913年，乔冠华出生在江苏省盐城县东乔庄（现江苏省盐城市建湖县庆丰镇东乔村）的一个地主兼工商业者家庭，父亲是开明士绅。几乎所有介绍乔冠华生平的文章都要提到他“幼年天资聪颖，过目成诵”。由于学习成绩优秀，在初中高中时几次跳级插班，16岁高中毕业便考入清华大学哲学系，成为大学同届中年龄最小的学生，季羡林就曾回忆乔冠华夹着一本黑格尔的书在清华园里徜徉的情景。①1933年乔冠华进入日本东京帝国大学继续攻读哲学，并参加革命活动，不久被日本驱逐出境。1935年乔冠华又赴德国图宾根大学留学，一年多后，即在23岁那年，他以优异成绩获得德国哲学博士学位。乔冠华在德国留学期间，正值第二次世界大战前夕，军事问题一时成为国际问题的焦点，他研读了德国著名军事理论家克劳塞维茨的3卷本《战争论》，还广泛研读欧洲的战争史和军事地理等方面的书籍，并且对着欧洲和世界地图，反复思考目前的局势，这些经历都为他日后写出大量不同凡响的国际评论文章奠定了坚实的基础。②

1937年乔冠华回国，随即投身于抗日救亡运动。他先在香港余汉谋主办的《时事晚报》做总编辑，开始发表政论、国际评论文章。1939年经廖承志、连贯介绍加入中国共产党。1941年，乔冠华出任香港《华商报》编委，《大众生活》编委。1942年秋乔冠华来到重庆，以“于怀”为笔名，负责为《新华日报》的“国际述评”专栏撰稿，直到抗战胜利。

乔冠华1946年10月受中共委派去香港筹建新华社香港分社，与夫人龚澎乘坐几天轮船到达香港，乔冠华被任命为首任新华社香港分社社长。香港分社的主要任务是负责解放区与港英当局的各种交往和有关事务。香港分社另一个重要任务就是作为海外与解放区之间的秘密联络点，进步学生和进步人士通过这个联络点去往解放区。在三年的时间

① 凤凰书品编著：《我的父亲母亲口述历史》，凤凰出版社2013年版，第184页。

② 盐城市地方志办公室：《盐城人物志》，江苏教育出版社1991年版，第255页。

里，乔冠华同新华社香港分社的全体人员在香港进行着艰苦的工作，为更广泛地团结进步人士，搜集大量信息和情报，作出了卓越的贡献。除此之外，乔冠华还与龚澎、张彦等创办英文半月刊《中国文摘》（*China Digest*）。

统计1947—1949年乔冠华为《群众》周刊香港版撰写的27篇文章均属国际形势和国际问题政论文章（见附录8）。乔冠华撰写的文章标题都是先声夺人。大有令人必欲对其文先睹为快之感。例如《大美帝登场太迟了》《美国自绝于世界》《休矣！司徒雷登》《美国救得了命吗？》等。在错综复杂的国内外局势中，他的政论文章的标题“往往是用抽象的或形象化的语言，指出或暗示当时国际局势的要害，以期对读者有所帮助”，其文笔之优，篇篇都让人读出意外和惊喜。

在《美国救得了命吗？》这篇专论中乔冠华讽刺道：

> 对于中国问题好久不开腔的马歇尔，最近开了腔；马歇尔的嘴一张，马歇尔脸上的假面具就好像如土委地的一样掉下来了。……他承认了国民党反动政府是美国唯一支持的对象，他承认了美国有一千名官兵（事实上何止这么少）在帮助蒋介石打内战，他提议在今后一年多的时间内，拨款三万万元帮助国民党。……不论是十三万万也好，三十万万也好，甚而至于是三千万万也好，这总是帮助中国反动派屠杀中国人民的带着血腥的钱，中国人民一概反对。①

寥寥数笔揭露了马歇尔来华的真实目的。

中国人民要如何看待美援呢？乔冠华坚定地说：

① 乔冠华：《美国救得了命吗？》，《群众》香港版第1卷第45期，第3页，1947年12月4日。

我们是一定要胜利的；今天民主阵营中主要的危险不是过高地估计了中国人民的力量，过低估计美帝国主义的力量；而是过高估计了美帝国主义的力量，过低估计了中国人民的力量。不认识美帝援蒋的严重性，而掉以轻心是错误的；但承认美帝援蒋的严重性，而希望美帝国主义自动地回心转意，却是更加错误的。①

1948年2月中旬美国国务院向国会提出了经济援华法案，以15个月为期（到1949年6月30日为止）共计五亿七千万美元，其中五亿一千万用于购买粮食和工业物资，其余六千万用于少数特定工业项目及交通复兴。司徒雷登为这项法案的通过发表了《告中国人民书》（*A personal message to the people of China*），说明这项美援的目的是“保护”中国人民不受“极端反动分子”和“过激分子”的侵害。公开号召中国政府和其他各界“爱好自由”的知识分子起来战胜“极端分子”。②针对司徒雷登的《告中国人民书》，中共怎么可能不发声呢？乔冠华在1948年2月26日写了《休矣！司徒雷登》，他深刻地揭露道：

分明获得巨大的代价，却装着无代价的赠与，分明完全是军事援助，却说成是和军事无关。分明是在积极干涉，却居然有脸说要来“调停”。

美帝国主义是在付出这五亿七千万美元，蒋介石是在出卖了重大的国家主权之后才拿到这五亿七千万美元的。五亿七千万美元中，就有六千万是指定作为“复兴”粤汉铁路和上海电厂的；不用说这一来，这两大企业就完全卖掉了。

---

① 乔冠华：《美国救得了命吗？》，《群众》香港版第1卷第45期，第7页，1947年12月4日。

② 《The China White Paper August 1949》，p.985，p.986，p.987.

> 五亿七千万的美元，对于蒋介石说来它只是一枝定心的芦苇，它阻止不了中国人民解放军的怒潮，它动摇不了中国人民胜利的意志。值得惊奇的，倒是司徒雷登居然还有脸讲出这样的话。休矣，司徒雷登！[①]

乔冠华引用这些数据，充分表现中共政论家不是随口发论，而是尊重事实，他尖锐泼辣的文风，言辞在恢宏的气势中夹杂着诙谐幽默，明快而又活泼，读后不得不使人拍手称快，过目难忘。在20世纪三四十年代新闻舆论界，他收获了极高的声誉。毛泽东曾评价乔冠华的某篇国际述评文章可顶战场上的几个坦克师。[②]

三、学识渊博、文风泼辣的华岗

1903年华岗出生于浙江龙游县的农民家庭，在宁波中学读书时就结识了恽代英，1924年加入共青团，1925年加入中国共产党。抗战初期华岗就被任命为《新华日报》总编辑。由于抗战期间是中国新闻报刊大发展时期，华岗、胡乔木、王芸生以能写会道的出众才干被誉为中国新闻界的"三支笔"，而华岗列居首位。

与华岗共事的许涤新曾回忆：华岗个子矮小，口才伶俐，文章出手相当快。[③]另一位同事陆诒也评价说：华岗"坦率真诚、胆识过人"。[④]在1939年就结识了华岗的熊复（中宣部副部长，《红旗》杂志总编辑）夸赞华岗是"学问渊博、文思敏捷的学者"，讲起话来口若悬河、滔滔不绝，而写社论、评论来得快，"下笔千言、立等可待"。[⑤]对待同志和蔼可亲，平易近人，"从没有见过他有疾言厉色的时候"。"对待政治上的原则

---

① 乔冠华：《休矣！司徒雷登》，《群众》1948年第2卷第7期，1948年2月26日。
② 张容：《一言难尽乔冠华》，摘自《风云人物见闻录》，中国文联出版社1992年版。
③ 许涤新：《忆华岗同志》，《华岗纪念文集》，青岛出版社2003年版，第28页。
④ 许涤新：《忆华岗同志》，《华岗纪念文集》，青岛出版社2003年版，第28页。
⑤ 陆诒：《华老总的风范长存》，《华岗纪念文集》，青岛出版社2003年版，第39页。

问题却十分认真，从不苟同，也不轻易放弃自己的意见”。1948年派到香港做民主人士联络工作的范尧峰（后来任浙江省政协常委）回忆说：华岗操着一口浙东普通话，谈吐朴实、态度诚恳、毫无客套、平易近人。①

大约1948年3月华岗秘密从解放区到香港。②华岗刚到香港住在湾仔的一间小房，居室虽简陋，但面对维多利亚海湾，环境幽美安静。他参加了香港工委的工作，统战工作、文化工作以及工商业等方面的工作都要承担。华岗配戴一副眼镜、身着一套旧西装，友人曾友善地调侃他这身西装是香港街头见着的西装褶印最多的，但却丝毫不能掩住他的学者风度。他游走在民主党派和社会名流中，积极参加民主党派和学者名流的聚会。在沈钧儒的寓所里，华岗作过形势报告，聆听他侃侃而谈的就有郭沫若、马叙伦、马寅初等著名人士大约20人。在报告中，华岗以大量事实和缜密的分析，从解放区的大发展对比蒋管区经济衰退、政治没落，向民主人士雄辩地证明“蒋介石必败，解放区必胜”的道理。听过这个报告的古念良③后来还能清晰地回忆“满座人士聚精会神、屏息倾听的情境”，显示了华岗的才华和学识。更值得一提的是，1949年1月22日到达东北解放区的55位民主人士为了表示愿意接受中共领导，发表的著名声明《我们对时局的意见》，就是李济深请华岗帮忙起草的。④可见，在香港新政协运动中，华岗发挥了重要作用。

华岗曾经用过笔名有：华岗、华少峰、少峰、西园、华西园、袁西华、林石父、石父、石帆。在1948—1949年他为《群众》周刊撰写了19

---

① 范尧峰:《人间何处有知音，骥老尤存万里心》，《华岗纪念文集》，青岛出版社2003年版，第63页。

② 华滇珂:《遥望香江忆华岗》，《华岗纪念文集》，青岛出版社2003年版，第7页。

③ 古念良，中国当代经济学家。时任中共中央华南分局港澳工委的财政经济委员会委员、副书记、书记及工委候补委员等职务，并曾担任过香港《经济导报》总编辑，兼任香港建中财经专科夜校财政班主任，主讲财政学。由于工作的需要，在此期间，古念良以笔杆子为武器，用不同的笔名，为香港的报刊撰写大量经济文章。

④《华岗纪念文集》，青岛出版社2003年版，第121页。

篇专论文章（见附录 10）。

在三大战役进行期间，国民党政府在美国驻华大使司徒雷登的支持和策划下，发动了一场“和平攻势”，企图利用和平谈判手段，达到“划江而治”，以便争取时间伺机卷土重来。接下来，一场由桂系势力发起的“和平运动”喧嚣一时，一部分中等资产阶级和上层小资产阶级也满心期待，有的资产阶级右翼分子开始极力劝说中共“立即停下来”，已经破产的“中间路线”再次甚嚣尘上，他们希望在这场和谈中造成同国民党、共产党三分天下的局面，甚而建立区域性的地方政府划地自保。纷乱的局势给中共提出了严峻的问题：是继续打下去，将这场推翻国民党统治的革命战争进行下去呢？还是国共两党“划江而治”？香港各类报刊更是舆论纷纷。1949 年 3 月 10 日华岗在《群众》上发表了《论革命与和平》[①]。华岗对孙科所倡导的“国共两党对等地位的和平”，桂系势力所谓的“对等形势和平论”，进行深刻剖析和驳斥。华岗言辞尖锐地说：所谓一方控制了长江，一方控制了江南，“这是和谈最有利的条件”滥调，“南北分治的和平计划”也是痴心臆造。跑到台湾的陈立夫，更是装出一副可怜相说“同则相亲，异则相对，强不凌弱，众不凊寡，乃和平之真诲”。为什么国民党要“和谈”？“因为战争发展已经改变了力量对比，反动派在军事失败形势下，不得不在表面上取下‘戡乱’的口号挂上和平的招牌，借以争取喘息时间，企图重振军事力量，以便在适当时机卷土重来，实行反攻，这就是国民党政府‘以利备战’的内容，也就是最近和平声浪突然高涨的由来”。[②] 在揭露其“和平”实质的同时，华岗分析了中国共产党如何看待“和平”：“在一定的情况之下与对方进行和平谈判，缩短战争时间，取得和平易手，借以减轻人民痛苦并推进全国革命形势，确实有实现的基础”，如北平式的和平。我们“也有可能夺取并运用反革命方面图谋以‘和平’来打击革命的这种政治武器，

① 华岗：《论革命与和平》，《群众》1949 年第 3 卷第 11 期，第 5 页，1949 年 3 月 10 日。
② 华岗：《论革命与和平》，《群众》1949 年第 3 卷第 11 期，第 5 页，1949 年 3 月 10 日。

加以革命的改造反转去打中反革命的要害。”华岗借此说明了“一切真和平与假和平的斗争，正反映与体现着目前中国革命与反革命相互斗争的具体内容”。他向那些幻想“和平”、走“中间路线”的人们明确指出：和平问题已经“不是目前中国政治的根本问题”，当下中国政治的中心问题“乃是实现全国解放与否亦即革命彻底胜利与否的问题”。“和平依存于革命，而非革命依存于和平”。“中国真和平的实现与确保，只有在革命彻底胜利即把帝国主义封建势力、官僚资本统治根本推翻之后才有可能。”①

当时还有一部分人提醒共产党不要同国民党地方政府和军事集团进行和平谈判，说辛亥革命的失败缘由就在于南北议和。作为一个历史学者的华岗说：

> 要研究过去中国革命的失败经验，首先必须把那个革命的具体历史条件弄清楚，其次就要找出那个革命失败的真正原因是什么，再指出在当时历史条件之下是否还有挽救的可能与方法，最后再把当时的历史条件与现在的具体环境作比较，只有通过这样的过程所得出来的结论，才会有现实的教育意义。
>
> 抽去了具体条件的历史比拟，它本身就已失去历史原则和科学精神。②

他清楚地表达了马克思主义历史学家的史观和马克思主义史学的研究路向。

华岗逻辑严密、论证深入的专论，达到了宣传目的，即：否认国民党的执政地位，打消国民党企图以和谈维持划江而治的幻想。华岗围绕着八项和平条件，明确指出：“更清楚地厘定政治是非，把一切歪曲与无

---

① 华岗：《论革命与和平》，《群众》1949 年第 3 卷第 11 期，第 5 页，1949 年 3 月 10 日。
② 华岗：《论革命与和平》，《群众》1949 年第 3 卷第 11 期，第 7 页，1949 年 3 月 10 日。

理的反对意见给以严正的批驳与廓清"，"以便能够更广泛地动员人民力量为实现真正的和平民主而战斗"。

1948 年 10 月 21 日华岗为《联共党史简明教程》出版十周年在《群众》发表专论《理论的力量》，他指出："《联共党史简明教程》，它总结了俄国历次革命与苏联社会主义建设的经验与教训，把俄国历史与苏联历史上许多革命争论的问题，提到原则的理论高度，给以马列主义的科学解答。""就使苏联人民与共产党取得了新的强有力的理论武器，推进实践，争取新的胜利。"[①]"《联共党史简明教程》的出版彻底清算了各种理论战线上的混乱和错误，克服了在社会主义建设猛进途程中的'理论上不能容忍的落后性'，纠正了理论与实践的分离及哲学与政治的分离。"[②] 在这篇文章里，华岗逻辑性地解读了"什么是毛泽东思想"：

> 毛泽东思想是马克思主义中国化经过整风运动克服教条主义的积极成果，是创造性的马克思主义的一大发展，是马列主义的普遍真理与中国革命实际相结合之最好的模范。这个中国化的马列主义，即毛泽东思想，正在指导中国人民解放事业走向全国胜利。因此，中国共产党员与一切革命分子，应该特别注意学习研究毛泽东思想，因为这是参加与推动当前中国革命实践最直接的指导思想。[③]

1948 年毛泽东思想在中共的政治、军事、组织等各个方面得以顺利贯彻，向大众广泛宣传毛泽东思想的精髓和要旨，是党内知识分子的要务，华岗作出了积极贡献。

---

① 华岗：《理论的力量》，《群众》1948 年第 2 卷第 41 期，第 9 页，1948 年 10 月 20 日。
② 华岗：《理论的力量》，《群众》1948 年第 2 卷第 41 期，第 9 页，1948 年 10 月 20 日。
③ 华岗：《理论的力量》，《群众》1948 年第 2 卷第 41 期，第 12 页，1948 年 10 月 20 日。

仅半个月后，11 月 4 日华岗又撰写了《人类解放的新希望与历史发展的火车头》，华岗在文章中赞誉："十月革命的胜利与苏联的存在，这不仅使世界人民睁开了眼睛，看清了旧世界与新世界的鲜明对照，而且帮助他们找到了争取解放的正确道路与方法，改变了过去许多不正确的想法，提高了胜利的信心。这可以说是造成了世界范围而又空前深刻的思想革命，而这思想革命又转来推进革命实践大踏步前进。"[①] 这篇文章是纪念十月革命胜利三十一周年而作的，华岗诠释了"革命是历史的火车头"的史观。文章最后说：

> 十月革命灯塔的光明正在照耀着日益广阔的地面，在这个灯塔光照之下，一切依靠谣言、依靠欺骗、依靠中伤、依靠恐吓、依靠压迫、依靠剥削、依靠侵略、依靠外援，以及依靠原子弹神话的腐朽势力，必然失败；相反地，一切依靠真理、依靠正义、依靠团结、依靠民主、依靠劳动、依靠人民、依靠群众创造，以及依靠实事求是努力奋斗的前进势力，必然胜利，而且拥有光明的前途。[②]

他引用鲁迅在《且介亭杂文》中的一段话："先前旧社会的腐败，我是觉察到了的，我希望新的社会的起来，但不知道'新的'该是什么。而且也不知道'新的'起来之后，是否一定就好。待到十月革命后，我才知道这'新的'社会的创造者是无产阶级。——现在苏联的存在与成功，使我确切地相信无产阶级社会一定会出现，不但完全扫除了怀疑，

① 华岗：《人类解放的新希望与历史发展的火车头》，《群众》1948 年第 2 卷第 43 期，第 14 页，1948 年 11 月 4 日。

② 华岗：《人类解放的新希望与历史发展的火车头》，《群众》1948 年第 2 卷第 43 期，第 16 页，1948 年 11 月 4 日。

而且增加许多勇气了。”①

华岗写作这篇文章正值辽沈战役接近尾声，东北全境解放，淮海战役即将拉开帷幕，中国的军事形势达到了一个新的转折点，中国共产党已经在加速革命战争的胜利进程。查阅民国期刊数据库得知，这是中国共产党在官媒上首次对外纪念和宣传十月革命胜利伟大意义的理论文章。华岗代表马克思主义史学家对“十月革命”的赞誉，表达了在“革命史观”语境下对“革命”的解读。

1949 年 6 月 30 日毛泽东发表了《论人民民主专政》，这是中国共产党的建国理论准备中具有重大意义的纲领性文献。为了打消民主派、民主人士以及知识分子中走中间道路的幻想，毛泽东庄严指出：“总结我们的经验，集中到一点，就是工人阶级（经过共产党）领导的以工农联盟为基础的人民民主专政。这个专政必须和国际革命力量团结一致。这就是我们的公式，这就是我们的主要经验，这就是我们的主要纲领。”②

社会上有人提出疑惑：过去中国共产党主张建立民主联合政府，为什么又说建立人民民主专政？为了进一步宣传和传播中国共产党建国纲领性文献，1949 年 7 月 14 日华岗在《群众》周刊上发表了《从封建地主官僚资产阶级专政到人民民主专政》。③华岗论证说：

> 这两者只是一个东西的两面或者只是一个政府的两种说法。当我们说民主联合政府的时候，指的是这个政府并不是一个党与一个阶级包办的政府，而是各民主党派各人民团体各界民主人士国内少数民族和海外华侨在共同纲领基础上根据民主原则所组织

① 华岗：《人类解放的新希望与历史发展的火车头》，《群众》1948 年第 2 卷第 43 期，第 14 页，1948 年 11 月 4 日。

② 毛泽东：《论人民民主专政》（1949 年 6 月 30 日），《毛泽东选集》第 4 卷，人民出版社 1991 年版，第 1380 页。

③ 华岗：《从封建地主官僚资产阶级专政到人民民主专政》，《群众》1949 年第 3 卷第 29 期，第 4 页，1949 年 7 月 14 日。

起来的联合政府，亦即民主统一战线政府。当我们说人民民主专政的时候，指的是这个民主联合政府包含有两方面意义，即是说对人民内部的民主方面和对反动派的专政方面，而这两方面意义决非互不相容，而且必须结合起来，才能有效地战败敌人和建设成新民主中国。①

针对国民党阵营中一些面临失败心怀恐惧的人们，华岗详细地讲明了在专政方面“改造敌人的必要和意义”，“改造敌人的前提条件和主要方法”，“改造敌人和自我教育的区别与关联”等，尽可能把消极因素化为积极因素，使他们从彷徨中找到正确出路。华岗的论著表现出他对社会发展一般规律和中国历史发展特殊规律的自觉探寻，对构建马克思主义史学的学术体系作出了重要贡献。

四、解读新民主主义工商业政策的许涤新

许涤新原名许声闻，1906 年 10 月 25 日出身于广东揭西县棉湖镇一个贫寒的小学教员家庭。青年时代就接触到马克思主义，1925 年加入中国共产主义青年团，次年考入中山大学预科，在校组织社会科学研究会，从事革命活动。1928 年，许涤新就读于厦门大学，为寻找中共组织关系，1929 年他到上海，并考入国立劳动大学。这个时期他通读了英文版《资本论》3 卷，奠定了他的马克思主义政治经济学理论基础。1933 年，他加入中国共产党，被任命为社联党团书记。次年，出任中共的文化工作委员会委员、文总组织部部长。他开始在影响比较大的《东方杂志》和《新中华》等刊物上发表文章，发表自己对中国经济和国际问题方面的见解，直抒自己的政治观点。1935 年 2 月因叛徒告密，许涤新被国民党当局逮捕，关进苏州陆军监狱。在狱中，他英勇不屈，为了重温过去

① 华岗：《从封建地主官僚资产阶级专政到人民民主专政》，《群众》1949 年第 3 卷第 29 期，第 4 页，1949 年 7 月 14 日。

读过的河上肇的《新经济学大纲》，他自学日语。《新经济学大纲》大体上是依照马克思《资本论》，以马克思主义的唯物辩证法，按照经济发展的过程、按照由单纯到复杂由抽象到具体、按理论的与历史的发展程序等来叙述的资本主义社会的生产关系以及矛盾。河上肇（1879—1946）是日本著名的经济学家和哲学家。1902年毕业于东京帝国大学，1908—1928年任京都帝国大学讲师、教授。1932年加入日本共产党。1933年1月被捕，1937年狱后隐退于书斋。早年信奉儒教的伦理主义，主张社会改良，20世纪20年代他转向马克思主义。河上肇所著的《资本论入门》《马克思主义的哲学基础》等书，阐发马克思主义政治经济学的基本原理和唯物辩证法，他强调“辩证法与唯物论的不可分性”，认为辩证法就是唯物地把握事物，辩证法的本质就在于对事物的全面观察以及达到对立面统一的认识等。河上肇对日本青年以及中国留日学生都产生了很大影响，被誉为“红色教授”。[①]这位“红色教授”开启了许涤新的学术之路，为许涤新一生致力于创建中国马克思主义政治经济学体系染上了学术底色。

八一三淞沪抗战开始，国民党被迫无条件释放政治犯，许涤新获得自由。随即被中共派到武汉参与创办《群众》周刊和《新华日报》，并出任《群众》副主编。不久，他担任中共中央南方局宣传部秘书、经济组组长，负责开展抗日统一战线工作。在武汉和重庆期间他针对当时的形势，在《新华日报》和《群众》周刊上发表了论文约190篇（不包括社论）。抗战后期，在新华日报的《经济瞭望》专栏上每半月撰写一篇经济述评。1944—1946年他先后写成《中国经济的道路》《现代中国经济教程》，并陆续出版，这两本书成为当时研究中国经济的重要著作。1946年夏，他随中共代表团到上海，任中共上海工作委员会财经委员会负责人。这年的11月初，他被派往香港，任中共香港工作委员会委员、

① 金炳华等：《哲学大辞典》上册，上海辞书出版社2001年版，第520页。

财经委员会书记、《群众》周刊编委，化名许瀚生。

为了专门为香港工商界宣传中共民族工商业政策，许涤新着手创办《经济导报》，许涤新要求刊物要向香港的工商业人士交朋友，要经常征求他们的意见，反映他们所关心的问题；还要与章乃器、千家驹、杨培新、狄超白等这些经济学家交朋友；另外还要在经济记者中交朋友，建立“经济记者联谊会”，《华商报》《华侨日报》和《工商日报》等记者都成了联谊会成员，便于交流国内外经济情况。①

为了在全国胜利后能有效地进行国民经济恢复工作，1948 年 6 月 11 日周恩来和董必武致电许涤新询问中共在上海、香港两地的经济研究机关及工作状况，并做出指示：

> 我们需要全国资源、银行、工厂、矿产、交通、贸易、农林畜牧及财经收支、官僚资本活动等等有系统的调查统计材料。②

许涤新随即安排专门人员搜集整理经济情报，中共香港分局财经委“建华经济通讯社”开始对港、穗、沪三地的经济资料进行收集和研究。

曾任中国致公党中央委员会主席的黄鼎呈有过回忆，1948 年秋的一天许涤新对他讲：“一是开展统战工作，扩大党的影响，宣传党在解放区的新民主主义政策。二是收集国民党四大家族的情报。当前‘官僚资本’南逃，我们要特别注意他们的动向，还要收集这方面的资料。”③ 许涤新极力挽留黄鼎臣，希望这个时候黄能留在香港为中共的统战工作出力。为了对香港以及海外的爱国工商界人士开展爱国民主统一战线工作，他组织了“香港工商俱乐部”，更好地组织、联络、团结和动员香港工商界人士。“香港工商俱乐部”，每周开一次座谈会，介绍解放区工商业政策

① 许涤新：《风狂霜峭录》，生活 · 读书 · 新知三联书店 1989 年版，第 351—354 页。

②《周恩来年谱（1898—1949）》（下），中央文献出版社 2007 年版，第 795 页。

③ 薛暮桥：《傲霜集》，中国展望出版社 1989 年版，第 64 页。

并回答他们提出的问题，座谈后轮流作庄聚餐。[①] 参加的有：马寅初、黄炎培、王宽诚、沙千里、费彝民等。

许涤新为了做好对国民党政府以及国统区经济情报的搜集、分析和研究，他组织筹办一个资料室，对外称经济研究，实际是调查国民党在上海、华南一带的财经的机构。1949 年中共着手城市的接管工作，亟须大量懂经济、懂金融的人手，这个经济研究资料室起到了培养财经干部的重要作用。而培养这些专业人员的另外一个途径，还有许涤新着手创办的建中专科夜校，它招收从事经济工作的青年，其中不少是倾向共产党的青年，特别是达德学院的学生。[②]

1947—1949 年，许涤新为《群众》周刊撰写了 39 篇文章（见附录 12）。

随着 1948 年中国共产党推行的民族工商业政策和土改的深入，民族资本家心里有了疑虑和恐惧，害怕共产党在中国实行所谓“共产”“共妻”，害怕财产被没收，像土改斗地主那样被斗争。同时，又怀疑共产党力量薄弱，不是美国支持下的国民党蒋介石的对手，顾虑中共政策多变等等。因此，他们对共产党怀有某些成见或保留。造成恐惧心理主要有三方面的原因：一是由于民族资产阶级害怕工人阶级当家作主，危及自身的经济利益；二是由于国民党的新闻封锁，以及国统区长期反共宣传的影响，中国共产党的各项政治主张和方针政策以及解放区的真实情况，得不到广泛传播；三是由于中国共产党土地改革发生了“左”的偏向。

这时，中国共产党也清楚地认识到，必须致力于新民主主义工商业政策宣传教育，才能拉近他们，减少他们对中共的疑惧。[③] 为了打消工商

① 薛暮桥：《傲霜集》，中国展望出版社 1989 年版，第 80 页。
② 薛暮桥：《傲霜集》，中国展望出版社 1989 年版，第 81 页。
③《中共中央香港文件汇集》（1947.5—1949.3），中央档案馆、广东省档案馆，第 371—372 页。

业者的疑虑，中国共产党通过各种渠道扩大宣传。作为《群众》周刊的编委，许涤新集中撰写的几篇文章都是涉及城市接管工作以及对工商业者说服和解释，如：《论城市的经济改造》《论城市的社会改造》《民族工商业家的出路在哪里》《关于华北贸易》，体现了许涤新对中国共产党的工商业政策、城市政策作出的深刻思考。

1948 年 8 月 19 日许涤新在《群众》上发表专论《论城市的社会改革》，敏锐地指出：

在解放战争的第二年中，人民解放军收复和解放了一百六十四座城市，这些城市都具有军事、政治及经济的重要性。铁一般的事实，将不断地昭示我们：新民主主义的革命，不但要彻底解放中国的广大农村，而且亦要解放中国全国的城市！在这个中国的情形之下，城市工作的重要性是一天比一天提高起来了。①

许涤新分析中国城市的社会经济特性以及中小资产阶级经营状况：

中国的城市是一个复杂性的统一体。在比较旧式的中小城市中，有着中小工商业者、工人劳动者和在乡间握有田地的地主士绅，在“现代化”的大都市中，有着帝国主义、官僚资产阶级和大地主，同时，亦有中等的自由资产阶级、小资产阶级和无产阶级劳动人民。在南京蒋朝统治下，是被压迫的、被摧残的。和帝国主义国民党的官僚资本相反，他们所经营的正当业务，是有益于人民的，是为整个国民经济所必须的。国民经济需要他们增加生产，供应各种生活资料和生产资料，国民经济需要他们及时的

① 许涤新：《论城市的社会改造》，《群众》1948 年第 2 卷第 32 期，第 5 页，1948 年 8 月 19 日。

运转各种物资，使其解决各方面需要。①

基于此，许涤新明确指出：城市社会改革区别于农村土地改革，城市中的社会改革的任务和方法要慎重，他特别强调："我们断不能把那些有益于人民和国民经济的民族工商业者，当成农村中的地主富农，亦不能把他们当成国民党的官僚资本阶级。"对民族资产阶级"我们的任务不是革命而是联合和改良"。对面临的问题，许涤新直言不讳地说：

> 在内地和香港，我们工商业的同胞对解放区的城市社会改革都还存在一些疑虑。这些疑虑可分为三点。第一，他们担心解放军把农村土地改革引入城市，用在工商企业身上；第二，他们担心解放以后，工人们会压迫企业主；第三，他们担心一旦新民主主义政府建立，它对私营企业不利。②

为此，他向公共舆论再次重申和强调："保护民族资产阶级的工商业，对民族资产阶级采取联合和改良的态度，乃是新民主主义革命和当前历史阶段总路线和总政策所得出来的结论。"他进一步驳斥一些攻击中国共产党新民主主义总路线的反共舆论，严正地指出：保护民族工商业"绝对不是一种断章取义或临时应付的'外交辞令'。"③

如何看待商人的剥削呢？许涤新借用任弼时的话来解释：商人当然有剥削，商人的商业行为本身不生产任何价值，他们或者分享资本家一部分利润，或者直接对生产者消费，实行剥削。我们不是要去破坏商业，

① 许涤新：《论城市的社会改造》，《群众》1948年第2卷第32期，第5页，1948年8月19日。

② 许涤新：《论城市的社会改造》，《群众》1948年第2卷第32期，第7页，1948年8月19日。

③ 许涤新：《论城市的社会改造》，《群众》1948年第2卷第32期，第5页，1948年8月19日。

而是去领导商业。要能掌握整个商业的发展，要商人为我所用，而不要我们为商人而用。那些小商小贩大部分是清苦的，他们的生活也相当于贫农中农或富裕中农，更不应该去打击他们。从长期发展的角度看，“民间的私人工商业只要在国家经济领导之下，进行对整个国民经济有利的业务，它就能够发展”。他甚至提出愿景：“自由资产阶级和小资产阶级在新民主主义国家中获得其巨大发展。”①

为了打消内地和香港的工商业者的疑惑和恐惧心理，两个月后，许涤新又撰写了《民族工商业家的出路在哪里》，他指出：“有一些还在怀疑解放区之保护民族工商业，他们最不放心的是农村的土地改革的办法会引用到城市来。这分明是误解的。在农村，土地改革亦不是没条件执行的。新解放区的土改，除了在长期受解放区包围而且有分配土地的充分条件的地方以外，一般应先实行减租减息和合理负担政策。对于城市中的社会改革，对于民族工商业家的态度，显然是不能与农村中的土改混为一谈的。”② 新民主主义的政府是断不会把土地改革的办法搬到城市来的。对那些还在怀疑“解放区对于私有财产的尊重”的人士，他引用《文汇报》10 月 3 日的一条消息，当解放军占领济南的第五天，有一位商人带了十万金圆券要离开城市，逃亡蒋管区，解放军挽留他，对他说留在济南仍然可以继续经商。但这位商人顾虑重重，坚持要离开。他的十万金圆券解放军分文未动。但是，这个商人去往蒋管区路途上，经过每一个关卡每一次检查都得“孝敬”国民党守军数千元，等商人走到徐州，已身无分文。许涤新用这个事例说明究竟谁才是工商业者的“福音”。至于那些仍对私有财产将来也免不了要被中共“共产”的怀疑情绪，许涤新作耐心地解释：

① 许涤新：《论城市的社会改造》，《群众》1948 年第 2 卷第 32 期，第 8 页，1948 年 8 月 19 日。

② 许涤新：《民族工商业家的出路在哪里》，《群众》1948 年第 2 卷第 42 期，第 10 页，1948 年 10 月 28 日。

> 我们绝不讳言中国将来要走进社会主义，要走进共产主义的社会。但这是将来之事，而且必须经过一个发展私人资本的期间。在这个期间中，私人资本因为土改与正确经济政策的执行，有着空前的巨大的发展。更因为公私合营与劳资合作之故，这些私人企业可以逐渐发展成为具有合作性质的集体企业。这么一来，中国便可和平地转向社会主义了。这对于私人资本有什么不好呢？①
>
> 摆在民族工商业和商人们眼前的，乃是灭亡与生存的斗争。在蒋朝的统治下，工商业是没有不关门大吉的；奉行蒋朝的政策，工商业家是没有不倾家荡产的。奉行民主政府的政策，工商业家是没有不欣欣向荣的，黑暗与光明，死灭与发展，道路是划分得再明白也没有了的。我们希望蒋区甚至香港的工商业家，放开眼睛，看看现实，下着决心，走向有利于国家民族和自己的道路吧！②

1948 年 9 月 15 日张闻天为中共中央东北局起草了《关于东北经济构成及经济建设基本方针的提纲》，指出“东北解放区基本由五种经济成分所构成，这就是国营经济、合作社经济、国家资本主义经济、私人资本主义经济、小商品经济”，“正确地认识这五种经济的性质、地位、发展方向及其相互关系，才能在经济战线上把握正确的路线，实现无产阶级对于社会经济建设的正确领导。”③

---

① 许涤新：《民族工商业家的出路在哪里》，《群众》1948 年第 2 卷第 42 期，第 10 页，1948 年 10 月 28 日。

② 许涤新：《民族工商业家的出路在哪里》，《群众》1948 年第 2 卷第 42 期，第 10 页，1948 年 10 月 28 日。

③《关于东北经济构成及经济建设基本方针的提纲》，《建党以来重要文献选编》（1921—1949）第 25 册，中央文献出版社 2011 年版，第 479 页。

1949年3月中共七届二中全会召开，会议决议正式指出：从现在起，开始了由城市到乡村并由城市领导乡村的时期。党的工作重心由乡村移到城市。作为马克思主义经济学家，许涤新对城市工作和城市政策作出了开拓性的理论贡献，同时，对中国共产党的民族工商业政策作了精辟解读。

1947年至1949年在香港的两年时间里许涤新完成了《广义政治经济学》第一、二两卷。1949年2月10日许涤新撰写了《关于官僚资本的逃遁与变形》，1947年7月许涤新的研究专辑《官僚资本论》已由海燕出版社出版，他归纳了官僚资本的几种类型：第一，完全属于他们自己的官僚资本；第二，被他们所把持操纵的国家资本，如国家银行或国营工矿贸易公司；第三，与国家资本结合的官僚资本；第四，与民族资产阶级结合的官僚资本；第五，与国家资本民族资产阶级结合的官僚资本；第六，直接与外国资本结合的官僚资本。这两本书对抨击国民党政府的统治、宣传中国共产党的新民主主义经济政策起了重要作用。

根据他自己回忆说：《广义政治经济学》第二卷的最后一章，是奉命从香港调回北京在轮船上完成写作的。紧接着他又投入城市接管工作，直至建国后许涤新才继续写作，完成了这部专著的研究。

五、深刻剖析知识分子问题的胡绳

2000年11月5日8时10分胡绳在上海逝世，享年82岁。中共中央对他的一生作出了高度评价，《人民日报》评论道：胡绳是“中国共产党的优秀党员，久经考验的忠诚的共产主义战士，无产阶级革命家，著名的马克思主义理论家，历史学家”，“胡绳一生的研究和写作，总是注重与时代的需要、人民的需要相结合，因而能够随着时代的步伐不断前进。他酷爱读书，手不释卷，但又注重理论联系实际，坚持解放思想，实事求是，独立思考，有所创新。他的作品以言之有物、分析细致、逻辑严密、说理透彻而著称。”①

---

①《人民日报》2000年11月6日。

1944 年 3 月胡绳赴香港，一直待到 1948 年 10 月。他回忆说："这段时间在中国大地上发生了翻天覆地、惊心动魄的变化。革命胜利的形势排山倒海地到来，使人有应接不暇之感。"[①] 为了让民众认清国民党蒋介石独裁统治的真面目，坚定地跟中国共产党走民主共和的道路，胡绳在这个时期写了相当多的时政评论。胡绳说："写的数量大，当然是面临这千年不遇的变化，但也是和身处香港有关。"[②]

笔者统计 1947—1949 年胡绳以沈友谷为笔名在《群众》周刊香港版上发表的文章共 14 篇（见附录 11）。在这 14 篇文章有关于知识分子的专论有两篇，即《新中国知识分子的典型》《关于知识分子问题》。

《新中国知识分子的典型》是 1947 年 7 月 17 日胡绳以沈友谷为笔名在《群众》发表的，以纪念邹韬奋、陶行知、闻一多、李公朴。他首先从传统社会意义上对"知识分子"即"文人"进行了解释："'文人'在中国一般地常能受到社会的尊敬，但同时也常成为被社会所讽刺的对象。"受尊敬的原因是在传统的中国社会经济条件下，并不是很多人都能有识字读书、提高文化知识的机会。但是，在传统中国政治条件下，文人总是自处于给统治者帮忙或帮闲的地位，做官是文人的最高出路，纵然不做官，也得仰仗君王而生存，对上歌功颂德，对下狐假虎威。这就是文人遭到劳动人民讽刺的原因所在。[③] 胡绳因此得出结论在封建专制时代知识分子与劳动大众是敌对的，如在明末农民战争中，几乎凡是读书的儒生都要被反叛的农民所杀。

到了近代，由于中国社会的政治经济条件发生巨大变化，知识分子地位不稳定，受教育仍旧是一般人不易得到的机会，而其中更只有少数能"出洋留学"，"镀金"过的学者们可以以独特身份取得统治者的垂

---

①《香港杂忆》，《胡绳全书》第 7 卷，人民出版社 2003 年版，第 190 页。

②《笔耕丰歉说当年》，《胡绳全书》第 7 卷，人民出版社 2003 年版，第 170 页。

③ 沈友谷：《新中国知识分子的典型》，《群众》1947 年第 1 卷第 25 期，第 10 页，1947 年 7 月 17 日。

青，作“智囊团”。胡绳将中国知识分子分成两个对立的两个群体：一群是“豪门的鹰犬”；而另一群是“断然和统治者隔断关系而勇敢地走向和人民相结合的道路。”邹韬奋、陶行知、闻一多、李公朴这四位典范用他们的生与死“大声宣说了一个真理”，那就是：“文人知识分子只有站在人民大众的队伍中，你才不会觉得自己是孤独、软弱，恰恰相反，你就会觉得自己保有着最强的和无穷无尽的力量，才敢于和专制暴君正面相对。”①

“李闻案”证明了国民党不光要对付共产党，还要对付民主人士，事件发生后立即引起社会各界以及国内外舆论的强烈反应，它对中国自由主义知识分子政治立场的转变有着重要作用。胡绳以此事件为例，对那些在大时代面前还游离不定的知识分子，还想走旧式道路的知识分子，提出一个问题：要彻底打破旧传统的道路，走回人民大众中，走向新的前途，不是一件容易的事，首先会遭到旧势力的打击被视为“异端”，更会被反动统治势力目为叛徒。传统的遗毒，旧思想的熏染都会使一个知识分子犹豫不决，踌躇不前。他举例说明：邹韬奋是从教会大学出来的；闻一多有深厚的旧文学造诣，同时也受到美国的高等教育；陶行知、李公朴都受过美国高等教育，由于他们“顽强地对抗一切外来的威逼利诱”，才达到他们的成就。从不关心政治，一心向学、不问世事的自由主义知识分子，后来都投身政治运动，思想日趋激进，胡绳称颂他们是知识分子的楷模。

知识分子怎样获得新生呢？胡绳指出两点：一是必须粉碎专制统治者的法统观念而建立人民大众的民主主义的爱国主义；二是冲破资产阶级个人主义自由主义限制而走向人民大众的集体主义。

这一年的11月1日，他还以“沈友谷”为笔名，在《正报》上发表了文章《知识分子和农民相结合的道路》。晚年的胡绳曾回忆自己在香港

① 沈友谷：《新中国知识分子的典型》，《群众》香港版第1卷第25期，第11页，1947年7月17日。

的这段岁月时说过一段话：当时周恩来提醒在香港有的文章写过头了。[①]这番话应该是胡绳对自己年轻时代文风的反思，表现他的坦诚。依循这种坦诚和反思，胡绳认识到反对第三条道路在中国历来就是一个很重要的问题。第三条道路要反对，还要承认有第三种人。在这个问题上的确很容易犯“左”的毛病。[②]后来的胡绳强调写批评文章要心平气和，而不要盛气凌人，“有理不在言高”（金冲及语）。[③]

一年后，中国的军事、政治和经济形势发生了更加有利于中国共产党而不利于国民党统治的重大变化。在这个大转变时期，中国的知识分子面临抉择。1947年12月25—28日中共中央在陕北米脂县杨家沟召开扩大会议，毛泽东在会上作了《目前的形势和我们的任务》，系统阐明了中共在新民主主义革命时期的总路线。表明在中国共产党领导下要组成最广泛的民族统一战线，成立民主联合政府。毛泽东特别强调对农村的中农和城市的中等资产阶级和上层小资产阶级应注意团结和保护，不要侵犯他们的利益。从1948年初起中共制定了一系列关于城市工作的路线、方针和政策，要求必须避免中小工商业者和一般知识分子采取任何冒险政策。1948年1月14日中共中央《关于对中间派应采积极争取与合作态度给叶剑英、李维汉等的指示》[④]，1948年6月20日中共中央宣传部发布了《关于对中原新解放区知识分子方针的指示》，针对中原广大知识分子对中共抱有同情态度，其中有很多人要求到解放区来工作，中央指示中原局要尽可能创办军政学校，同时还要采取组织宣传队、剧团、随军工作队，以及财政、税收、司法、会计、医药、通信、新闻等各种短期训练班，大量吸收决心参加革命工作的知识分子。可以组织一部分热心的教职员和学生到华北来参观解放区的建设

① 胡绳：《回忆与随笔》，《胡绳全书》第7卷，人民出版社2003年版，第170页。
② 胡绳：《回忆与随笔》，《胡绳全书》第7卷，人民出版社2003年版，第171页。
③ 金冲及：《一本书的历史》，中央文献出版社2014年版，第266页。
④《建党以来重要文献选编》第25册，中央文献出版社2011年版，第36页。

情况。[①]

1948 年 7 月 3 日中央批转陈克寒《关于新区宣传工作与争取青年知识分子致新华总社电》[②]，陈克寒[③]在给中央的报告中，指出知识青年对中共抱观望态度，主要的缘由：一是怕算旧账，因为中学以上的学生参加过国民党和三青团；二是怕红了后，站不住脚；三是不满中共过左的做法，使得有些知识青年原来想来解放区，也不敢来了。有些地方故意提出过高过左的条件，吓唬知识青年，不想他们来解放区，怕吸收和改造他们带来麻烦。[④]中央要求各局、各分局、各前委：争取和改造知识分子是我党重大任务，为此，要办抗大式的训练班，逐批地对已有知识青年施以短期的政治教育，要大规模地办争取大多数知识分子都受到一次这样的训练。训练后，因材施教，派往各种工作岗位，再在实际工作中去锻炼。

一时间知识分子问题成为社会的热点话题，1948 年 4 月 25 日清华大学学生自治会学艺部专门主办了“论知识分子座谈会”，《展望》周刊就“论知识分子座谈会”的相关情况进行了报道。[⑤]第一次座谈会有费孝通、袁翰青、张东荪、吴晗参与，分别就六个问题进行座谈，内容包括：（一）知识分子包括哪些人；（二）知识分子的社会地位与其他阶层比较；（三）知识分子在文化上的贡献（过去的与现在的）；（四）知识分子的

---

①《建党以来重要文献选编》第 25 册，中央文献出版社 2011 年版，第 348 页。

②《中共中央批转陈克寒关于新区宣传工作与争取青年知识分子致新华总社电》（1948 年 7 月 3 日），《中国共产党宣传工作文献选编》（1937—1949），学习出版社 1996 年版，第 730 页。

③ 陈克寒，浙江慈溪人。1934 年参加左联，同年加入中国共产党。曾任晋东南《新华日报》（华北版）社长兼总编辑、中共中央中原局宣传部副部长、新华通讯社社长兼副总编辑。新中国成立后，历任新华社社长，中共中央宣传部处长，出版总署副署长，文化部副部长，中共北京市委书记处书记。

④《中央批转陈克寒关于新区宣传工作与争取青年知识分子致新华总社电》，《中共中央文件选集》第 17 册，中共中央党校出版社 1992 年版，第 225 页。

⑤《展望》1948 年第 2 卷第 3 期。

历史任务；（五）现代知识分子应该有怎样的生活态度；（六）知识分子的出路。①

刊发的文章有：张东荪《告知知识分子》和《论知识分子》（《展望》2卷4期）、纯青《知识分子的时代使命》（《中国建设》6卷3期）、翦伯赞《揭穿蒋府文化撤退的阴谋》（《华商报》6月21日）、袁翰青《知识分子的生活态度》（《展望》2卷3期）、孟起《知识分子在考验中》（《时与文》3卷1期）、陈仁炳《论知识分子的天真》（《展望》2卷5期）、费孝通《知识分子的社会地位》（《展望》2卷3期）

正当舆论热议"知识分子问题"之时，1948年7月22日的《群众》发表了胡绳的《关于知识分子问题》的文章。胡绳首先解释了这个时候来谈论"知识分子"问题的三个缘由：一是由于司徒雷登发表的一个讲话；二是中国即将迎来一个空前的大转变，"人们翻身的新时代已经涌起在地平线"，而这个时代，张东荪所说"近几个月来平津宁沪"的知识分子在蒋管区的却疑惑不安起来；②三是那些甘心为美帝国主义当差的究竟只是知识分子中极少数部分，在历史的大变动时代，不是所有的知识分子都感到恐慌，反而是"要举双手欢迎"这个时代。③

接着胡绳从四个方面论述当前知识分子问题：第一，"恐慌"由何而来；第二，知识分子的阶级性及"思想问题"；第三，为人民服务；第四，学习、学习、再学习。

知识分子有什么理由要恐慌呢？胡绳引用纯青在《知识分子的时代使命》的一段话："确有知识分子在怀疑和恐怖着有一天将失去自由或被清算掉"④，进一步作出分析道：因为国统区有人散布谣言，说"共产党

---

①《展望》1948年第2卷第3期。

② 张东荪：《告知识分子》，《观察》第2卷第4期。

③ 胡绳：《关于知识分子问题》，《群众》1948年第2卷第28期，第11页，1948年7月22日。

④ 纯青：《知识分子的时代使命》，《中国建设》第6卷第3期。

只要农民工人，不要知识分子，只要土地工厂，不要文化学术，只要游击队，不要工程师。”“甚至说共产党只要古典的文化遗产和近代的科学知识；只要向人民学习就够了。”“冷静地想一下，就知道这只是拙劣的谎话。这类谎话是以中上层知识分子为欺骗对象。”从“阶级性和‘思想问题’”出发，胡绳进一步分析了“知识分子恐慌”的根源。他说，如果认为知识分子不是工人，不是农民，不是直接从事生产劳动的阶级，而是多半出身于地主阶级、资产阶级、小资产阶级，因此在人民大翻身时，就要被清算，这是错误的。中共中央关于土改中如何划分阶级，其中特别提到知识分子。可见，知识分子不能被看作一种阶级，知识分子的阶级出身应该以家庭成分决定，本人的成分应该依照本人生活来源的方法决定。知识分子在他们从事非剥削别人的工作，如当教员、当编辑、当新闻记者、事务员、作家等职业，是脑力劳动者，应该受到民主政府的保护。胡绳点明了中共关于知识分子政策的要旨：它科学地说明了知识分子的社会地位及其在新民主主义新中国所将取得的待遇。如果一个知识分子的本人或其家庭是属于地主阶级，那么，其本人或其家庭的封建剥削的生活当然要按照土地法的规定被“清算”，但这不是“清算知识分子”，更不妨害这个知识分子继续以其知识来“为民主政府服务”，为人民服务。①

1949年以前，为国民党政权和国民党统治服务的中国近代史研究是主流意识形态，代表作是蒋廷黻的《中国近代史》。1947年胡绳在香港出版的《帝国主义与中国政治》，他阐述道：只有彻底从帝国主义的统治和压迫下解放出来，只有彻底地打倒作为帝国主义工具的中国反动统治阶级，中国才能有真正的国家的统一、人民的民主和民族经济的发展，才能警惕帝国主义用这样或那样的方式来破坏人民的革命，中国的民族独立只有依靠无产阶级的领导而不能依靠资产阶级的领导来实现。作为

① 胡绳：《关于知识分子问题》，《群众》1948年第2卷第28期，第12页，1948年7月22日。

中国共产党党内的一名学者，胡绳“以马克思主义作指导观察、研究中国近代史，在那时的时代条件下，这样的观察和研究对于挑战那时的主流意识形态，起了很重要的作用。”①

1948年10月胡绳离开香港到华北解放区，目的地是中央机关所在地河北平山，回程路途在香港搭船到朝鲜半岛南部的仁川港，再搭船到大连。由于国民党兵船的阻扰，胡绳被迫在仁川港待了一个月，才终于找到一艘商人报关到天津实际上是去大连的机帆船，乘上这个船到了大连。接着再坐小快艇渡海到达山东成山。为了不被国民党巡海军舰发现，他们乘着大风浪天，乘小快艇渡海，一起的还有连贯、翦伯赞、宦乡，经过一夜乘风破浪，他们到达山东半岛上的一个荒滩，再改乘汽车，驰骋在山东解放区的田野上。在这段曲折、辛劳而更是充满希望的旅途中，在仁川等待的一个月里，胡绳即兴写下了这首诗，表达对艰险岁月的难忘与对美好未来的憧憬：

南北纷纷树捷旗，
乘风万里到天涯。
灯前蓦对娟娟影，
酒畔难禁漠漠思。
辛苦十年忍泪说，
宽容两字胜鞭笞。
不须回首长堤柳，
郑重明朝又别时。②

① 张海鹏：《东厂论史录：中国近代史研究的评论与思考》，广东人民出版社2005年版，第49页。

② 胡绳：《即事——1948年11月》，《胡绳全书》第七卷，人民出版社2003年版，第568页。

六、办刊能手章汉夫

章汉夫，原名谢启泰，1905 年 10 月 24 日生于江苏省武进县。他天资聪颖，早年进入清华学校留美预备班，1926 年官费赴美留学，1927 年加入美国共产党，任中国局小组书记（后转为中共党员）。1928 年 7 月，受美国共产党派遣去苏联中国共产主义劳动大学学习，学名史东。这时期他先后在少共国际第五次大会、赤色职工国际第六次代表大会、太平洋职工大会秘书处任中国代表团译员，后任共产国际东方部研究员。1931 年 1 月回国，在香港从事地下工作，任中共广东省委宣传部部长，对外使用他的原名谢启泰。这年 12 月章汉夫在香港被捕，经父亲多方疏通营救，被押送出境。后来他历尽艰辛在上海与地下党接上组织关系，任中共中央宣传部干事、中共江苏省委书记等职。1933 年 5 月在上海再度被捕，父亲设法请邵力子救援，才被解往苏州反省院。父亲花了几十两黄金把他保出来，他却不顾家人劝告，于 1935 年到上海与党在上海的文化工作委员会负责人周扬、夏衍取得联系，为扩大文化学术界的统一战线奔波。

抗战时期，作为中国共产党的办刊能手，章汉夫主要从事创办《新华日报》和《群众》周刊，转战南京、武汉、重庆，历任《新华日报》的新闻编辑部主任、副总编辑、总编辑。他亲自撰写社论、专论，还亲自审阅批改文稿。抗战胜利后，章汉夫于 1946 年 5 月去上海筹办《新华日报》和《群众》周刊，出任主编，1947 年 1 月 30 日，他以章翰为名，负责出版了《群众》周刊香港版。①

当时一家报纸以《中共的老党员潘梓年、章汉夫》为题②，写道："潘梓年是共产党机关报《新华日报》的社长，章汉夫是新华日报的总编辑，二公都是共产党老党员，目前在共产党中，他们都占了很重要的地位。

---

①《章汉夫传略》，《武进文史资料》第 9 辑，1987 年 10 月出版。《常州市志》第 3 册，第 1025 页。

②《文饭》1946 年 12 月。

但很多人不知道，他们原都是大地主之子，且都曾留学美国。"这篇文章生动地描述了章汉夫的举止言行特征，说他："生得矮小，是不修边幅的人，一脸都是胡子，拿一个手杖，常常一人在街头晃来晃去，或到求精中学找外国朋友，这家伙会讲也会写，曾有人和他谈话五小时，五小时都是章汉夫一个人在讲话，像流水一样，一刻不停，对方无法插入一句话。而且深受他的感动。"[①]

从1947年1月30日到1949年10月共两年9个月的时间里，《群众》每周定期出版，章汉夫要负责参加每期的编辑会议外，还经常要在卷首写评论。每期付印的当天晚上，他都要去印刷厂看清样，从不间断。难怪1947年3月一家报纸上称潘梓年和章汉夫是"中共的一对宝贝"。[②]他的的确确配得上称得上这个赞扬。

夏衍写过文章回忆章汉夫，说1935年秋到1937年9月全面抗战时，章汉夫"日以继夜，笔不停挥，在《读书生活》《世界知识》《自修大学》《生活星期刊》等刊物上写了大量的国际述评和政论。他的文章发表时用过许多笔名，'汉夫'只是他的笔名之一。"1936年初有人写文章也用汉夫署名，他开始在这个笔名前加了姓"章"，这就开始在党内外通行。[③]许涤新回忆说：章汉夫"在香港发表大量文字，阐述革命形势，宣传党的方针；根据党的方针政策和指示，对当时聚集在香港的民主党派和爱国人士，积极进行统战工作，争取他们拥护党的重开新政协的'八一宣言'。"[④]还有人回忆他："为学、做人、任事也过于常人。他富于科学人文知识，通经济，知外务，了解中国历史和国情，民主而善断，严格而近宽，认真而任闲，能辨而守纳，加之精通英俄二语，笔头又快……这样

① 《文饭》1946年12月。
② 《春海》1947年第3期。
③ 夏衍：《章汉夫文集代序》，《章汉夫文集》，江苏人民出版社1987年版，第2页。
④ 许涤新：《最艰难处显奇才》，《章汉夫文集》，江苏人民出版社1987年版，第10页。

的才干还是少亦。”①

章汉夫在1947—1949年为《群众》周刊香港版写作了19篇专论（见附录7），内容主要包括这几个方面：一是对国民党统治的抨击；二是对中国共产党统一战线政策的解释；三是对多党合作政治协商制度的解释。

在《看看蒋介石的后方》一文中，针对美国扶蒋反共以及蒋介石独裁统治，章汉夫直击国统区民生现状：

> 一年多来，蒋介石政府的卖国内战独裁政策，签订了中美商约一纸民族卖身契，引进了无数的美货，美机、美舰、美船，像一只凶暴野兽，冲进了人民家宅，民族工业冲垮了，生产冲垮了，农业生产破产了，美货称霸，横扫一切。更加上，恭顺地请进美军来，生杀予夺，横冲直闯，都成道理。人民受了独裁内战的恩赐，倒还要把自己的生活和生命贡献给美帝国主义。内战军费浩繁，印刷机印个不停，钞票越来越多，东西越买越少，物价自由飞涨，工资强制冻结，城市里，上自民族工商业家、公教人员、下至职员工人，无不叫苦连天。职工尤其是无以为生。农村里，则征实征借，军督特务恶霸豪绅，强凶霸道，弄得颗粒难存，片薪不留，无以应付，便要送命。②蒋介石的卖国独裁政策，给人带来了空前的灾难。在他统治的区域里，三万万几千万人口，那个不亲受其苦？全中国除了解放区外，那个人不是刚刚跳出了日本帝国主义和汪精卫的地狱又陷入了美帝国主义和蒋介石政府的浩劫。③

---

① 朔望：《抚卷怀人感事》，《章汉夫文集》，江苏人民出版社1987年版，第13页。

② 章汉夫：《看看蒋介石的后方》，《群众》香港版第1卷第11期，第4页，1947年4月10日。

③ 章汉夫：《看看蒋介石的后方》，《群众》香港版第1卷第11期，第4页，1947年4月10日。

文笔辛辣锋利，具有较强针对性和现实性。

在《生存斗争的新浪潮》一文中，章汉夫分析各地出现抢米风潮的原因，"各地方当局的局部管制，限制米粮出口，米商囤积操纵以及运输的留难、扣留等，固然都是米价涨的原因，但是，最主要是因为'军粮第一，不顾民食'。"[①] "国民党政府的独裁内战政策，引起了危机和斗争，人民的斗争是为了生活的改善，是反对国民党政府的错误政策。这种政策存在一天就使生活一天比一天坏，斗争就一天比一天发展和扩大，什么恐怖也压不下去的。人民为了争取生存的斗争，将更有力地发展，一直到胜利。"[②] 文章一针见血地指出米价上涨的根源就是国民党打内战，需要给数百万蒋军供应大量军粮。从老百姓的每天关心的柴米油盐入手引入政治话题，自然又深刻，起到了鼓动民众反蒋反内战的作用。

1947 年底 1948 年初章汉夫专论文章主要集中在阐述中国共产党统一战线方针和政策。《中国人民解放军宣言》和《中国土地法大纲》的颁布后，还要不要统一战线的问题？他以问答的形式回答这类社会舆论热点问题。他以《中国人民解放军宣言》第一条为例，指出："联合工农兵学商各被压迫阶级，各人民团体，各民主党派，各少数民族，各地华侨及其他爱国分子组成民主统一战线，打倒蒋介石独裁政府，成立民主联合政府。"这个统一战线包括全国绝大多数人民，"民主统一战线愈广泛和巩固，就愈能早日打倒蒋介石独裁政府，建立民主联合政府。""民主统一战线本来就是人民反对民族压迫和封建压迫的统一战线。""中国民族革命的目标和方向，是打倒蒋介石，解放全中国，建设新民主主义的新中国，这里就是一条光明宽阔的大道。这是人民的道路、革命

① 章汉夫：《生存斗争的新浪潮》，《群众》香港版第 1 卷第 16 期，第 15 页，1947 年 5 月 15 日。

② 章汉夫：《生存斗争的新浪潮》，《群众》香港版第 1 卷第 16 期，第 15 页，1947 年 5 月 15 日。

的道路、胜利的道路，凡是人民和为人民服务的人们，凡是要民主革命，要胜利的，都应该走这条路，也一定会走这条路，尽其所能，努力奋斗。”①

1948年4月30日，中共中央在纪念五一国际劳动节的口号中提出：“各民主党派、各人民团体、各社会贤达迅速召开政治协商会议，讨论并实现召集人民代表大会，成立民主联合政府。”为了宣传和介绍《“五一”口号》，章汉夫发表了《论旧政协与新政协》，解读《“五一”口号》发布的意义在于：中国共产党表明：“中国革命发展到了历史转折点，国民党反动统治走向灭亡，人民走向全国胜利，这是总形势。中国人民的总任务，就是在共产党领导之下，扩大与巩固反帝国主义、反封建主义、反官僚资本主义的统一战线，为着更迅速地消灭国民党反动统治，更迅速地争取到全国胜利而奋斗。”② 他对“政治协商”作出权威解释：“‘政治协商’是中国共产党所坚持的一贯的民主原则。中国革命必须由共产党和无产阶级领导，必须由一切民主党派和民主阶级结成最广泛的统一战线，共同努力才能胜利。共产党和无产阶级必须和各民主党派及民主阶级一道商量、一道办事、一道奋斗，才能够在正确的政策方针下，发挥力量，取得胜利。尤其现在国民党统治完全孤立，共产党成了全国人民的唯一希望，为了领导全国人民迅速完成消灭国民党统治、建立新中国的任务，发挥民主团结精神的‘政治协商’更有其必要。”

这篇文章对中国共产党领导的多党合作、政治协商制度的含义以及政治功能作出准确解释，即使今天读来也让人感到犹如教科书般准确易懂。

---

① 章汉夫：《略谈民族统一战线问题》，《群众》香港版第1卷第46期，第3页，1947年12月11日。

② 章汉夫：《论旧政协与新政协》，《群众》1948年第2卷第19期，第2页，1947年5月15日。

章汉夫针对1946年政协会议中国共产党的主张、意图以及与当前政治协商的本质区别进行比较，以澄清误区。他说：“旧政协有中共代表参加，而且团结和领导着民主党派，但是，只是要求人民能有自由权利，如各党派在政府中能有充分代表。旧政协实质上是独裁；在改组政府问题上，并未要求国民党交出大部分的权力，只是要求人民能有自由权利，如各党派在政府中能有充分代表性”。只要求中共和民主党派在政府中占三分之一的“否决权”；因此，对和平建国纲领，是“除弊应重于兴利”，甚至于是“弊去其太甚”。对军事问题，是一面要求承认所有抗日武装的功绩和存在，一面要在这个基础上整编为平时的国家军队，希望国民党政府采取合理平等的方针，共同组织民主的军事领导机关，共同整编全国的军队，改造不民主的军事制度，发扬民主的军事制度，这样，在政治民主化的前提下，使军队国家化。

旧政协的作用是什么呢？章汉夫解释说：结束一党专政，准备实施宪政，是除弊重于兴利，是在国民党为主的政权上，取得人民自由民主权利，党派合法平等。新民主区域（解放区）和人民军队（八路军、新四军和东江及琼崖纵队）的被承认；是中共和其他民主党派获得政府和国民大会中的“否决权”，以保障前述的民主权利，并逐渐地经过合法的途径，推进民主政治。旧政协所达成的协议，并没有也不可能消灭帝国主义、封建主义、官僚资本主义的统治。

对比之下，章汉夫明确说：新政协不像旧政协那样基本上是“党派会议”，而是也包括了各人民团体。新政协“不仅有代表无产阶级和人民的中国共产党，代表其他不同阶层的各民主党派，更有各阶层人民自己组织的代表参加，这就使全国工人、农民、独立生产者、知识分子、自由资产阶级、社会贤达、爱国分子、海外爱国华侨，都能有代表在内，因此也就使新政协和全国人民有直接的血肉关系。”[①]

---

① 章汉夫：《论旧政协与新政协》，《群众》1948年第2卷第19期，第2页，1948年5月20日。

章汉夫号召知识分子、各民主党派响应“五一”号召，大踏步地跨进群众的队伍，在群众的胜利斗争中，准备新政协的召开，迎接人民代表大会的召集，和民主联合政府的成立。[1]表达了自己对中国共产党主张建立政治协商的民主联合政府的理解，其分析和论述对知识分子和民众理解和认同中共的政治主张起到了重要的教育功能。

第二节　《群众》周刊编委在外围刊物上撰文及其影响

1948年间《群众》周刊的编委在香港的中间力量进步刊物中频频发声，非常活跃。当时最大的问题是关于中国共产党为什么放弃“征购”形式的和平土改而改为激进的群众运动实现土地平分。许涤新在《理论与现实丛刊》上撰文，通过回顾土地革命和抗日战争时期中国共产党的土地政策，解释中共1945年5月4日关于土地问题的指示具体办法，从历史角度回答了由“耕者有其田”转变为“平分土地”的必要性与合理性。他解释“五四指示”下的反奸清算的做法与意义：

就是尽量从地主手中获得土地。抗战结束后一年多的时间，退租算账是农村土地改革的主要方式，这个方式是与减租减息联系的，是从减租减息发展下来的。只是没收日寇、汉奸及一些恶霸地主的土地；对于一般地主，则实行减租减息。如在苏皖边区，原来对半分租的，改为地主三五，优先佃户六五；原为四六分租的，改为地主三，佃户七；原为三七分的，改为地主二五，佃户七五。还有一种办法是按照民国二十六年的实交租额减收，地主不能超过正产的收获百分之三十五。

关于政府“征购”土地办法，主要是“在减租退租之后，地

① 章汉夫：《论旧政协与新政协》，《群众》1948年第2卷第19期，第2页，1948年5月20日。

> 主自愿出卖土地的，佃农则以优先权购买此种耕地”。至于说“献地运动”，并不是强迫的，中共主要以说服和教育办法，规劝和推动地主献地的时候，同时，民主政府和农民大众，十分关心献地者的家庭生活。在献地的时候，经常劝其保留一部分田地，地主的自动献地，是农民获得土地的办法之一。政府发行证券向地主购地，然后以低价卖给农民，一九四六年十二月陕甘宁边区政府所发布的“征购地主土地条例草案”便是例子。①

这篇文章向社会详细地介绍了“耕者有其田”下的“征购土地”办法和措施。但“这是一个牵涉财政金融的办法，在蒋政府的内战政策逼迫下，当然是没法实行的了。”许涤新进一步说明这种办法“使得封建剥削依然是在农村中统治着。”农民还“只算是翻了半个身。”“只有彻底平分土地，才能使数千年来倍受封建剥削的农民翻一个全身。”“中共中央所公布的中国土地法大纲，具有这么重大意义的一件惊天动地的大事情。这一个土地法大纲，宣布了中国封建制度的死刑，号召全国三万万数千万农民起来为真正翻身而斗争！”②（注：原文如此）许涤新重申：“中国土地法大纲的基本精神是彻底地打垮地主阶级，彻底消灭封建制度。……封建性剥削的土地制度是中国民族被侵略、被压迫、穷困及落后的根源，是中国国家民主化、工业化、独立统一及富强的基本障碍。中国的地主阶级是封建残余的代表，是帝国主义统治中国的主要社会基础，是剥削农民和压迫农民的阶级，是在政治上、经济上、文化上阻碍中国社会前进而没有丝毫利益的阶级。”

许涤新以缜密的学术态度和精神求证中共土改政策的学理支撑，为这场关于土地改革合法性的论争加上了意识形态色彩与合理性的定论：

① 许涤新：《中国土地政策之史的发展》，《理论与现实丛刊》1948 年第 2 期，第 18 页。
② 许涤新：《中共土地政策之史的发展》，《理论与现实丛刊》1948 年第 2 期，第 20 页。

> 中共二十余年来为实现耕者有其田的土地政策，乃是了解中国现代的资产阶级民主主义革命（新民主主义革命）的锁钥。中国土地法大纲融会了过去二十余年的革命经验，它反映了三万万数千万农民的正当要求，它替新民主主义的中国开辟了一条坦道。它是农民翻身的旗帜，它是中国人民的爱国自卫战争的胜利的旗帜！①

这些重要论述至今也是主流史学和中共党史教材关于中国共产党土地改革的核心论点。

笔者对 1947—1949 年《群众》周刊主要编委在外围期刊上发表文章的统计，情况大致如下：

胡绳在《自由丛刊》上发表《拆穿大公报》；在《读书与出版》上发表《洪秀全与冯云山》《康有为与戊戌变法》《梁启超及其保皇思想》《四十年前的皖变》《用不着嗟叹》《"理末易明"吗》；在《时代文摘》上发表《国家是谁的》《论自由主义在中国》；在《理论与现实丛刊》上发表《马克思主义与近代中国思想发展概况》；在《青年知识》上发表《美国与北洋军阀时代》；在《风下》发表《学与思》《怎样发现矛盾，解决矛盾》；在《新文化》上发表《百年来的中国革命》《专制与卖国》；在《新华周报》上发表《怎样做读书比较》；在《野草》上发表《读秋白遗文》；在《动力文丛》上发表《鲁迅思想发展的道路》；在《宇宙文摘》上发表《民国初年的政党活动》；在《大众文艺丛刊》上发表《评姚雪垠的几本小说》《评路翎的短篇小说》，在《达德青年》上发表《养成实事求是的学风》；在《观察》上发表《孙中山从美国走向苏联》。

连贯在《中华论坛丛刊》上发表《在实践中前进》；在《时代批评》上发表《我对时局的看法》。

---

① 许涤新：《中共土地政策之史的发展》，《理论与现实丛刊》1948 年第 2 期，第 24 页。

许涤新在《自由世界》上发表文章《经济崩溃中的中美关系》；在《现代文摘》上发表《中国官僚资本主义发展史》；在《自由丛刊》上发表《资本主义经济的危机》《论英美的经济矛盾》；在《现代华侨》上发表《军事危机加深经济危机》；在《银行周报》上发表《共同纲领》。

夏衍在《自由丛刊》上发表《必要的准备》，他呼喊：“1948 年将是一个决定性的年头，时势已经大踏步地前进了，作为一个不甘心落后于时代的文化工作者，应该加倍努力的‘作一切必要的准备’。前一个时期的看法、想法，已经不适用于明天的世界了，所以，我以为当前最重要的事情还是‘搞通思想’免得在大时代中挫折。”①

无论是反感还是从来不关心中共传布政治声音的人，只要读到这份杂志，都不会忽视夏衍的这篇短文。

1949 年 1 月 12 日香港分局财经委给中央和统战部呈交的报告中指出：

> 近半年香港工商界态度有巨大变化，一是，过去不谈政治的，现在谈起政治；二是，过去光反对蒋介石部下的，现在亦认为蒋介石不行；三是，过去争与国民党勾结的，现在避免；四是，过去惧怕中共的，现在敢于接触；五是，过去暗中与中共接触的，现在敢于在大庭广众中大谈解放区工商业政策；六是，承认新民主主义经济制度；七是，设法同解放区通商成为香港一股巨流。②

这份报告反映了当时的趋势，而胡绳在《自由丛刊》上发表题为“路是怎样铺成的——一年来政治形势的总结”，也在向读者讲述内战爆

① 夏衍：《必要的准备》，《自由丛刊》1948 年第 10 期，第 4 页。

②《中共中央香港分局文件汇集（1947.5—1949.3）》，第 371—372 页。

发以来中间道路破灭的原因和走向。他说：

> 这一年来政治形势的发展，在基本上说起来，就是阶级力量对比形势的根本变化。这个变化最显著不过表现在战场上面。——反动的大地主大资产阶级得到美帝国主义者的帮助曾经抢先在战场上居于优势的主动，而以工农大众为基干的人民解放军曾经在战场上居于劣势的被动地位，现在经过这一年的发展，整个形势是确定无疑地扭转过来了。
>
> 这是中国历史上空前未有的民主革命的胜利形势。无产阶级和它的政党领导着这个革命，将保证把民主革命推进到底。中国人民这一回将能够得到一百年来所争取的彻底胜利，已经是注定无疑。无产阶级领导着广大的农民群众，进行彻底铲除封建统治的根的事业；又领导着全体人民走民主革命的道路以最后实现人民的解放和民族的解放。[①]（注：原文如此）

胡绳在《笔耕丰歉说当年》中回忆："香港当时成了沸腾的时代所引起的各种思潮集中反映的地方，既为政论作者提供了丰富资料，也不能不激起他们写作的激情。"[②]"而最反映当时思潮的就是第三条道路"。

为何一篇篇批驳"第三条道路"的激扬文字集中刊发在1949年左右的香港各大报刊媒体？胡绳这番话给了我们答案。

萨义德说："知识分子显然是要在最能被听到的地方发表自己的意见，而且要能影响正在进行的实际过程，比如说，和平和正义的事业。是的，知识分子的声音是孤独的，必须自由地结合一个运动的真实情况，

---

① 沈友谷：《路是怎样铺成的——一年来政治形势的总结》，《自由丛刊》1948年第10期，第27页。

② 胡绳：《笔耕丰歉说当年》，《胡绳全书》第七卷，人民出版社2003年版，第170页。

民族的期盼，共同理想的追求，才能得到回响。”[①]

《群众》周刊的核心编委积极活动于公共舆论中，为中国共产党的统战工作四处奔走、处事谨慎，善于保护自己；在一些亲共的刊物上频繁发表专论，努力用思想理论去吸引各阶层人士，虽然有时言辞过激，但他们在民主人士和华侨中声望很高，极大地增强了《群众》的传播力和凝聚力。

第三节 《群众》周刊以“友声”专栏营造“众声喧哗”

1962年德国学者于尔根·哈贝马斯在《公共领域的结构转型》中提出了公共领域理论，他指出：公共领域的交往行为需要一定的传播和影响手段，例如，报纸、期刊、广播和电视就是这种公共领域的媒介。在私人自主权的领域（市民社会）与公共权力（国家）之间，存在着一个由作为私人的个人积聚而成的公众，他们作为国家的公民，调节国家与资产阶级社会的需要，目的是在这种公共领域的调节下，将政治权力转化为“合理性的”权力。[②]在这一过程中，政治性的日常报刊起着重要作用，报刊从发表新闻的单纯机构发展成为公共意见及政党政治武器的载体。[③]法国当代传播学家、批评家罗伯特·达恩顿形象地描述18世纪法国公共领域空间，他说：“1789年之前，你若想知道‘权力走廊’中发生些什么，就要迈开你的双腿，伸长你的耳朵，到某些咖啡馆，到卢森堡公园的长凳上去坐坐，到杜伊勒力花园或克科拉夫之树的平台上去看看，你

---

① [美]爱德华·W.萨义德：《知识分子论》，单德兴译，生活·读书·新知三联书店2013年版，第85页。

② [德]哈贝马斯：《公共领域的结构转型》，曹卫东等译，学林出版社1999年版，第10—11页。

③ 姚国宏：《话语、权力与实践——后现代视野中的底层思想研究》，上海三联书店2014年版，第116页。

可以听到不少口头传闻或聚焦在流言中心的‘小广播’消息。”[①]20世纪70年代以后，在美国的中国学研究中兴起一股力量，即运用公共舆论空间理论来观察中国晚清以后报刊的批评性功能和社团的形成及其作用。学术界已形成共识，那就是：自晚清以来民办报刊大量出现，社会的动荡、各种政治势力的较量，外加政府的压制，报纸常常迫于政治压力只能象征性地刊登时政要闻，由此出现了文人论政的一个重要场地和空间。

抗战胜利后国统区的民主党派由于公开争取和平民主，反对国民党发起的内战和独裁统治，遭到国民政府的迫害和打压。香港特殊政治环境，吸引民主人士转移至此，继续进行政治活动，1945—1949年香港出版业进入新的发展阶段。据叶再生所著的《中国近现代出版通史》的统计，这一时期香港的出版物大约为82种[②]，很好地表现批评性功能和知识分子的论战作用。而《群众》的主要撰稿人也现身于一些影响力较大的刊物中，使中国共产党宣传影响力更具张力。

一、“友声”专栏的来由

1942年1月11日是《新华日报》创刊4周年纪念日，民盟著名政治活动家张申府写下了热情洋溢的文章《新华，我看你生长、长大》。张申府在这篇文章中称颂《新华日报》“是全国最好的报纸之一”，是“抗战的一个有力的精神武器”，甚而激情地说道：“每一提起新华，我就联想到新中国，实在新华，就是新中国的象征。”[③]张申府在赞扬《新华日报》的同时，提出了建议和希望。他说：“《新华日报》是党报，这当然是大家都晓得的。但我却一方面不能不愿意它保持党报的地位；另一方面也不禁要郑重、诚挚地希望它把它的篇幅公之于天下，作天下人的喉

---

① 罗伯特·达恩顿：《18世纪法国的畅销书和流言蜚语传播者》，《媒介的变迁》，中国对外翻译出版公司2002年版，第146页。

② 叶再生：《中国近现代出版通史》(4)，华文出版社2002年版，第1211—1217页。

③《张申府文集》第一卷，河北人民出版社2004年版，第414页。

舌，变成天下人的言论机关。"[①]张申府提出了一个愿望，希望《新华日报》开辟一个公开园地，虽然是党报，但同时也是天下人的报——一切反法西斯的人的报。[②]

张申府的这一建议引起南方局和周恩来的高度重视。1942年3月14日周恩来向毛泽东转告了张申府"希望把党报变为容许一切反法西斯的人说话的地方"的建议，毛泽东回复：这点很对。[③]3月18日周恩来再次致电毛泽东，报告在《新华日报》第3版专设"友声"，发表党外人士的意见，并强调不仅要将报纸成为反法西斯的论坛，更要成为民主的论坛；不仅要常登进步分子的文章，还要登中间分子的文章。[④]1942年2月20日《新华日报》以三分之一的版面开辟了《友声》专栏，周恩来还亲自给《友声》专栏写了编者话："……本报特辟《友声》专栏，欢迎各方面的朋友，对于各种问题提出真知灼见，赐于本报发表，以便公开讨论，这就是嘤嘤之鸣，想为读者诸君所乐意赞助的罢！"[⑤]

"友声"二字取自《诗经·小雅·伐木》，其诗曰："伐木丁丁，鸟鸣嘤嘤。出自幽谷，迁于乔木。嘤其鸣矣，求其友声。相彼鸟矣，犹求友声。矧伊人矣，不求友生。神之听之，终和且平。"诗的意思是：伐木的声音丁丁，鸟儿的鸣声嘤嘤。在《说文解字》中"嘤嘤"的意思是两鸟相和之声，比喻朋友间相互切磋、相互探讨。后来人们借用"嘤其鸣矣，求其友声"来比喻渴求朋友的友爱和援助。

《新华日报》设置"友声"专栏体现了中共竭力将自己置身于全社会的群体之中，通过参与社会的文化活动来扩大政党的影响，同时向民主党派和民主人士表明他们都是中国共产党的朋友，中国共产党的事业需

① 《张申府文集》第一卷，河北人民出版社2004年版，第417页。
② 《张申府文集》第一卷，河北人民出版社2004年版，第418页。
③ 《毛泽东年谱（1893—1949）》中卷，中央文献出版社1993年版，第369页。
④ 《周恩来年谱（1898—1949）》（下），中央文献出版社2007年版，第540页。
⑤ 《周恩来同志在重庆期间发表的重要文章和讲话汇辑（1938年12月至1946年5月）》，重庆大学出版社1980年版，第190页。

要他们的友谊和援助。

《新华日报》改版后加强设立“友声”一栏，张申府高度评价：“这不但是一种民主的做法，也是一种有益于推进民主的做法。”①《新华日报》的第3版，主要以三分之一的版面刊载“友声”专栏。专栏专门登载中间党派和其他民主爱国人士的言论，对维护和巩固抗日民主统一战线，激发国人的抗日爱国情怀，以及鼓舞人民坚持抗战、夺取胜利有着积极作用。专栏所刊发的文章都有一个共同的特点，就是基本反映了中间力量中的进步舆论，因此，不但代表了中间力量的利益，而且又从政治上给他们以教育和引导。这些文章不仅有很高的学术价值，而且有很强的思想性。

《群众》周刊自创刊以来，在上海版的1947年1月13日第14卷第2期上首次设置“友声”专栏，专栏文章题目是《斥中日美一体论》，上海版的最后几期“友声”专栏登载的文章大致情况如下：

> 第3期《什么样的和平攻势》②，第4—5期《我们应该纪念“一二八”》③《这宪法人民怎么会承认》《读郑君允钧鼓吹政治的心理卫生书后》④；第7期《和市长谈谈》⑤，第8期《这个就叫“最民主”》。⑥

---

①《张申府文集》第一卷，河北人民出版社2004年版，第453、454页。《新华日报》1942年9月27日。

② 张徊伯:《什么样的和平攻势》,《群众》上海版第14卷第3期，1947年1月12日。张徊伯：1946年11月上海民主建国会理事。

③ 马叙伦:《我们应该纪念一二八》,《群众》上海版第14卷第4、5期，1947年2月4日。

④ 张徊伯:《读郑君允钧鼓吹政治的心理卫生书后》,《群众》上海版第14卷第4、5期，1947年2月4日。

⑤ 张华:《和市长谈谈》,《群众》上海版第14卷第7期，1947年2月17日。

⑥ 羊易之:《这个就叫“最民主”》,《群众》上海版第14卷第8期，1947年2月23日。

这几篇文章主要针对国民党实行包办国大、“一党制宪”，批驳国民党“还政于民”的虚假，反对国民党独裁内战政策。这一时期国内形势还并不明朗，中间势力还在观望，加之国民党政府对新闻的严控，中国共产党在上海的处境极为紧张危险，《群众》周刊的宣传不可张扬。要想利用“友声”专栏为党的宣传造势，那已是《群众》转到香港后的事了。

二、《群众》周刊香港版“友声”专栏的作用

《群众》周刊转移到香港后，1947 年 11 月 6 日第 41 期开启“友声”专栏，此时正值《中国土地法大纲》颁布，一个以土地改革为中心波澜壮阔的群众运动在陕甘宁、晋绥、晋察冀、晋冀鲁豫、华东等老解放区，东北等半老解放区，以及鄂豫皖、豫皖苏、豫陕鄂、江汉、桐柏等新解放区广泛开展起来。全党上下当务之急是宣传《中国土地法大纲》，解释土地改革相关政策。围绕这个重中之重的宣传工作，在 3 个月时间里，《群众》周刊“友声”专栏集中刊出了 8 位知名民主人士对中共土改“平均分配土地”的认识和看法（见附录 13），在第 2 章中已作出分析。

在整理统计 1947 年 11 月至 1949 年 2 月，《群众》周刊“友声”专栏文章共 21 篇（见附录 14）中，笔者注意到，“友声”专栏中唯一的连载专论是《论中国官僚资本主义》，连续三期在“友声”专栏中全文刊载了这篇文章（见附录 13）。

关于“官僚资本”这个概念，是抗战胜利前夕毛泽东在中国共产党七大的政治报告中正式提出的，1947 年 10 月毛泽东在陕北葭县神泉堡为中国人民解放军总部起草政治宣言，10 日发表在晋冀鲁豫《人民日报》上，这篇著名的“双十宣言”，明确喊出“没收官僚资本”的口号：

没收蒋介石、宋子文、孔祥熙、陈立夫兄弟四大家族和其他首要战犯的财产，没收官僚资本、发展民族工商业，改善职工生活，救济灾民贫民。[①]

抗战胜利后内战爆发，在严峻的政治、军事形势下，中国共产党不仅需要进一步揭露国民党国家资本的实质及其与国共政争的关系；同时，需要党内知识分子从政治学、经济学角度对官僚资本的形成过程、社会条件、作用及其后果进行深入理论分析。1947 年 4 月王亚南[②]写了《官僚资本的理论分析》，同年 7 月许涤新著《官僚资本论》，对官僚资本有了较为完整的理论阐释。当时这些专著只是以单行本和小册子的形式发行，其影响面大受限制。1948 年 9 月 13 日和 9 月 20 日《群众》周刊第 38 期和第 39 期、第 40 期的“友声”专栏连续登载康仲平的《论中国官僚资本主义》专论文章，一方面是因为这篇文章代表了当时关于“中国官僚资本主义”研究最高学术水平（建国后许多研究近代中国资本主义经济的学者都引述过康仲平的论著）；另一方面由于作者作为党外人士的身份，其论著对海内外民主工商业人士了解中共“没收官僚资本”政策进行广泛宣传和舆论引导起到重要作用。

该文首先分析中国官僚资本主义的历史性，认为：

> 中国官僚资本主义形成为主要的经济成分，是民国十六年以后开始的，即与四大家族相终始。
>
> 中国官僚资本主义，从横的方面分析，可以分为国家资本部分，和私人资本部分。国家资本部分又称为国家垄断资本主义，

① 毛泽东：《中国人民解放军宣言》（1947 年 10 月 10 日），《毛泽东选集》第 4 卷，人民出版社 1991 年版，第 1238 页。

② 王亚南：号渔村，湖北黄冈人。1928 年在友人的资助下留学日本，“九一八”事变以后，王亚南回国，在上海参加了中国共产党领导的进步文化活动，同时从事写作和翻译工作。1933 年任《人民日报》社长。40 年代以后，王亚南创造性地应用马克思主义的基本原理来研究中国的历史和现状。他的主要著作有：《中国经济原论》（后名为《中国半封建半殖民地经济形态研究》）《中国官僚政治研究》《中国地主经济封建制度论纲》《〈资本论〉研究》。

私人资本统称为官僚资本。两部分密切联系，结成一体。其中两者的比重，目前为止，主要的（占百分之九十）仍是国营资本，次要的（占百分之十弱的）是私人资本。生产资料的垄断上，国家资本为主要形式，在财富（金、钞、外汇）的积累上，胜利后已逐渐由国家资本形式转入私人资本形式。①

中国的官僚资本主义为了军事目的建立起来的。为了增强镇压革命，进行内战的力量。南京国民政府成立以后，首先成立建设委员会，国营电煤事业、实业部拟办铜铁、机器、细沙、硫酸亚厂，财政部成立了中央银行。但是其最显著成效的还是下述两项事业：

一是鸦片国营，自民国十六年起至廿六年止，在军事委员会直接领导下，组成全国禁烟督察处，公卖鸦片，鸦片专卖利益很高，利市十倍，这保证了蒋的军费来源（江西打共产党的经费十之八九出自鸦片专卖），而且利用这创办了中国农民银行。

另一事业就是国营公路事业，宋子文主持的全国经济委员会二十一年附设公路处及五省市交通委员会，军委会汉口行营召开苏皖浙赣湘鄂豫七省公路会议。为了配合剿共军事，加紧修路，民国十六年，全国公路29172里，廿六达到118117里。

抗战以前，中国国家垄断资本主义已略具型。抗战期间垄断资本形成，并表现为：四行二局已经占到金融业的百分之九十，此外各省还有金融机构，如江苏银行、江苏农民银行、安徽地方银行、河北省银行、西康银行、福建省银行、江西裕民银行、河南农工银行、甘肃省行、广西银行、湖北省银行、浙江地方银行、绥远省银行、贵州银行、四川省银行、湖南省银行、陕西省银行、云南富滇新银行、山西省银行、宁夏银行、山东民生银

---

① 康仲平：《论中国官僚资本主义》，《群众》1948年第2卷第38期，1948年9月13日。

行、新疆省银行。在工业垄断方面达到了新的最高峰。资源委员会是中央最大的机构，经济部以及工矿调整处、军政部、交通部、粮食部、农林部、社会部、教育部都管辖有相应的工厂，即便是赈济委员会也经营了三十几个难民工厂，主要经营纺织。

中国官僚资本主义的特质是什么呢？

第一，中国官僚资本主义是凭借法西斯独裁政权建立的，而不是自由竞争中的产物。中国的买办资产阶级及后台老板——帝国主义，已不满足于旧式的封建割据的军阀统治，要求有统一的集中化的政权，一方面保护他们的权益，一方面有效地镇压正在起来的农民革命和民主运动。法西斯主义在经济上要求有一个强大的独占资本来支持它，因此这个法西斯政权要改组建立强化的独占资本。江浙财阀为了阶级的利益，还是支持了这个独占资本强化要求，南京的法西斯政权是在内战中成长的，独占资本也成长于民廿二年前后内战激化的阶段。对外的抗战更掩饰了独占资本的扩张，这是假抗战以吞并的①过程。

第二，中国官僚资本的买办性。中国官僚资本是江浙财阀所培养建立的。中国官僚资本主义是买办事业的集中化加强的成果。民廿四年更加入亲日成分。抗战之中及胜利后，更一贯地为美国买办。中国的官僚资本是美国的工业金融资本、商业资本的买办。②

康仲平这篇长论以学术和问题的研究态度，明确提出了一个结论：

① 原文如此。

② 康仲平：《论中国官僚资本主义》，《群众》1948 年第 2 卷第 40 期，第 18 页，1948 年 10 月 14 日。

“中国官僚资本主义是依靠内战建立起来的，而且具有半封建的买办性质，它成为中国社会生产力发展的阻碍。”《论中国官僚资本主义》其思想性和学术性兼而有之，可算是《群众》周刊“友声”栏目中刊发的学术性代表作。对民众认识什么是“官僚资本主义”，提供了深刻的学术思考。作为党媒的《群众》周刊，登载康仲平集学术性与思想性于一体的长篇大作，无疑表现了作为党刊的《群众》周刊将真理和思想共融于政党政治下的理念与情怀，具有重要的现实启示意义。

整理统计《群众》周刊香港版，从1947年11月至1949年2月，《群众》周刊《友声》专栏共刊发文章21篇（见附录14），这些专论都由党外著名知识分子和民主党派负责人所撰写，他们对中国共产党的一些重大方针政策发表真知灼见，同时也传达了一个信息：党报既是党的喉舌，也是人民的论坛。党报应进一步紧密联系实际、联系群众。《群众》周刊“友声”专栏的设立为中共在香港实现与民主进步人士紧密沟通搭建了一条渠道，同时也为民主人士彼此之间架起对话的桥梁。“友声”专栏继续保持抗战时期的传统，在中国共产党的一些重大方针政策和原则的问题上，反映当时理论研究的最高水平，也反映中间力量的舆论倾向。利用“友声”专栏营造出“众声喧哗”的氛围，将党内探讨与党外人士的想法进行沟通，极大地巩固和扩大爱国民主统一战线。可见，中共对媒体传播的技巧运用得相当娴熟。

三、对华人华侨的宣传

（一）中国共产党在香港部署海外宣传工作的由来

建党之初，中国共产党通过参加共产国际的会议宣传中国共产党的理念和发展状况，中共一大通过的《中国共产党第一个决议》要求“党中央委员会应每月向第三国际报告工作”①。为在海外树立中国共产党的形象，党派骨干力量前往海外创办华刊，如《少年》《赤光》等。1935年

①《中国共产党第一个决议》，《建党以来重要文献选编》第1册，中央文献出版社2011年版，第6页。

12 月，中共中央派李立三、吴玉章、廖焕星等人赴法国进行抗日宣传工作，他们在巴黎创办《救国时报》。该报由吴玉章任主编，在国外广泛宣传党的抗日民族统一战线的方针政策。该报发行量较大，在一年多的时间内销量就超过 2 万份，欧洲、美洲、亚洲 43 个国家和地区都有订户，在海外华侨中产生了很大影响，为对争取海外华侨尤其是欧洲华侨加入抗日民族统一战线起到有力的促进作用。一批国际友人和记者来到中国采访中国的局势，有些还到达了延安，对中国共产党的领导和延安人民进行采访。中国共产党抓住时机，通过斯诺、斯特朗、史沫特莱向国统区和世界传达了中国共产党的政策和理念。通过发放传单，日语喊话，深入敌占区张贴标语进行对外宣传；也通过创办广播电台，用英文向海外传达中国抗日战争的局势，宣传中国共产党坚持抗战的决心。1938 年秋，中共党组织从延安各个学校抽调 20 多名归侨党员和归侨青年成立海外工作团，有部分人被派到南洋侨居地向华侨开展宣传活动。他们在华侨中积极宣传党的抗日主张及八路军、新四军英勇抗敌的事迹；向侨胞们讲解了毛泽东的《论持久战》《论新阶段》等著作及中共的抗日民族统一战线主张等。

对华人华侨进行有效的宣传工作，必须有机构组织保障。1937 年 12 月中旬，中共中央政治局会议确定：长江局的一项重要任务是加强华侨工作和国际宣传工作。下旬，长江局确定把香港作为中共的“国际宣传及华侨运动的中心地区”①。1938 年 1 月八路军办事处在香港成立，“对外称‘粤华公司’，经营茶叶批发生意，日常工作由廖承志的秘书连贯负责。”② 八路军驻香港办事处成立后，高度重视对华侨的宣传工作。1940 年 9 月 27 日，廖承志致电延安及在重庆的周恩来，提出：“为加强华侨

① 中国人民解放军历史资料丛书编审委员会编：《八路军新四军各地办事机构》，解放军出版社 1999 年版，第 708 页。

②《中国共产党中央资料专题研究集（抗日战争时期）》，中国共产党党史资料出版社 1989 年版，第 157 页。

宣传起见，我们建议：（甲）海外宣传工作必须加强，盼侨委着重布置，并经常指示。（乙）香港现有的办法，除在港侨工委下加设宣传组，增强菲之《建国报》，港之《华侨通讯》，出版华侨丛书，并与海外各兄弟报增强联系外，决定加强《国新社》工作，另在中国保卫大同盟暂作半月刊。"① 廖承志等就开展统战工作和文化宣传工作等问题致电中央书记处和周恩来，主张建立救国会香港工作委员会，奠定向海外活动的基础；由他和潘汉年亲自负责华侨、殖民地域的报刊工作。

1941 年 2 月周恩来在重庆对茅盾说：

> 我们建议你到香港。三八年你在香港编过《文艺阵地》，对那里比较熟悉。现在香港有了很大变化，所处的地位十分重要，是我们向资本主义国家和海外侨胞宣传中国共产党政策争取国际舆论同情和爱国侨胞支持的窗口，又是内地与上海孤岛联系的桥梁，香港将成为我们重要的战斗堡垒，因此，我们要加强香港的力量，在那里开辟一个新战线。②

紧接着来自四面八方的文化界人士云集香港。

1941 年 12 月 25 日香港被日军占领。第二年 1 月开始，廖承志和香港办事处工作人员逐次撤离香港。从 1938 年 1 月成立到 1942 年 1 月撤离香港，四年的斗争中，八路军办事处大力宣传中国共产党的抗日主张，联系海外华侨及香港等地的党组织，接受和转运港澳同胞、海外侨胞捐赠的抗日物资。按照周恩来有关"在香港建立一个对南洋和西方各国华侨、进步人士的宣传据点"的指示，有针对性地进行对华侨的实际宣传工作。为促使海外侨胞和香港同胞能经常了解国内抗战情况，了解中国

① 廖承志致延安侨委及周恩来电：《加强华侨工作》1940 年 9 月 27 日。

② 茅盾：《我走过的路》下册，三联书店（香港）有限公司 1989 年版，第 216—217 页。

共产党的抗日方针和政策，香港八路军办事处翻印出版了《新华日报社论集》，并根据周恩来的指示，创办了《华侨通讯》，宣传抗日和报道国内抗日消息。《华侨通讯》除在香港发行外，还销往海外各侨居地，销量达3000份。香港的许多报刊、纽约的《华侨日报》、秘鲁的《华裔日报》、古巴的《前进月刊》等华侨报刊都曾转载过该刊的文章；翻印出版了毛泽东的《实践论》《矛盾论》《论持久战》《论新阶段》等著作，并用英文向国外发行。此外，办事处还出版了《抗战大学》《东江》《海外青年》等文艺刊物。1941年1月震惊中外的皖南事变发生后，国民党大肆进行颠倒黑白、捏造事实的报道，企图欺骗海外华侨。中国共产党八路军办事处立即指示《华商报》等通过大量事实报道，打破了国民党的诬蔑，赢得了海外华侨的理解、支持，使海外华侨认识道："抗战与内战不能并存，分裂与投降必为因果，如果有人说，一面可以反共，一面抗战的话，那不独是欺人之谈，实是准备投降的烟幕弹。"①《华商报》成为"四十年代高挂在香港这个英殖民地上空的一盏明灯。"②

在这4年的斗争中香港成为中国共产党和八路军、新四军对外宣传联络、争取国际支援的重要阵地，历史活动的亲历者戈宝权曾回忆说：《群众》周刊的宣传工作"实现了周恩来当初的预想，在那里打开了抗战文化宣传活动的新天地。"③

抗战胜利后，国内局势前途未卜，国民党政府实施新闻管制，如何扩大宣传中国共产党的主张显得尤为迫切。中共中央部署以"群众面目"恢复或新办一批海外宣传刊物。随着以《华商报》《正报》为代表的中国共产党的华文传媒在香港复刊和大批民主人士南下，借助于港英当局的

---

① 转引自《中国现代史稿（下）》，黑龙江人民出版社1981年版，第158页。

② 杨奇：《一个新的课题——纪念〈华商报〉五十周年的回忆与思考》，《羊城晚报》1991年12月13日。

③ 戈宝权：《太平洋战争爆发前后我在香港的活动》，《广东党史资料》第23辑，广东人民出版社1993年版。

两面政策，中共的海外宣传工作紧锣密鼓地开展起来。

为了确保对外宣传工作和统战工作，中共中央决定调整国统区的党组织系统，专设中共香港分局，统一领导华南工作，下设香港工委、南方区党委、琼崖区党委、城市工委四个平行组织。

1947 年 5 月 6 日，中共中央指示："港设中央分局，直受中央领导，同时与沪中央局发生必要之联系，并受其指导。分局由甲（方方）、乙（林平）、丙（章汉夫）、梁广、潘汉年、夏衍、连贯七同志组成，以甲为书记，乙为副书记。分局下设工委、城委、区党委三个平行组织，"其中工委"专管港及华南、南洋公开的统战，材料（刊物、报纸）、文化、外交、经济、华侨、群众（工青妇）各项工作。"① 中共香港分局香港工委成为展开国际宣传的主阵地。

1948 年 11 月 24 日香港分局给各区党委的指示中，就明确提出当前任务就是"作国际宣传"，"宣传工作应特别加紧，始能争取更多的同情，与巩固将来的领导权。"②

（二）向香港读者详细解释中国共产党的重大方针政策

作为中共香港分局的领导成员之一的章汉夫，受周恩来亲自委派，赴港出版发行中共机关刊物《群众》周刊。1947 年 1 月 30 日《群众》周刊在香港发行成功。周刊的宗旨是：大力宣传党中央的方针、政策；及时报道全国解放战争的形势和人民解放军的战绩；全面揭露国民党政府的独裁统治；报道世界各地华人华侨的生存状况，以极大的宣传给予华人华侨思想上的振奋和行动上的指引，以坚定他们对中国共产党的拥护和对中国人民解放战争必胜的信心。

---

①《中共中央南京局对港粤工作指示》（1946 年 6 月 2 日，原件存中央档案馆），中共江苏省委党史工作委员会编《中共中央南京局》，中共党史出版社 1990 年版，第 63 页。

②《香港分局给各区党委的指示——准备迎接大军南下与香港工作问题》（1948 年 11 月 24 日），《中共中央香港分局文件汇集（1947.5—1949.3）》，中央档案馆、广东省档案馆 1989 年印，第 266 页。

笔者整理《群众》周刊在香港发行的143期内容，梳理《群众》周刊对华人华侨的宣传工作体现在以下几个方面：

第一，《群众》周刊大力宣传党的民族工商业政策及其华侨经济与新民主主义建设的紧密关系。

1948年9月16日蔡馥生以《华侨经济与新民主主义建设》为题，发表了长篇论述，深入论证了华侨经济受官僚资本重压以及华侨对国内抗战的贡献，文章指出："华侨经济是中国经济的支流，他和中国经济是血脉相关的；他对于中国的国民经济曾给予极大的帮助。"

他列举了大量数据：

以侨汇来说，在抗战以前，每年侨汇数达国币二万万至三万万元。其数目相当于，有时甚至超过于各年度国际贸易之入超。比方，民国廿六年，即抗战的第一年，国际贸易入超为247645000元，而侨汇数达450000000元，超过入超55%。民国二十七年入超为123559000元，而侨汇增至600000000元，约超过入超五倍。其次，华侨资本之投入国内金融工商企业者不在少数，举其大者来说，如中南银行，东亚银行，广东银行，南亚兄弟烟草公司，及永安，新新，大新四大公司，均为华侨资本所创办。再次，由于华侨高度爱国热情，在抗战时期，华侨对于祖国之捐输，其数甚巨，根据1938年10月10日南桥大会代表之报告，南洋各地侨胞之义捐及公债，合计，马来亚法币32443298.81元，荷属东印度约共法币1100万余元；暹罗为法币八百万元，菲律宾法币10752320元，越南为440000元，缅甸为3406714.04元。此外，捐资与办祖国文化教育及社会慈善事业的尤不可胜计，爱国老人陈嘉庚先生之创办的集美学校及厦门大学，就是最光荣的表率。①

文章揭示了抗战胜利后华侨经济因内战爆发遭受损失，"由于各宗主国之实行武装镇压当地革命，使各地华侨遭受池鱼之灾，而其实行经济封锁，使华侨进出口贸易受到极大打击。……国民党政府不但不加以保护，而且和各宗主国一样，向华侨进行剥削，最显著的就是降低外汇汇率，以掠取侨汇。"

经济学家蔡馥生在1941年11月太平洋战争爆发，参加当地华侨抗日后援会的宣传工作，同时研究华侨经济。国民党政府所发行的金圆券纷纷破产，金银大量外流，港币和美元充斥市场的情况下，他积极研究用人民的货币去取代外币。1949年他到潮梅解放区任中共中央南方分局财委主任兼南方人民银行总经理，在广东首先发动驱逐港币运动，认为大量港币的存在是帝国主义经济侵略的结果，必须把全部港币逐出，把物资抢回来，这样我国金融和经济才能取得真正稳定。②

在另一篇题为《"币改"给香港侨商的危害》专论中，揭露蒋介石政权改革币制给香港金融界、港华贸易以及华商工厂带来的危害：币制改革造成"黄金市价的狂跌，其影响尤为严重，八月十九日香港金价最高是三三八．五，廿日跌至最低三一八．五，……最低时曾达到二八二元，到底之差达五十六元五毫，买家的损失可想而知！""在蒋政府下，全国工商界没有一口好饭吃！""今天的香港工商界不痛恨蒋政府的还有几个人呢？"③

① 蔡馥生：《华侨经济与新民主主义建设》，《群众》香港版第2卷，第6页，1948年9月16日。

② 王凤琴等编：《中国社会科学家辞典》（现代卷），甘肃出版社1986年版，第813页。

③ 赵汝志：《"币改"给香港侨商的危害》，《群众》香港版第2卷第45期，第14—15页，1948年11月25日。

陈其瑗在《华侨同胞新年光荣任务》一文中揭露国民党旧政权对华侨“漠不关心”“遗弃不管”“巧取豪夺”“压迫陷害”，他们只是维护封建地主军阀官僚主义在海外的利益。而中国共产党建立的新政权对华侨的保护表现在：

> （一）保护各地民营的批馆、汇兑庄，以避免蒋政府的剥削侨胞血汗、掠夺侨汇、饿死侨属；（二）在南洋各地战争动乱中，如侨胞家属接济不到，均可向当地人民政府要求借款借粮或要求救济，政府当尽其一切能力以帮助解决；（三）华侨出国返国如进入游击区，各地政府或部队应负全责保护，以避免蒋军及土匪的抢劫；（四）华侨到游击区投资举办轻工业经营贸易，各地政府及部队应给予优先权及在交通运输上给予帮助，税项上给予减少或豁免。他重申中国共产党关于华侨政策的宗旨是“保侨、爱侨、利侨、养侨”。①

揭露国民党的负面消息、宣传党的“保侨、爱侨、利侨、养侨”政策，在香港工商业界产生了积极影响，1949 年 1 月 12 日中共中央香港分局向中央的汇报中就表明香港工商业界发生的变化：

> 一、过去不谈政治的，现在谈政治了；二、过去光反对蒋介石部下的，现在亦认为蒋介石不行；三、过去争与国民党勾结的，现在避免；四、过去惧怕中共的，现在敢于接触；五、过去暗中与中共接触的，现在敢于在大庭广众中大谈解放区工商政策；六、承认新民主主义经济制度；七、设法与解放区通商成为

① 陈其瑗：《华侨同胞新年光荣任务》，《群众》香港版第 1 卷第 1 期，第 9 页，1948 年 12 月 30 日。

香港一股巨流。①

第二，向港澳同胞和海外华人华侨大力宣传土改政策和纠偏的举措与成效。

《中国土地法大纲》颁布后，引起了港澳和海外华人华侨的高度关注，对这项“平分土地”政策充满各种不解和疑惑，比如，香港读者罗吉人给《群众》周刊来信询问：“农村中有几个主要的阶层？对于那些阶层，应该怎样来划分他们？”周刊编辑为此作了具体地解释和理论指导，指出：“农村中的主要阶层是地主、富农、中农、贫农及雇农。划分他们的标准，主要的是剥削关系。如果更具体地说，第一是看他们是否占有和占有多少土地、牲畜、农具、粮食、现款；第二要看他本人是否劳动，是否自己经营；第三要看他们取得财富的方式怎样和比例多少。”“所谓彻底消灭地主阶级，就是彻底消灭那种封建剥削的制度，消灭那个作为封建剥削者的阶级而不是消灭地主的肉体。所以，只要地主不和人民作对，就可获得和农民同样的一份土地。”②

周刊在回复香港读者唐三敏的信中详细解释了“耕者有其田”政策的实质：“‘耕者有其田’不是什么战略口号，而是中国革命目前阶段上必须完成的基本任务。这一点已经再三解释过了。任务和战略显然不同，任务是革命所要达到的目的，而战略是为了达到这目标而在革命的某一阶段上决定打击方向，布置革命力量，进革命争斗的指导方针。”③“中共的土改政策的几次变动，并且一次较一次更进步，显然是随着农民的这个要求而来的。另一方面，也应该承认这个事实，便是抗战胜利后，中

① 《香港分局经委致中央及统战部电——港经委半年工作报告》（1949年1月12日），《中共中央香港分局文件汇集（1947.5—1949.3）》，中央档案馆、广东省档案馆编1989年印，第371—372页。

② 《怎样划分农村中的几个阶级》，《群众》香港版第1卷第41期，第24页，1947年11月6日。

③ 《复信》，《群众》香港版第1卷第44期，第24页，1947年11月27日。

国共产党为了求得一个和平的局面，曾在各方面继续做了极大的让步，在土地问题上亦然，所以没有立即实行平分土地；但蒋介石及其所代表的封建地主势力却显然一点儿也不让步，定要置农民于死地，农民从经验中一天天认识，只有彻底平分土地，才能消灭这个最顽固最残酷的封建制度。”①

这封回信还进一步指出了中国共产党进行的新民主主义革命的前途，是“无产阶级的领导下，以工农为主的各阶级民主联合政府”，并“逐渐走向社会主义过渡的国家。这样的社会制度是人类史上一件从未有过的新的东西。”②

1948 年 1 月 1 日周刊向身居海外的一位读者萧华先生回信中，写道：“萧华先生：你们远在海外，对于土地法大纲和国内的土地改革运动这样关心，而且详细研讨，很可钦佩。”“中国土地法大纲，是综合了各地农民的要求和长期土地改革的经验而制成的彻底解决土地问题的纲领。但因为它是全国性质的纲领，在各地实行起来的时候，就必须根据具体情况规定一些补充办法。”③ 周刊编辑还以东北解放区规定的实行土地法大纲补充办法十四条为例证，向这位海外读者说明党的土改政策是依据各地具体情况来制定的。

通过这些宣传，让海外华人华侨明确了中国共产党针对华侨的土改政策：对于大买办与中国官僚资本结合的华侨地主没收其土地和财产；对于工商业家兼地主的华侨，则没收其出租的土地及其封建剥削的部分浮财，其家属可以分给土地；对于小商人职员的华侨，家属出租的土地则没收，对于工人、苦力的华侨则分配土地给其家属。④

---

①《复信》，《群众》香港版第 1 卷第 44 期，第 24 页，1947 年 11 月 27 日。

②《复信》，《群众》香港版第 1 卷第 44 期，第 24 页，1947 年 11 月 27 日。

③《复信》，《群众》香港版第 1 卷第 49 期，第 24 页，1948 年 1 月 1 日。

④《香港分局关于粉碎蒋宋进攻计划迎接南征大军的指示信》（1948 年 2 月），《中共中央香港分局文件汇集（1947.5—1949.3）》，中央档案馆、广东省档案馆 1989 年印，第 121 页。

第三，宣传党的华侨政策，鼓励华侨为新中国建设贡献自己的才能。

中共中央发表“五一口号”后，周刊积极对香港工人进行“五一口号”的宣传，随即发表署名文章《香港工人对于“五一号召”的响应》，[①] 作者收集整理了香港工人代表对“五一口号”的看法，表示：“香港工人虽然侨居国外，但是由于他们有很浓厚的民族意识和爱国观念，因此，他们对于祖国的事情是非常关心的。”香港工人对“五一口号”非常重视，他们认识到：“今日中国人民在走向全国胜利，封建独裁反人民统治迫近灭亡，中国劳动人民应该一致起来联合一切被压迫人民和老蒋作最后决战。”[②]

香港工人能认识到新政协“有一个特色”，那就是“领导开会的不再是国民党，而是共产党。”作者还注意到，香港工人认为“新政协的召开宜早不宜迟，开会时间也不宜拖长，应该速议速决，以便迅速召开全国人民代表大会，成立民主联合政府。”文章认为，香港工人对中国共产党的新民主主义工商业政策比较关注，特别是劳资关系，“他们坚决要求参加工厂管理”，“主张在国营工厂企业中由工人单独组织工厂或企业管理委员会，直接对政府负责。在私人资本的工厂中也要组织有工人参加的管理委员会，工厂的产销全部业务均须由管理委员会通过批准。”文章激情写道：“香港工人迫切希望祖国新民主主义政权迅速出现，他们希望能够早日回国服务去。他们憧憬着美丽的前途，表示了将来为了祖国的生产建设，生产积极性必将提高，劳动态度将有极大的改变。”[③] 作者作出这样的预见：香港工人“自觉地提高自己的思想、政治水平和能力，为着迎接中国的新时代作充分的准备了。”“香港回国服务工人将必凭籍其

① 鲁保:《香港工人对于“五一号召”的响应》,《群众》香港版第2卷第22期，第12页，1948年6月10日。

② 鲁保:《香港工人对于“五一号召”的响应》,《群众》香港版第2卷第22期，第12页，1948年6月10日。

③ 鲁保:《香港工人对于“五一号召”的响应》,《群众》香港版第2卷第22期，第12页，1948年6月10日。

优良的生产技术起指导和领导作用。”①

文章呼吁海外侨胞“要坚决执行不分党派阶层的民族民主统一战线，团结一切爱国民主人士，争取中间分子，打击反动分子，从速选派代表回国参加新政协以至参加各民主党派联合政府。”激励海外华侨们，为了繁荣祖国的经济，“要保送大批有科学专长的、有技术的华侨子弟回国服务政府机关，参加生产部门工作。”“要大量投资发展祖国工商运输交通生产事业，”“要立即发动捐款救济中国战区受难灾民。”②

（三）开辟《读者与编者》栏目，增强与香港和海外青年读者的交流

为了立足香港、更好地扩大党的统战工作，切实做好与香港本地读者的联系和交流，《群众》周刊从1947年8月28日第31期开始开辟《读者与编者》栏目。在整理《读者与编者》栏目文章时，笔者发现《群众》周刊的编辑们认真、耐心、仔细、严谨地回答了香港及海外华人读者提出的各种疑问，范围不仅包括党的重要方针政策，还涉及婚姻家庭、工作失业、理想、死亡、人生观等方方面面。

周刊在回复“本港罗吉人先生”来信时，详细解释了中国共产党土改政策关于怎样划分农村中的几个阶级，③篇幅占了一个版面。

周刊积极引导香港读者学习毛泽东著作，比如在第31期中，编者写道：

> 本港罗明德先生：你要了解中共的主张和政策等等，最好是读毛泽东的著作，主要的有（一）关于政治方面的：新民主主义论，论联合政府；（二）关于军事方面的：论持久

① 鲁保：《香港工人对于“五一号召”的响应》，《群众》香港版第2卷第22期，第24页，1948年6月10日。

②《华侨同胞新年光荣任务》，《群众》香港版第1卷第1期，第9页，1948年12月30日。

③《复信》，《群众》香港版第1卷第41期，第24页，1947年11月6日。

战；（三）关于文化文艺方面的：文艺问题，新民主主义论后半；（四）关于思想方面的：读毛泽东在整风文献中的许多文章。这些书在正报社和新民主出版社都可以买到。①

在一封给"本港浪淘先生"的复信中，周刊编辑对国内战局的进展给予解释，讲解了人民解放军大反攻的意义："大反攻的标志，主要的是在于敌人由原来的战略进攻变为'在战略上全局转入防御'，我方则由战略防御转为全局的战略进攻。这就是说，蒋介石已由主动进攻变为被动挨打，他的全面的攻势已经一去不复返了。这当然就是人民解放军大反攻开始的时候。""但这不是说他已经全无防守某一城市的能力，所以，在大反攻开始以后，蒋介石仍可能有某些局部的攻势，人民解放军不会一下子就收复或解放一切大城市。在大反攻的开始，仍然以消灭敌人的有生力量为主要目标，在这过程中，蒋军力量愈损失就愈衰弱，直到连局部的攻势也不可能，防守的力量也完全丧失。最后彻底消灭蒋介石，解放全中国。"

编委在复信中还耐心指出："大反攻一开始就要夺回大城市的想法是一种太性急的速胜的思想"，要彻底打垮蒋介石政权，"还需要全国人民，前方和后方，共同一致的极大的努力。"②

周刊对读者进行了世界观价值观的正确引导，例如在给"本港洪达先生"的复信中，指出"觉得自己的能力薄弱，参加了革命，不见得有什么帮助，不参加，也不见得有什么损失，多一个少一个都无关紧要。这是一种很要不得的自卑的观点，但追究下去，却是一种对自己逃避责任的辩护，试想，假如每个人都这样想，都觉得将永远不必参加，那么，谁来参加呢？这社会就将永远是老样子，永远不能改造了。""一个人太

① 《复信》，《群众》香港版第 1 卷第 31 期，第 18 页，1947 年 8 月 28 日。
② 《复信》，《群众》香港版第 1 卷第 35 期，第 24 页，1947 年 9 月 25 日。

自负不凡，以为一切事情非他不办，这固然不好，但妄自菲薄，毫无自信，也是不好。能力有大小，但责任是一样的，不但从责任上说，我们应该积极促进改革社会的工作，而且从需要上说，这个伟大艰辛的工作，也决不是靠几个能干的人就一手包办得了，没有许许多多的人来共同努力，是搞不成功的，而且能力的大小并非天生，而是在实际的锻炼中逐渐增强起来的。”①

编辑们继续给这位读者指出了解决这种错误思想的途径：“克服的办法除了多多阅读进步的书报，了解当前的形势，增强自己的信心之外，更重要的，是参加实际的社会活动，冲出孤独的圈子。在香港，也有不少青年的学习互助的团体，你不妨参加进去，多和人接近了，就可以打破自己的沉闷生活，而变得积极愉快起来。”②

1947 年 5 月 15 日第 16 期中，周刊编辑对一位读者来信说自己“很胆小，有点怕羞”，不善交际，是不是“没有资格参加革命”，进行这样的引导：“所谓革命是什么呢？就是中国革命求解放的事业。这是一个艰难而巨大的事业，参加革命就是站在人民的队伍中，在各种不同的情形下，尽力为人民服务，帮助尚未觉醒的人觉醒起来，参加人民大众的各种各样的斗争，动摇反革命的统治势力，并建立人民大众的新社会。”如何改变胆小、怕羞的性格呢？“第一靠思想的力量，第二靠实践的力量。”③

看似一些非常琐碎的事，周刊编委也给予耐心、细致地解释和劝导。一位名叫“小华”的香港本地男性读者，给《群众》周刊写信，讲了自己在婚姻上遇到的困惑，周刊给他解答：

婚姻应该建立在爱情的基础上，在现在虽然不能完全做到

①《复信》,《群众》香港版第 1 卷第 35 期，第 24 页，1947 年 9 月 25 日。
②《复信》,《群众》香港版第 1 卷第 35 期，第 24 页，1947 年 9 月 25 日。
③《答复》,《群众》香港版第 1 卷第 16 期，第 24 页，1947 年 5 月 15 日。

（事实上，要完全做到这个，必须在消灭了阶级的社会，因为有钱有势的人总可以藉以他金钱或势力来获得未必爱他的女人），但你既然有了这个认识，就不该再陷到那没有爱情的婚姻中去，为了不使你母亲难过而和一个你所不爱的女子结婚，虽然成全了你母亲的愿望，却害了另一个无辜的女子，也害了自己，这是不对的。①

一位身居越南的华人给编辑来信，请教睡眠与健康的问题，编辑仍然及时回复，建议注意睡眠时间不能太少，多运动，锻炼身体，参加有益的社会活动，多读进步的书报，使自己的思想、兴趣都转移到健康的、有意义的事情上面来，不再胡思乱想。②

《群众》周刊编委们并没有把自己说成样样懂的专家，在回复"本港读者李尼先生"的信中诚恳地表示："我们对于画是外行，不过你一定要我们说点意见，便只好说一点，对不对就不知道了。"这位李先生将自己的画作投稿给周刊，又询问了达德学院是否招收美术专业的学生，编辑让他直接信函咨询达德学院。另外，还解释了他投给周刊的画作没有被采用的原因："在内容和技术上都远差一些。在内容上是有点老套，……缺乏新鲜之感。"编辑还举例说明怎样才能算一幅好画：

比如丘吉尔发表反苏演讲，单画他的演讲姿态是没有多大意思的，而必须从他的绅士礼服中找出他的帝国主义的尾巴来。平常要多多注意生活中所见的各种人物，把他们的形态收集到自己的脑子中，必要时才可以用来充作模特儿。③

---

①《复信》，《群众》香港版第1卷第31期，第18页，1947年8月28日。
②《复信》，《群众》香港版第2卷第2期，第24页，1948年1月22日。
③《复信》，《群众》香港版第1卷第34期，第23页，1947年9月18日。

可见，党刊涉猎的话题非常广泛。从1947年8月28日开始，《群众》周刊每期《读者与编者》占了两个篇幅，从解释党的政策入手对青年的人生困惑都给予正确引导。

《群众》周刊刊载的《香港的渔民生活》[①]《香港渔民的血泪生活》[②]《湄南河的黑浪》[③]《蒋季会谈后菲岛华侨的灾难》[④]《越侨的惨痛生活》[⑤]等专论文章聚焦香港和海外华侨的艰难生活，真切地体察海外华侨的生存状况，切实帮助他们认清形势，引导他们对中国共产党的认同，促进他们在行动上支持中国革命。1947年10月20日第43期刊载了给编辑部的一封来信，信中写道："我们旅美纽约华侨，为了反对卖国独裁贪污腐化势力，特自动发起募捐慰劳人民解放军两广纵队，计共捐得美金四百四十元，烦贵刊转交。"还列出了22名捐款人以及每位捐款数额。[⑥]《周刊》随即以《华侨的热情支援》为题高度评价"旅美华侨捐了美金四百四十元给两广纵队，表示他们对家乡解放的关切，对祖国解放战争的热忱"。[⑦]

（三）新栏目"茶亭杂话"拉近党刊与华人华侨读者的距离

1948年8月18日，中共中央香港分局在中央的工作汇报中检查《群众》周刊的不足，指出："群众现销三千四百，三分之一在国内，……对实际及群众问题联系不紧，极少策略教育。"[⑧]如何让党刊在香港能接地

① 庭兰：《香港的生活》，《群众》香港版第1卷第14期，1947年5月1日。

② 馨远：《香港渔民的血泪生活》，《群众》香港版第1卷第40期，1947年10月30日。

③ 叶萌：《湄南河的黑浪》，《群众》香港版第2卷第20期，1948年5月27日。

④ 若因：《蒋季会谈后菲岛华侨的灾难》，《群众》香港版第3卷第36期，1948年9月日。

⑤ 海天：《越侨的惨痛生活》，《群众》香港版第2卷第30期，1948年8月5日。

⑥《慰劳解放军》，《群众》香港版第1卷第43期，第24页，1947年11月20日。

⑦《华侨的热情支援》，《群众》香港版第1卷第43期，第9页，1947年11月20日。

⑧《香港分局致中央并中城部电 香港分局工作报告》（1948年8月18日），中央档案馆、广东省档案馆编《中共中央香港分局文件汇集（1947.5—1949.3）》，1989年印，第181页。

气，能适合读者特别是华人华侨的阅读习惯？章汉夫请来了著名的杂文写手——夏衍，为刊物增添新的栏目：茶亭杂话。[①]

为什么以“茶亭杂话”为专栏名，夏衍以“汪老吉”为笔名？这是由于香港和东南亚侨胞喜欢喝凉茶，香港和广东一带又以“王老吉凉茶”很有名气，香港的此类凉茶铺盛行不衰，夏衍便在“王”字旁边添上三点水，以其妙喻：每日须再三啜饮凉茶水之意，“汪老吉”笔名来由便是这样。

1948年8月25日夏衍为《华商报》写了《请大家来歇脚》，表达了《茶亭杂话》专栏开辟的意图及作用：

> 当人们挑着重担走路，挨着困苦前进的时候，忽然望见了前面有座茶亭，一定会很高兴，一定会跑得更快些，肩上的重担也似乎轻得多了，他们需要快些走进茶亭里休息，舒服地喘口气，减轻疲劳，恢复力气。粗看起来，人们对于茶亭的留念，是为了一时的凉快与舒服，其实呢？是为继续前进。
>
> 茶楼酒馆，可供有钱人大吃大喝，又饱又醉，但茶亭的主人却只能给顾客一些粗茶零食，略止饥渴而已。如果是一位迷路的过客，茶亭的前后却也竖有指路牌的。
>
> 茶亭是大众的场所，老的少的，男的女的往往来来，川流不息。它是劳苦大众的休息站……在茶亭的墙壁上，有粗犷朴素的情歌，有对现实的讽刺，更多的是被压迫者的呼声。[②]

夏衍在“茶亭”献词的结尾处写道：“作为一个茶亭的主人，最大的希望是亭子里热热闹闹，而不是冷冷清清，要做到这一点，多备几样茶点是需要的。为了大众的需要，我们提倡卫生食品，以有益大众的健康为原则。健康的结果是什么？健康将使一个人更有勇气地向前迈进。”就

---

①《致读者》，《群众》香港版第1卷第31期，第19页，1947年8月28日。

② 李子云编选：《夏衍七十年文选》，上海文艺出版社1996年版，第775页。

这样，在“茶亭杂话”里，夏衍用优美洗炼、清新蕴藉、情理交融的独特说理方式和抒情方式，将市井茶亭闲谈与政党高深的政论刊物混搭在一起，拉近了党刊与华人华侨的距离，使党刊宣传耳目一新。

从第31期起，夏衍先以汪老吉为笔名开辟专栏《茶亭杂话》、后又以《蜗楼随笔》为题，每期写2、3千字，“一直写到1948年底，大约写了10多万字。”犀利而深刻的文字记录了1948—1949年中国革命和中国人民命运大转折关头的时代政治风貌。金冲及回忆：“到复旦大学读书后，还可以从进步同学控制的新闻馆看到从香港偷偷运来的、经过伪装（如封面是《茶亭杂话》等）的《群众》周刊。”①

《群众》周刊在香港向华人华侨进行积极、智慧、有效的宣传动员，动员全体侨胞与国内同胞携手并肩，担负完成这一个光荣的使命。极大地激发华人华侨的爱国心和对中国共产党的认同与拥护，回溯历史有助于总结党刊在增强海外华人华侨爱国精神的凝心聚力作用。

① 金冲及:《回忆六十年前的事——为三联书店八十年而作》,《读书》2012年第9期,第3—8页。

结　语

辛亥革命后，中国的政党成为民族国家建构的主导力量，随之而来的是代表不同利益群体政治博弈的党派纷争。不同的政党代表着不同利益群体，为了最大程度地争取民众的认同，竭力在公共领域宣传自己的纲领，报刊宣传与舆论争夺成为20世纪中国革命各派政治势力力图增强自身影响力的途径和策略。中国共产党领导的革命运动最基本的特征是理论指导下的实践，厘清理论问题成为全党知识分子的历史使命和时代担当。面对国民党推行的党营新闻部署，中国共产党如何冲破新闻舆论封锁，宣传革命理论和革命实践，无疑需要智慧和胆识。

1947 年正值国共两党斗争和决定中国命运转折关头，在国民党严厉的新闻管制下，国内各派政治势力激烈斗争正酣，为占据舆论宣传制高点，中国共产党冲破各种羁绊，毅然在香港发行《群众》周刊。1947—1949 年在香港的《群众》周刊，其宣传形态、宣传风貌、宣传功能表现为以下几个方面：

第一，《群众》周刊的宣传范围和对象扩大了，不再局限于解放区，而是扩大到全国直至海外；宣传的对象也发生变化，过去主要对农民和以农民为主的人民军队进行宣传，进驻香港后主要针对国统区和港澳的城市居民，特别是知识分子。由于知识分子长期生活在国民党统治的体制下，对共产党还处在观望中，对共产党所宣传的主张还缺乏认同感。对这个群体进行统战工作，调动他们关心时务，为中国共产党张扬政治和文化主体性提供学术资源，成为《群众》周刊这一时期在香港的重要使命。

第二，《群众》周刊的宣传内容发生变化。在 1947—1949 年中国革命大转折时代，围绕着反对内战、揭露美国扶蒋反共阴谋、实施土地改革、倡导政治协商等重大问题上，《群众》周刊及时传播中央的方针政策、会议精神和重要活动，重点考虑群众关心的热点、难点问题，围绕解决实际问题的思路，提供专家和知名人士的分析性、解释性、针对性极强的政论文章，力求满足不同类型的读者及其不同的需要。同时，它还对国共两党激烈对抗的军事较量进行深度报道、系列报道、综合报道，展开空前的舆论宣传攻势。

《群众》周刊作为1947—1949年中国共产党在解放区以外发行的唯一机关刊物和理论刊物，为宣传中国共产党的方针、政策、立场，力图影响和引导社会舆论，不遗余力地争取获得广大社会成员的支持。例如，《中国土地法大纲》颁布后，中共急风暴雨般的土改运动随即成为国内舆论焦点，一时间社会上出现各种怀疑，1948年1月国民党宣传部部署了对中国共产党土改发起攻击的宣传纲领，攻击中国共产党土改的目的是让农民充当战争的“炮灰”，国民政府学术杂志《土地改革》问世，目的是让国内民众“人人了解土地改革”。为了让群众充分理解中国共产党的政策，进而实现最大限度地对民众的宣传和动员，《群众》周刊通过社论、专论文章集中阐述舆论最关心的三大问题，即中国共产党土地改革的目的是什么；为什么要平分土地；平分土地是否会影响民主统一战线等热点问题。民主人士邓初民、黄药眠、李伯球、谭平山、狄超白等人在《群众》周刊上发表了旗帜鲜明、清晰透彻的文章。集中反映《群众》周刊在对传播信息的把控，对专论选题的精心策划，对传播技巧的娴熟运用，在发挥受众的能动性等方面，拥有得天独厚的政治资源，最大化地实现了党刊传播效果。《群众》周刊在香港对中国共产党土地改革的宣传，表现出利用报刊、立足群众，敢于宣传、善于宣传的智慧和胆识。

第三，《群众》周刊的宣传形式多样灵活。专栏设置和文体有社论、短评、访谈、诗歌、专论、读者信箱等形式，同时注重图文并茂，以照片、漫画等内涵丰富的静态图像为主，努力沟通编者与读者之间的联系，促进党刊与读者之间思想交流与互动，它既为读者提供发表言论的机会，又达到为读者释惑答疑、宣讲革命理论的目的，增强宣传的时效性、可读性和亲和力。

1947 年的香港各种政治力量活跃，各民主党派和团体的报刊积极营造知识分子的公共话语空间，在动荡不安的政局下，政党的社会动员力更需要借助于公共话语空间，实现价值引领、政治认同。

塞缪尔 · P. 亨廷顿将“社会动员”定义为：“一连串旧的社会、经济和心理信条全部受到侵蚀或被放弃，人民转而选择新的社交格局和行为方式”的过程，“它意味着人们在态度、价值观、期望等方面和传统社会的人们分道扬镳，并向现代社会的人们看齐。”[①] 澳大利亚学者费约翰认为，1920 年代以来，按照“以党建国”的政治模式，中国社会经历了一个广泛的“文化动员”过程，[②]1949 年即将建立新生政权的中国共产党更要最大限度地争取广泛的政治认同，中国的广大知识分子因其在经济政治社会中的特殊地位和重大作用，对中国共产党的认同程度极大地影响着新生政体的平稳建立。为尽快消除新旧制度交替的思想混乱，及时转变广大党外知识分子的立场，依托知识分子公共话语空间，中国共产党在香港启动《群众》周刊，用《群众》周刊的话表达着夙愿：一要说自己想说的话，二要说社会大众想说的话，争取第三种力量。《群众》周刊集结着阵容强大的编委和撰稿人群体，如：章汉夫、乔冠华、方方、华岗、许涤新、胡绳等理论家，他们抱有高度的热忱和使命感，活跃在各民主党派、中间派人中，在香港各大舆论报刊中积极发声，旗帜鲜明地宣称自己“首先是战士、然后才是学者”，不遗余力地传播政党政治信息，精准表达政党政治意见；向中间派提供政治行为指向和典范。他们

① ［美］塞缪尔 · P. 亨廷顿：《变化社会中的政治秩序》，王冠华等译，生活 · 读书 · 新知三联书店 1989 年版，第 31 页。

② ［美］费约翰：《唤醒中国——国民革命中的政治、文化与阶级》，生活 · 读书 · 新知三联书店 2004 年版，第 359 页。

具有深厚的马克思主义理论素养，具有坚定的革命信仰和党性原则，是四十年代马克思主义理论的传播者，更是推动马克思主义理论在中国不断创新和发展的党内知识分子。

同时，《群众》周刊的编委以社会政治生活参加者的严肃身份出现在公共报刊上，在中国共产党的统战社交与意识形态理论宣传之间毫不费力地切换着角色，与其他社会力量积极互动。他们以党刊为平台，秉承为党立言的使命，为实现传播效果的最大化，推动中国社会向新民主主义社会转型、实现对大众的思想价值引导作出了厥功至伟的贡献。

中国共产党办报纸就一个目的：要“善于把党的政策变为群众的行动，善于使我们的每一个运动，每一个斗争，不但领导干部懂得，而且广大的群众都能懂得，都能掌握”。[①]刘少奇在对华北记者团谈话中使用“桥梁”“导线”等字眼，表明中央就是依靠这个工具，联系群众，指导群众，指导各地党和政府的工作的。[②]1949 年 2 月 24 日《群众》刊载专论文章《为了新闻的正确与纯洁》，针对“怎样才能建立起新中国强有力的宣传机构文章”，要求：“坚决地清除根深蒂固地存在于现时中国新闻领域内一切不正确的、不符合人民利益的各种倾向主义，如‘客里空作风’、‘有闻必录’主义，‘新闻第一，政治其次’的偏向，‘技术至上’主义，沾染了美国式的堕落性的‘黄色趣味’，不关心政治与毫无思想的现象，以及无纪律无政府的混乱状态，重新创造出符合中国人民利益的正确、纯洁、健康的新闻事业。”[③]呼唤党的新闻工作者：“必须勇敢地投身到火热的人民革命的各种实际斗争中间，从‘旁观者’‘记录者’‘报告者’的地位，转化而成为每一个斗争和每一件工作的‘参加

① 毛泽东：《对〈晋绥日报〉编辑人员的谈话》（1948 年 4 月 2 日），《中国共产党宣传工作文献选编（1937—1949）》，学习出版社 1996 年版，第 689 页。

② 刘少奇：《对华北记者团的谈话》（1948 年 10 月），《中国共产党新闻工作文件汇编》下册，新华出版社 1980 年版，第 205 页。

③ 李卫明：《为了新闻的正确与纯洁》，《群众》1949 年第 3 卷第 9 期，第 12 页，1949 年 2 月 24 日。

者’‘战斗员’‘工作者’，使自己和群众的利害结合起来[①]，这样‘新闻记者’才能真正成为人民的喉舌，才能真正成为人民的耳目。”[②]这篇文章对美国和西方所代表的“新闻第一，政治其次”舆论传播理念进行了清算，彻底否定抗战以来美国新闻处在华的积极作用；进一步确定了中国共产党党媒宣传的政论语体范式，即：政令传达、舆论引导、凝聚人心。力图建构政党政治的宣传范式，以影响和引导人们的态度和行为，最终实现党刊的价值引领作用。

《群众》周刊在香港发行的最后一期里用激情飞扬的文字向读者告别：“人民的力量是伟大的，不可战胜的；获得人民的支持和拥护就可以永远立于不败之地的。”“肃清封建的、买办的、法西斯主义的思想，发展为人民服务的思想”，“克服我们的民族在文化上落后的现象，使我们能够以一个具有高度的文化的民族出现于世界”，“这件事并不比打胜一个美帝国主义援助下的蒋介石更容易一些。”“为了文化上、经济上能够打胜仗，那就要求我们在文化战线上的各个部队更好地组织起来，更有效地工作起来。”[③]

《群众》周刊在香港印刷、发行距今已经70余年。《群众》周刊记录着国共政争下中国共产党土地改革、解放区建设、国共军事对抗以及城市接管等重大历史事件；《群众》周刊集结着党内杰出的理论家和政论家，以强烈的现实针对性、内容的纪实性和严肃性，传递信息、解读政策、针砭时政、传播理念；为帮助社会民众澄清疑惑、建立共识，团结和召唤民主知识分子，在事关大是大非和政治原则的问题上，竭力掌握主动权，展示强大思辨力量，实现舆论引导和传播效果的最大化。

---

① 原文如此。

② 李卫明：《为了新闻的正确与纯洁》，《群众》1949年第3卷第9期，第12页，1949年2月24日。

③ 社论：《检讨过去，策动将来》，《群众》1949年第3卷第43-44合期，第18页，1949年10月12日。

《群众》周刊为构建一幅宏大而合理的民主国家愿景，获取社会心理的广泛认同，增强中共对未来国家和政权设计的合法性，最大程度上推动实现民众与“国家”的共谋，在公共文化领域中完成了对中国社会的意识形态动员与新政治的“形塑”，极大地彰显了政党的政治雄心。

70 多年前《群众》周刊作为政党政治下党刊舆论宣传的典范，将它放置于时间的过滤器上，政党政治下党刊舆论宣传的智慧与光芒依然可以投射在凝聚共识的实践与创新中。

附　　录

附录1 《群众》周刊香港版宣传《中国土地法大纲》的专论篇目

序号	作者	题目	栏目	卷号	时间
1	方 方	“耕者有其田”与爱国民主革命		第1卷第40期	1947年10月13日
2	许涤新	耕者有其田是发展工商业的前提			
3	小 云	解放区是这样掀起了土地改革运动的			
4	林默涵	人民解放军与土地改革			
5	狄超白	论划时代的土地改革		第1卷第41期	1947年11月6日
6	陆 诒	对土地法的观感			
7	沈友谷	让农民自己动手解放自己			
8	邓初民	我对中国土地法大纲的一个看法		第1卷第42期	1947年11月13日
9	陈其瑗	以实行“耕者有其田”来纪念孙中山先生			
10	李伯球	略论土地改革	友声	第1卷第43期	1947年11月20日
11	黄药眠	我对土地法大纲的看法	友声		
12	孟 南	有关中国土地法大纲的几个问题	友声	第1卷第45期	1947年12月4日

续表

序号	作者	题目	栏目	卷号	时间
13	吴 楠	“蒋根”必须挖干净		第1卷第46期	1947年12月11日
14	彭 真	平分土地与整顿队伍		第1卷第48期	1947年12月25日
15	邓颖超	彻底平分土地与妇女工作的新任务			
16	史特朗	新的农民	解放区报道	第1卷第48期 第1卷第49期	1947年12月25日 1948年1月1日
17	醒 华	东北解放区土地改革概况		第1卷第50期	1948年1月8日
18	王思曙	土地改革与中国革命	友声	第2卷第5期	1948年2月12日
19		平分土地运动中的几个问题	东北日报的社论		
20		要积极不要犯急性病	晋察冀日报社论		
21		贫农中农大团结	晋察冀日报社论	第2卷第6期	1848年2月19日
22	许涤新	为什么要平均分配土地			
23	谭平山	土地改革与民主统一战线	友声	第2卷第9期	1948年3月11日
24	姜 凡	土改与保护工商业	解放区报道	第2卷第10期	1948年3月18日
25	许涤新	请看反动派的所谓“土地改革”		第2卷第13期	1948年4月8日
26	墨 平	解放区的春耕热潮		第2卷第14期	1948年4月15日

附录2 《群众》周刊香港版对军事战况报道的社论以及专论篇目

序号	题名	期号	时间	作者
1	二十天来的战争	第1卷第1期	1947年1月30日	朝新
2	王震将军和他的部队			周而复
3	一个接连一个的反攻	第1卷第2期	1947年2月6日	朝新

续表

序号	题名	期号	时间	作者
4	从鲁南看全局	第1卷第3期	1947年2月13日	舒翰
5	从俘虏口中看蒋军士气	第1卷第4期	1947年2月20日	纪鸿
6	郝鹏举事件教训			
7	爱国自卫战中的重要统计			
8	俘获蒋军将级军官名单			
9	人民的军队			梅查
10	战局中心将移向哪里	第1卷第5期	1947年2月27日	朝新
11	闲话蒋军内幕			韦明
12	十一月以来的战局	第1卷第6期	1947年3月6日	
13	鲁中与东北			朝新
14	大的战事在前面	第1卷第7期	1947年3月13日	朝新
15	蒋介石开始大攻延安	第1卷第8期	1947年3月20日	
16	在人民的战场上			宋之的
17	延安之战才开始	第1卷第9期		朝新
18	在人民的战场上			宋之的
19	延安东北告捷	第1卷第10期		
20	在爱国自卫战线上			
21	爱国自卫战争中的游击队	第1卷第11期		
22	战局在重大变化中	第1卷第12期		朝新
23	战局的转捩点	第1卷第13期		
24	蒋军一三五旅被歼经过			
25	胡宗南侵占下的延安			
26	蒋介石从此走下坡路			朝新
27	保卫和平的斗争开始了	第1卷第14期		乔木
28	攻守易事的开端			朝新
29	全力准备总反攻	第1卷第15期		
30	胜利的四月			朝新
31	评蟠龙之战	第1卷第16期		
32	捷报处处传来			朝新

续表

序号	题名	期号	时间	作者
33	五月的蒋介石	第 1 卷第 18 期		
34	东北全局			
35	林彪将军谈一年来东北战局的转移			
36	祝蒙阴之捷			
37	延安附近五万人祝捷大会			
38	评人民解放军三个月的战绩			
39	人民解放军总部发表十个月自卫战绩公报			
40	十个月的爱国自卫战争战绩统计			
41	中国权威人士论目前的战局	第 1 卷第 19 期		
42	东北一年			
43	论五月战局			
44	颓势能够挽救吗	第 1 卷第 20 期		朝新
45	访吕正操将军	第 1 卷第 21 期	1947 年 6 月 19 日	
46	从南面进迫沈阳			
47	民主联军发言人纵谈东北战局	第 1 卷第 22 期	1947 年 6 月 26 日	
48	攻势接着攻势			朝新
49	五月份俘获蒋军级军官名录	第 1 卷第 23 期	1947 年 7 月 3 日	
50	东北蒋军还有逃生之路吗?			朝新
51	华东战场半年来战绩统计	第 1 卷第 24 期		
52	从东北到鲁西			朝新
53	战局答客问			舒翰
54	论鲁豫之战	第 1 卷第 25 期		朝新
55	解放军南下大反攻			
56	东北民主联军夏季攻势十五天战绩			
57	再鼓一把劲，爬过山顶去（解放区报导）			时铃
58	战斗的火花			吕剑

续表

序号	题名	期号	时间	作者
59	冀鲁豫人民解放军攻势图	第1卷第26期		晋冀鲁豫《人民日报社论》
60	大反攻的号角响了			
61	大变化的一年			朝新
62	蒋军能改变什么呢	第1卷第27期		朝新
63	强渡黄河			
64	人民解放军二十周年	第1卷第28期		
65	祝鲁西大捷			
66	中共中央嘉奖刘、邓两将军			
67	一切为了全部消灭蒋家军			战局书评
68	全年各区歼敌统计			
69	一年来歼敌分期统计			
70	祝两广纵队成立	第1卷第29期	1947年8月14日	
71	胶济与平汉			朝新
72	两广纵队在鲁成立			
73	人民的武力一定胜利	第1卷第30期	1947年8月21日	
74	这只是脱离了人民的缘故			
75	谁战胜谁			
76	跨过陇海			朝新
77	苏北叶挺城大捷	第1卷第31期	1947年8月28日	
78	苏北蒋后战场的演变			朝新
79	苏北战场开始反攻			
80	从陕北胜利谈起	第1卷第32期	1947年9月4日	朝新
81	闽南人民的武装部队			
82	论大反攻	第1卷第33期	1947年9月10日	怀湘
83	人民解放军大举反攻	第1卷第34期	1947年9月18日	
84	东北解放区的政权建设			
85	人民解放军大反攻略图			

续表

<table>
<tr><th>序号</th><th>题名</th><th>期号</th><th>时间</th><th>作者</th></tr>
<tr><td>86</td><td>迎接大反攻</td><td rowspan="4">第 1 卷第 35 期</td><td rowspan="4">1947 年 9 月 25 日</td><td>方方</td></tr>
<tr><td>87</td><td>南北胜利交相辉映</td><td>朝新</td></tr>
<tr><td>88</td><td>救国必须灭蒋</td><td></td></tr>
<tr><td>89</td><td>蒋介石如何出卖东北</td><td>阎宝航</td></tr>
<tr><td>90</td><td>大反攻后的新形势</td><td rowspan="4">第 1 卷第 36 期</td><td rowspan="4">1947 年 10 月 2 日</td><td>朝新</td></tr>
<tr><td>91</td><td>论西北战局大变化</td><td></td></tr>
<tr><td>92</td><td>刘伯承将军
吟诗记鲁西战斗</td><td></td></tr>
<tr><td>93</td><td>人民解放军怎样
对待俘虏</td><td></td></tr>
<tr><td>94</td><td>三大攻势开始了</td><td rowspan="2">第 1 卷第 37 期</td><td rowspan="2">1947 年 10 月 9 日</td><td>朝新</td></tr>
<tr><td>95</td><td>回到我的故乡大别山</td><td>陈桥鹤</td></tr>
<tr><td>96</td><td>人民解放军宣言</td><td rowspan="6">第 1 卷第 38 期</td><td rowspan="6">1947 年 10 月 16 日</td><td></td></tr>
<tr><td>97</td><td>人民解放军总部颁布
当前时局宣言</td><td></td></tr>
<tr><td>98</td><td>历史的惩罚</td><td>董必武</td></tr>
<tr><td>99</td><td>纪念辛亥革命要打倒
中山先生的叛徒蒋介石</td><td>吴玉章</td></tr>
<tr><td>100</td><td>人民解放军三大纪律
八项注意</td><td></td></tr>
<tr><td>101</td><td>略谈东北的秋季攻势</td><td>朝新</td></tr>
<tr><td>102</td><td>俘虏在解放区</td><td>第 1 卷第 39 期</td><td>1947 年 10 月 23 日</td><td>林赛</td></tr>
<tr><td>103</td><td>东北与江南</td><td>第 1 卷第 40 期</td><td>1947 年 10 月 30 日</td><td>朝新</td></tr>
<tr><td>104</td><td>疾风扫落叶</td><td rowspan="5">第 1 卷第 41 期</td><td rowspan="5">1947 年 11 月 6 日</td><td></td></tr>
<tr><td>105</td><td>春江怒潮似的攻势——
新华社记者报道鲁豫皖
一月来的战况</td><td></td></tr>
<tr><td>106</td><td>大反攻三个月光辉战绩</td><td></td></tr>
<tr><td>107</td><td>刘邓大军挺进大别山区
以来的战绩</td><td></td></tr>
<tr><td>108</td><td>鄂豫皖前夕
两月来的形势</td><td></td></tr>
</table>

续表

序号	题名	期号	时间	作者
109	内外线的有机结合	第 1 卷第 42 期	1947 年 11 月 13 日	朝新
110	鄂豫皖解放区图			
111	论大反攻诸问题			
112	评解放石家庄之捷	第 1 卷第 43 期	1947 年 11 月 20 日	社论
113	中共中央西北局电贺石家庄之捷			
114	石家庄之捷			朝新
115	大反攻四个月大战绩	第 1 卷第 44 期	1947 年 11 月 27 日	
116	十月份解放军战绩			
117	东北民主联军秋季攻势战绩	第 1 卷第 45 期	1947 年 12 月 4 日	
118	瞬息万变的战局			朝新
119	胶东战场新形势			
120	大别山区见短长	第 1 卷第 46 期	1947 年 12 月 10 日	朝新
121	严重的冬季	第 1 卷第 47 期	1947 年 12 月 18 日	朝新
122	还只是冬天的开始	第 1 卷第 48 期	1947 年 12 月 25 日	朝新
123	中原大捷	第 1 卷第 49 期	1948 年 1 月 1 日	朝新
124	东北全面解放近了	第 1 卷第 50 期	1948 年 1 月 8 日	
125	东北攻势两周间			朝新
126	东北人民解放军东北攻势			
127	他们在向前挺进			史特朗
128	到处是波涛汹涌的攻势	第 2 卷第 1 期	1948 年 1 月 15 日	朝新
129	他们再向前挺进			史特朗
130	把东北变成解放战争总基地	第 2 卷第 2 期	1948 年 1 月 22 日	
131	沈北大捷之后			朝新
132	人民解放军兵强马又壮	第 2 卷第 3 期	1948 年 1 月 29 日	图片
133	论东北战局的演变			
134	华东人民解放军全年战绩			
135	一年来战场变化略图			
136	看战局新动向			朝新
137	毛泽东的革命军事思想			萧农

续表

序号	题名	期号	时间	作者
138	解放军十二月份战绩	第2卷第4期	1948年2月5日	
139	大江北岸			朝新
140	解放军逼近中的四川			杨慧
141	人民解放军去年下半年综合战绩	第2卷第5期	1948年2月12日	
142	辽西走廊的争夺战			朝新
143	展望东北战局	第2卷第6期	1948年2月19日	朝新
144	鞍山之捷	第2卷第7期	1948年2月26日	朝新
145	沈阳外围解放军攻势图			
146	营口的解放	第2卷第8期	1948年3月4日	
147	解放军一月份战绩	第2卷第9期	1948年3月10日	
148	全面解放大西北之战开始了			朝新
149	论宜川大捷	第2卷第10期	1948年3月18日	
150	展开强大的春季攻势			朝新
151	西北战场形势图			
152	洛阳之战	第2卷第11期	1948年3月25日	
153	前线记者评洛阳的解放	第2卷第11期	1948年3月25日	
154	辉煌灿烂的春战场			朝新
155	西北战场攻势图			
156	解放军在大城市			柯凡
157	冬季攻势战果	第2卷第12期	1948年4月1日	
158	东北解放军冬季攻势			
159	从平绥线攻势说起			朝新
160	平绥线解放军攻势图			
161	解放军春季攻势战果图	第2卷第13期	1948年4月8日	
162	撤出延安一周年战绩			
163	解放军二月份战绩	第2卷第14期	1948年4月15日	
164	论蒋军“新战略”	第2卷第15期	1948年4月22日	朝新
165	东北人力物力分布概图			

续表

序号	题名	期号	时间	作者
166	延安解放与西北攻势	第 2 卷第 16 期	1948 年 4 月 29 日	
167	延安，我们回来了（漫画）			特伟
168	一年一月又三天			
169	西北战场解放军春季攻势图			
170	解放军三月份战绩	第 2 卷第 18 期	1948 年 5 月 13 日	
171	军力、地区、战略形势的变法	第 2 卷第 19 期	1948 年 5 月 20 日	朝新
172	华北解放区的建立	第 2 卷第 21 期	1948 年 6 月 3 日	
173	华北解放区形势图	第 2 卷第 21 期		
174	徐向前将军论临汾战役	第 2 卷第 22 期	1948 年 6 月 10 日	
175	三大战场形势图			
176	解放军四月份战绩	第 2 卷第 23 期	1948 年 6 月 17 日	
177	略论山东的夏季攻势	第 2 卷第 24 期	1948 年 6 月 24 日	
178	解放军五月份战绩	第 2 卷第 25 期	1948 年 7 月 1 日	
179	解放军进军大别山	第 2 卷第 26 期	1948 年 7 月 8 日	图片
180	解放军六月份战绩	第 2 卷第 27 期	1948 年 7 月 15 日	
181	豫东大歼灭战			朝新
182	从开封之战看人兽的分水岭			韦芝
183	晋中解放军伟大胜利	第 2 卷第 28 期	1948 年 7 月 22 日	
184	夏战场的新画面	第 2 卷第 29 期	1948 年 7 月 29 日	朝新
185	人民解放军两周年的总结和第三年的任务	第 2 卷第 30 期	1948 年 8 月 5 日	
186	人民解放军总部总结公报			
187	揭穿蒋记国防部的谎言	第 2 卷第 32 期	1948 年 8 月 19 日	朝新
188	对战争发展规律的认识	第 2 卷第 33 期	1948 年 8 月 26 日	
189	在西北前委会议上彭副总司令的讲话			
190	西北春季攻势总结			
191	解放军七月战绩	第 2 卷第 35 期	1948 年 9 月 9 日	

续表

序号	题名	期号	时间	作者
192	揭开秋季攻势的序幕	第2卷第37期	1948年9月23日	
193	东北、华东解放军秋季攻势形势图			
194	从济南解放看秋季战场	第2卷第38期	1948年9月30日	朝新
195	解放军8月战绩			
196	广东人民武装的发展与现势			蓝川
197	庆祝济南解放的伟大胜利	第2卷第39期	1948年10月7日	
198	东北华北的两局残棋			朝新
199	平绥路秋季攻势图			
200	从优势到劣势的蒋军	第2卷第40期	1948年10月14日	怀湘
201	走向对全局决定性的胜利	第2卷第41期	1948年10月21日	朝新
202	为实现华南行动纲领而奋斗	第2卷第42期	1948年10月28日	
203	吴化文将军起义通电			
204	中共中央电贺长春解放			
205	论战局的大变化	第2卷第43期	1948年11月4日	
206	中原战场略图			
207	实现华南人民利益的正确政策			丘哲
208	解放军9月战绩	第2卷第44期	1948年11月11日	
209	中共中央电贺东北完全解放			
210	惩办战争罪犯命令	第2卷第45期	1948年11月18日	
211	解放淮海之战			朝新
212	淮海解放战形势图			
213	蒋军就是灾难	第2卷第46期	1948年11月25日	志新
214	解放全东北的战役经过	第2卷第47期	1948年12月2日	
215	淮海与全局			朝新
216	广东的兵变在发展着			桐庐
217	访问起义之师			

续表

序号	题名	期号	时间	作者
218	解放军接受沈阳详情	1948 年第 48 期	1948 年 12 月 9 日	
219	徐州解放之后			朝新
220	战略重镇徐州			
221	解放军十月战绩	1948 年第 49 期	1948 年 12 月 16 日	
222	华北大战的前夕			朝新
223	十万大山的民兵战			林绍贤
224	三次粉碎“围剿”的胜利经验			冯宽
225	茅凹嶂之捷的意义	第 2 卷第 50 期	1948 年 12 月 23 日	罗任坚
226	人民解放军秋冬季攻势图			
227	论决定意义的胜利			朝新
228	首要战犯名单	第 3 卷第 1 期	1948 年 12 月 30 日	
229	平津解放军约法八章			
230	解放军十一月份战绩			
231	岁暮看战场			朝新
232	解放张家口			
233	蒋介石还有多少兵	第 3 卷第 2 期	1949 年 1 月 6 日	夏合德
234	评论中国战犯求和	第 3 卷第 3 期	1949 年 1 月 13 日	
235	锦州之役俘获的蒋军军官			
236	东北秋季攻势中俘敌将级军官名单			
237	中国人民解放军粤赣湘边、闽粤赣边、桂滇黔边纵队成立宣言	第 3 卷第 4 期	1949 年 1 月 20 日	
238	庆祝华南人民解放军三个纵队的成立			
239	一年来广东军事斗争态势			蓝川
240	解放军十二月份战绩			
241	长春我军纪律严明（漫画）			古元
242	郑洞国抵哈（相片）			
243	伟大的淮海解放战			朝新

续表

序号	题名	期号	时间	作者
244	论淮海之战	第3卷第5期	1949年1月27日	
245	南京以和被战	第3卷第6期	1949年2月3日	
246	第二批战犯名单			
247	敌人不投降就消灭它			方方
248	中共中央发布 庆祝平津解放口号			
249	解放军去年 下半年战绩总结			
250	锦州攻坚战			
251	惩办战争罪犯条件 包括日本战犯在内	第3卷第7期	1949年2月10日	
252	北平完全解放			
253	北平和谈解决经过			
254	中共中央电贺平津解放			
255	华南人民的威风			赵千山
256	揭破敌人最后挣扎的幻梦			朝新
257	评国民党对于 战争责任问题的几种答案	第3卷第9期	1949年2月24日	
258	蒋政府已陷土崩瓦解			
259	人民解放军一月份战绩	第3卷第10期	1949年3月3日	
260	人民队伍攻下了湖辽			李文
261	广东军阀有多少力量			未茗
262	林彪总部宣布改编 北平蒋傅军方案	第3卷第11期	1949年3月10日	
263	注意蒋党新战争阴谋			
264	琼崖解放军 三年战绩总结			
265	评大湖敌据点的和平解决			
266	高寡妇送旗子	第3卷第14期	1949年3月31日	米谷
267	积极生产支援前线 ——解放区妇女的光荣			

续表

序号	题名	期号	时间	作者
268	毛泽东电复傅作义	第3卷第15期	1949年4月7日	
269	傅作义将军通电			
270	解放长春之战			
271	白崇禧的密令	第3卷第16期	1949年4月14日	
272	粉碎战犯扩军狂梦妄想 ——解放军决迅速渡江南进			
273	解放沈阳之战			
274	论龙云给李何的复信	第3卷第17期	1949年4月21日	
275	人民解放军北平城			
276	进军江南前的形势			
277	毛主席朱总司令下 令全面总攻	第3卷第18期	1949年4月28日	
278	解放军进军江南形势图			
279	百万雄师大进军			朝新
280	北平人民热烈欢迎解放军			
281	指向江南的解放军炮兵			
282	1949年1月至3月 华南各区作战情势			
283	薛岳扩军有名无实			蓝川
284	中共中央电贺 南京太原解放	第3卷第19期	1949年5月5日	
285	堆积如山的战利品			
286	京沪杭区的大围歼战			朝新
287	琼崖人民的参军热潮			一之
288	天津人民热烈 欢迎大军南下	第3卷第20期	1949年5月12日	
289	南路解放区报道之一: 军队向前进			南军
290	解放南中国的序幕揭开了	第3卷第21期	1949年5月19日	怀湘
291	江南军事发展形势			
292	庆祝第二舰队起义			

续表

序号	题名	期号	时间	作者
293	华南解放军四月份战果初步统计	第 3 卷第 22 期	1949 年 5 月 26 日	
294	渡江第一月			朝新
295	雷州半岛的民兵战			南军
296	记上海解放	第 3 卷第 23 期	1949 年 6 月 2 日	
297	论解放大上海之战			朝新
298	解放军三个月战绩总结			
299	中共中央电贺各路大军前线胜利			
300	解放军第四野战军公布六项入城纪律			
301	入海还是上山——论蒋李的逃跑计划	第 3 卷第 24 期	1949 年 6 月 9 日	朝新
302	解放大上海经过			
303	第一野战军南下战果	第 3 卷第 25 期	1949 年 6 月 16 日	
304	记冯白驹将军			铁沙
305	南路人民拥军热			南军
306	把人民解放军的军旗插遍	第 3 卷第 26 期	1949 年 6 月 23 日	
307	解放军军旗军徽样式			
308	鄂赣湘边区纵队司令员林平将军			饶餤
309	消灭麻痹思想扑灭特务土匪	第 3 卷第 27 期	1949 年 6 月 30 日	
310	闽粤赣边区纵队司令刘永生将军			苏素
311	解放军五六月份战绩	第 3 卷第 28 期	1949 年 7 月 7 日	
312	人民解放军第三年战绩及三年战绩总结	第 3 卷第 30 期	1949 年 7 月 21 日	
313	粤东战局与华南新形势			彰风
314	华南解放军奉准成立粤中及粤桂两纵队			

续表

序号	题名	期号	时间	作者
315	人民解放军万岁	第3卷第31期	1949年7月28日	
316	人民解放军的三大特点与三大任务			彰风
317	论解放军的新攻势			朝新
318	战局的新动向	第3卷第32期	1949年8月4日	朝新
319	解放军湘赣攻势图			
	匪军洗劫闽南侨区	第3卷第33期	1949年8月11日	
320	南北兄弟队伍的会师——庆祝福州赣州解放	第3卷第35期	1949年8月25日	
321	继续进攻彻底消灭残敌			方方
322	解放华南之战与当前紧急任务			彰风
323	福建沿海之战与解放台湾	第3卷第36期	1949年9月1日	郁芳
324	人民解放军总部发表七月战绩			
325	兰州解放			方亢
326	西北战局急转直下	第3卷第37期	1949年9月8日	方亢
327	西北反动统治基本上灭亡了	第3卷第39期	1949年9月22日	方亢
318	粤赣湘解放区的迎军支前热潮	第3卷第40期	1949年9月29日	
329	组织战勤、支援前线	第3卷第41期	1949年10月6日	彰风
330	八月份战绩总结			
331	广州解放的重大意义	第3卷第42—43期	1949年10月20日	

附录3 《群众》周刊香港版揭露蒋介石和谈的专论篇目

序号	题名	期号	时间	作者
1	粉碎反动派的政治阴谋——论蒋介石的《元旦文告》	第3卷第2期	1949年1月6日	狄甫
2	蒋介石还有多少兵			夏合德
3	评论中国战犯求和	第3卷第3期	1949年1月13日	新华社

续表

序号	题名	期号	时间	作者
4	毛主席重要声明	第3卷第4期	1949年1月20日	
5	评蒋介石下台	第3卷第5期	1949年1月27日	
6	关于蒋介石“引退”			狄甫
7	李宗仁想走哪条路			萧恺
8	提出和谈具体步骤	第3卷第6期	1949年2月3日	
9	难进以和备战			
10	中共发言人对和谈问题谈话			
11	敌人不投降就消灭它			方方
12	论历史教训和历史创造			林石夫
13	革命进程中应有的警惕			张六村
14	揭破敌人最后挣扎的幻梦	第3卷第7期	1949年2月10日	朝新
15	争取真正的民主和平	第3卷第8期	1949年2月17日	若瀚
16	评国民党对于战争责任问题的几种答案	第3卷第9期	1949年2月24日	
17	蒋“政府”已陷入土崩瓦解			
18	坚持八项和平条件			林石夫
19	为真正的民主的永久的和平而奋斗	第3卷第10期	1949年3月3日	方方
20	论蒋介石与李宗仁			
21	李宗仁的真货色			
22	拆穿反动派的新骗局			许涤新
23	林彪将军讲和平问题	第3卷第11期	1949年3月10日	
24	论革命与和平			林石夫
25	评孙科内阁塌台	第3卷第12期	1949年3月17日	
26	反动派的幻想与打算			朝新
27	真和平与假和平的考验	第3卷第14期	1949年3月31日	怀湘
28	南京惨案与和平谈判	第3卷第15期	1949年4月7日	

续表

序号	题名	期号	时间	作者
29	南京政府应向人民投降	第3卷第16期	1949年4月14日	
30	看蒋党阴谋	第3卷第16期	1949年4月14日	
31	南京政府向何处去	第3卷第16期	1949年4月14日	新华社
32	白崇禧的密令	第3卷第16期	1949年4月14日	
33	和平的阻碍在哪里	第3卷第17期	1949年4月21日	怀湘
34	垂死前的挣扎	第3卷第18期	1949年4月28日	林石夫

附录4 《群众》周刊香港版反对美国援蒋的短评文章篇目

序号	栏目	篇名	期号	时间
1	短评	儿皇帝的苦闷 难道还不明白 暴行并未了结	第1卷第1期	1947年1月30日
2	短评	并非“洗手不管” 怎么过问呢? 美军驻地禁止游行	第1卷第2期	1947年2月6日
3	短评	“帮忙”太起劲了 以人民为训羊	第1卷第6期	1947年3月6日
4	短评	杀人无罪	第1卷第7期	1947年3月13日
5	短评	“反共”的实质 美国某教授的谬论	第1卷第8期	1947年3月20日
6	短评	又一血案	第1卷第9期	1947年3月27日
7	短评	马脚毕露 不能再容忍了	第1卷第11期	1947年4月10日
8	短评	势难持久	第1卷第14期	1947年5月1日
9	短评	马歇尔的定心丸 美国和戴高乐	第1卷第16期	1947年5月15日
10	短评	失宠的小老婆 注视又一卖国阴谋	第1卷第17期	1947年5月22日
11	短评	美国侵略到华南	第1卷第18期	1947年5月29日
12	短评	悼卡尔逊将军 美货加上日货	第1卷第19期	1947年6月5日
13	短评	领空大出卖 美货加上日货	第1卷第20期	1947年6月12日

续表

序号	栏目	篇名	期号	时间
14	短评	向法西斯跨一大步 丹尼斯竟判死刑 还要继续反对 美蒋合作制造黄灾	第1卷第23期	1947年7月3日
15	短评	魏德迈来华	第1卷第25期	1947年7月17日
16	短评	是谁的代理人和代言人	第1卷第27期	1947年7月31日
17	短评	美国侵略台湾的阴谋	第1卷第28期	1947年8月7日
18	短评	美蒋合作炸堤罪行	第1卷第29期	1947年8月14日
19	短评	美军强奸犯竟无罪 死心塌地地卖 救济品哪里去了	第1卷第30期	1947年8月21日
20	短评	什么话 朱家骅忙的什么	第1卷第31期	1947年8月28日
21	短评	美军快滚出中国去	第1卷第32期	1947年9月4日
22	短评	“宁愿”挨打	第1卷第33期	1947年9月11日
23	短评	美蒋救济协定	第1卷第34期	1947年9月18日
24	短评	反对美海军大演习	第1卷第36期	1947年10月2日
25	短评	反对“台湾托管”阴谋	第1卷第37期	1947年10月9日
26	短评	亡国的“布立特计划”	第1卷第38期	1947年10月16日
27	短评	魏德迈侮辱中国人民 奴相十足 往哪里走	第1卷第39期	1947年10月23日
28	短评	再也没有用了 匪帮就是匪帮 联总即将结束	第1卷第40期	1947年10月30日
29	短评	警惕！警惕美国	第1卷第41期	1947年11月6日
30	短评	司徒先生可以休矣 抵抗侵略一定胜利	第1卷第42期	1947年11月13日
31	短评	华侨的热情支援 “问题就在此” 柯克到广州干什么	第1卷第43期	1947年11月20日
32	短评	麦克米克的“边界” 法西斯的“联盟运动”	第1卷第45期	1947年12月4日

附录5 《群众》周刊反美援蒋的社论以及专论篇目

序号	作者 / 栏目	篇名	期号	时间
1	陆定一	对于战后国际形势中几个基本问题的解释	第1卷第1期	1947年1月30日
2	余伯约	美国布置着更大的欺骗		
3	纪 鸿	国民党政府出卖了些什么	第1卷第3期	1947年2月13日
4	卓 芸	谁统治着美国	第1卷第4期	1947年1月20日
5	未 名	“中国之命运”在美国	第1卷第6期	1947年3月6日
6	E. 丹尼斯	美国时局真相	第1卷第8期	1947年3月20日
7	何林	美国电影的毒害		
8	E. 丹尼斯	前进中的美国人民	第1卷第9期	1947年3月27日
9	舒翰	杜鲁门向世界人民挑战		
10	季方	军事统制在美国		
11	社论	评杜鲁门反共演说	第1卷第10期	1947年4月3日
12	B. 符龙斯基	关于美国法西斯主要的几封信（上下）	第1卷第11期 第1卷第12期	1947年4月10日 1947年4月17日
13	乔木	大美帝登场太迟	第1卷第12期	1947年4月17日
14		国美合作进行内战情形	第1卷第13期	1947年4月24日
15	严嘉仁	美国工人的生活和斗争	第1卷第14期	1947年5月1日
16	史特朗	毛泽东与世界局势	第1卷第19期	1947年6月5日
17	来信	中国内战与美国外交		
18	社论	坚决反对美国援蒋	第1卷第20期	1947年6月12日
19	刘友棠	美国的共和党	第1卷第21期	1947年6月19日
20	乔木	论杜鲁门主义的破产——从杜鲁门主义到马歇尔计划（上下）	第1卷第22期 第1卷第24期	1947年6月26日 1947年7月10日
21		中共中央发言人评美国继续以军火供给蒋政府	第1卷第24期	1947年7月10日
22	社论	制止蒋美合作制造黄灾	第1卷第26期	1947年7月24日
23	社论	魏德迈来做什么	第1卷第27期	1947年7月31日
24		魏德迈曾在中国干了些什么？		
25	来信	老爷在美国		

续表

序号	作者 / 栏目	篇名	期号	时间
26	乔木	美国自绝于世界（上、下）	第 1 卷第 28 期 第 1 卷第 29 期	1947 年 8 月 7 日 1947 年 8 月 14 日
27		魏德迈来华真相	第 1 卷第 29 期	1947 年 8 月 14 日
28	福斯特	论美国资产阶级与外交政策		
29	莫明翰	谁敢轻视中国人民	第 1 卷第 30 期	1947 年 8 月 21 日
30	社论	魏德迈走了	第 1 卷第 31 期	1947 年 8 月 28 日
31	社论	魏蒋双簧戏	第 1 卷第 32 期	1947 年 9 月 4 日
32	社论	总结魏德迈		
33		评论魏德迈离华声明		
34	社论	美国两年对日管制政策	第 1 卷第 33 期	1947 年 9 月 11 日
35	David Arnold	“天皇”麦克阿瑟在日本		
36	乔木	美国与联合国	第 1 卷第 35 期	1947 年 9 月 25 日
37	志中	蒋美在台湾的阴谋	第 1 卷第 37 期	1947 年 10 月 9 日
38	许涤新	第一笔美金账	第 1 卷第 44 期	1947 年 11 月 27 日
39	南京通讯	紫金山上看暮秋		
40	汉夫	美蒋宋的政治阴谋	第 1 卷第 45 期	1947 年 12 月 4 日
41	乔木	美国救得了命吗		
42	沈友谷	不再幻想不再上当		
43		蒋介石出卖海关	第 1 卷第 46 期	1947 年 12 月 11 日
44	特伟	美蒋之间（漫画）	第 2 卷第 1 期	1948 年 1 月 15 日
45	王宗一	一年来美国的侵华活动		
46	特伟	在烟幕下面进行的勾当（漫画）	第 2 卷第 3 期	1948 年 1 月 29 日
47	时评	反对美蒋秘密卖国谈判	第 2 卷第 4 期	1948 年 2 月 5 日
48		美军直接进攻中国人民	第 2 卷第 6 期	1948 年 2 月 19 日
49		解放军评即墨事件		
50	乔木	休矣！司徒雷登	第 2 卷第 7 期	1948 年 2 月 26 日
50		中国发言人痛斥杜鲁门援蒋内战政策		
51	林以民	美帝国主义对台湾的侵略		

续表

序号	作者 / 栏目	篇名	期号	时间
52	新华社	美帝援蒋初步统计	第 2 卷第 11 期	1948 年 3 月 25 日
53	特伟	两种军队（漫画）		
54	乔木	反对美帝军事干涉	第 2 卷第 13 期	1948 年 4 月 8 日
55	新华社	美帝经济与军事援蒋	第 2 卷第 14 期	1948 年 4 月 15 日
56	辛之	蒋宋出卖华南的新阶段（华南通讯）		
57	铁生	论美帝扶日阴谋	第 2 卷第 15 期	1948 年 4 月 22 日
58	伍启明	警惕美帝的文化侵略	第 2 卷第 17 期	1948 年 5 月 6 日
59	特伟	美蒋日之间（漫画）	第 2 卷第 19 期	1948 年 5 月 20 日
60	洛林	披着宗教外衣的蒋美间谍		
61	季方	美国大选形势近貌		
62		揭露美帝的宗教侵略（读者与编者）		
63	卓芸	论反对美帝扶日	第 2 卷第 20 期	1948 年 5 月 27 日
64	乔木	美帝国主义脱裤子		
65	时评	斥司徒雷登的狂谬声明	第 2 卷第 22 期	1948 年 6 月 10 日
66	楚扬	反对美帝扶日与干涉教育		
67	徐照林	美货在上海的影响		
68	乔木	美苏换文后的世界局势	第 2 卷第 24 期	1948 年 6 月 24 日
69	鲁保	香港工人的反美帝扶日运动	第 2 卷第 25 期	1948 年 7 月 1 日
70	季方	杜威的当选		
71	颖梅	反美扶日突击游行	第 2 卷第 27 期	1948 年 7 月 15 日
72	许涤新	蒋美双边协定分析	第 2 卷第 28 期	1948 年 7 月 22 日
73	端纳	美国大选与进步党	第 2 卷第 31 期	1948 年 8 月 12 日
74	时评	抗议美军强奸暴行	第 2 卷第 32 期	1948 年 8 月 19 日
75	星子	汉口美军强奸案真相		
76	徐照林	狗争骨头话美援		
77		美帝扶日真相	第 2 卷第 33 期 第 2 卷第 34 期 第 2 卷第 35 期	1948 年 8 月 26 日 1948 年 9 月 2 日 1948 年 9 月 9 日

附录6 《群众》香港版批判白皮书的专论篇目

序号	作者	篇名	期号	时间
1	社论	无可奈何的供状	第3卷第34期	1949年8月18日
2	社论	丢掉幻想，准备斗争		
3	吴田	谈丢掉包袱		
4		马歇尔调处的真相——新华社评美白皮书	第3卷第35期	1949年8月25日
5		各民主党派严斥白皮书		
6	铁生	美帝扩张政策的新阶段		
7	林石夫	论“一边倒”	第3卷第35期	1949年8月25日
8	社论	新华社四评白皮书	第3卷第37期	1949年9月8日
9	社论	新华社五评白皮书		
10	社论	反对美国对“不宣而和”的阴谋		
11	杜埃	民主个人主义的本质		
12	吴广	丢掉幻想		
13	思慕	英美的斗争与华府会议		
14		美帝对东南亚同盟的设计	第3卷第38期	1949年9月15日
15		共产党和工人政党的思想教育工作		
16	社论	新华社六评白皮书	第3卷第39期	1949年9月22日
17	铁生	从华盛顿会议看美帝		
18	寒梅	论美英远东的“平行政策”		
19		苏联真理报评“华盛顿谈判”		
20	彰风	展开拥护新中国的群众运动		
21	新华社短评	提高警惕谨防捣乱	第3卷第41期	1949年10月6日
22		中国人民对全世界的庄严宣告		
23	铁生	苏联有了原子弹和世界和平		

附录 7　章汉夫为《群众》香港版撰写的文章篇目

序号	署名	篇名	期号	时间
1	卓芸	谁统治着美国	第 1 卷第 4 期	1947 年 2 月 20 日
2	卓芸	看看蒋介石的后方	第 1 卷第 11 期	1947 年 4 月 10 日
3	卓芸	斯大林论反攻等问题	第 1 卷第 12 期	1947 年 4 月 17 日
4	卓芸	生存斗争的新浪潮	第 1 卷第 16 期	1947 年 5 月 15 日
5	卓芸	人民是压不住，杀不尽的	第 1 卷第 19 期	1947 年 6 月 5 日
6	卓芸	蒋介石的悲鸣与挣扎	第 1 卷第 21 期	1947 年 6 月 19 日
7	卓芸	人民奋斗的目标	第 1 卷第 30 期	1947 年 8 月 21 日
8	卓芸	加深认识，加倍努力	第 1 卷第 36 期	1947 年 10 月 2 日
8	卓芸	坚决站到人民方面来	第 1 卷第 44 期	1947 年 11 月 27 日
9	汉夫	美蒋宋的政治阴谋	第 1 卷第 45 期	1947 年 12 月 4 日
10	卓芸	关于统一战线答问	第 1 卷第 46 期	1947 年 12 月 11 日
11	汉夫	阶级关系与统一战线	第 2 卷第 2 期	1948 年 1 月 22 日
12	卓芸	大公报的中间路线	第 2 卷第 3 期	1948 年 1 月 29 日
14	卓芸	反迫害反饥饿	第 2 卷第 14 期	1948 年 4 月 15 日
15	卓芸	先生学生是一家	第 2 卷第 15 期	1948 年 4 月 22 日
16	汉夫	论旧政协与新政协	第 2 卷第 19 期	1948 年 5 月 20 日
17	卓芸	反对美帝扶日	第 2 卷第 20 期	1948 年 5 月 27 日
18	汉夫	历史的转新点——纪念中国共产党二十七周年	第 2 卷第 25 期	1948 年 7 月 1 日
19	卓芸	大迫害开始了	第 2 卷第 33 期	1948 年 8 月 26 日

附录 8　乔冠华为《群众》周刊香港版撰写的文章篇目

序号	署名	篇名	期号	时间
1	乔木	大美帝国登场得太迟了	第 1 卷第 12 期	1947 年 4 月 17 日
2	乔木	保卫和平的斗争开始了	第 1 卷第 14 期	1947 年 5 月 1 日
3	乔木	论杜鲁门主义的破产	第 1 卷第 20 期	1947 年 7 月 3 日

续表

序号	署名	篇名	期号	时间
4	乔木	论马歇尔计划的前途	第1卷第24期	1947年7月10日
5	乔木	美国自绝于世界	第1卷第28期	1947年8月7日
6	乔木	美国自绝于世界	第1卷第29期	1947年8月18日
7	乔木	美国与联合国	第1卷第35期	1947年9月25日
8	乔木	论欧洲共产党宣言	第1卷第39期	1947年10月23日
9	乔木	苏联与世界	第1卷第41期	1947年11月6日
10	乔木	美国救得了命吗	第1卷第45期	1947年12月4日
11	乔木	迎接民主反帝斗争新阶段	第1卷第49期	1948年1月1日
12	乔木	休矣，司徒雷登！	第2卷第7期	1948年2月26日
13	乔木	反对美帝军事干涉	第2卷第13期	1948年4月8日
14	乔木	世界局势与战争危机	第2卷第16期	1948年4月29日
15	乔木	美苏换文后的世界局势	第2卷第23期	1948年6月17日
16	乔木	反对新“日汪协定”	第2卷第27期	1948年7月15日
17	乔木	从美苏换文到莫斯科谈判	第2卷第34期	1948年9月2日
18	乔木	莫斯科谈判与柏林危机	第2卷第36期	1948年9月16日
19	乔木	第三届联合国大会	第2卷第40期	1948年10月14日
20	乔木	美帝的新阴谋	第2卷第43期	1948年11月4日
21	乔木	杜威失败的意义何在	第2卷第44期	1948年11月11日
22	乔木	宋美龄的访美	第2卷第48期	1948年12月9日
23	乔木	人民能取得这样的胜利	第2卷第50期	1948年12月23日
24	乔木	略论目前世界形势中的若干特点	第3卷第5期	1949年1月27日
25	乔木	美帝加强军事干涉的新动向	第3卷第8期	1949年2月17日
26	乔木	世界新形势与斗争新阶段	第3卷第13期	1949年3月24日
27	乔木	新的世界战争是可以阻止的	第3卷第17期	1949年4月21日

附录9　方方为《群众》周刊香港版撰写的文章篇目

序号	篇名	期号	时间
1	由经济危机说到农村斗争	第1卷第5期	1947年2月27日
2	狗急跳墙	第1卷第9期	1947年3月7日
3	纪念“五一”与中国工人的解放斗争	第1卷第14期	1947年5月1日
4	纪念“七一”，学习毛泽东思想	第1卷第23期	1947年7月3日
5	迎接大反攻	第1卷第35期	1947年9月25日
6	“耕者有其田”与爱国民主革命	第1卷第40期	1947年10月30日
7	把反蒋统一战线的革命战争进行到底	第1卷第47期	1947年12月10日
8	迎接新年，面向全国人民的彻底解放	第1卷第49期	1948年1月1日
9	再虚心来学毛主席的报告	第2卷第11期	1948年3月25
10	要做革命的行动家，不做革命清谈家	第2卷第17期	1948年5月6日
11	为成立民主联合政府而奋斗	第2卷第18期	1948年5月13日
12	庆祝全国解放区工代会的开幕	第2卷第22期	1948年6月10日
13	加强党，成为统一的全国人民民主政府的领导政党	第2卷第25期	1948年7月1日
14	论毛泽东军事学说中的游击战争	第2卷第29期	1948年7月29日
15	反帝反封建的分别与统一	第2卷第37期	1948年9月23日
16	谁战胜谁	第2卷第42期	1948年10月28日
17	“反帝为主”的解说	第2卷第44期	1948年11月11日
18	争取最后彻底的胜利	第2卷第47期	1948年12月2日
19	克服困难，准备胜利	第2卷第50期	1948年12月23日
20	庆祝华南人民解放军三个纵队的成立	第3卷第4期	1949年1月12日
21	敌人不投降就消灭它	第3卷第6期	1949年2月3日
22	为真正的民主和永久的和平而奋斗	第3卷第10期	1949年3月3日
23	拥护二中全会	第3卷第15期	1949年4月7日
24	庆祝新的劳动节	第3卷第18期	1949年4月28日
25	建立华南解放的总基地来纪念“七一”	第3卷第27期	1949年6月30日
26	继续进攻，彻底消灭残敌	第3卷第35期	1949年8月20日

附录 10　华岗为《群众》周刊香港版撰写的文章篇目

序号	署名	篇名	期号	时间
1	林石父	理论的力量——《苏联（布尔什维克）历史简明教程》出版十周年纪念	第 2 卷第 41 期	1948 年 10 月 21 日
2	林石父	人类解放的新希望与历史发展的火车头	第 2 卷第 43 期	1948 年 11 月 4 日
3	林石父	中国革命胜利和美国对华政策	第 2 卷第 46 期	1948 年 11 月 25 日
4	林石父	为保护中国领土主权而战	第 2 卷第 48 期	1948 年 12 月 9 日
5	林石父	论历史教训和历史创造	第 3 卷第 6 期	1949 年 2 月 3 日
6	林石父	坚持八项和平条件	第 3 卷第 9 期	1949 年 2 月 24 日
7	林石父	论革命与和平	第 3 卷第 11 期	1949 年 3 月 10 日
8	林石父	关于中国民族独立自主与国际关系问题答客问	第 3 卷第 14 期	1949 年 3 月 31 日
9	华岗	论中国城乡关系的发展规律	第 3 卷第 15 期	1949 年 4 月 7 日
10	林石父	垂死前的挣扎	第 3 卷第 18 期	1949 年 4 月 28 日
11	林石父	中国新民主主义文化的产生和发展	第 3 卷第 19 期	1949 年 5 月 5 日
12	林石父	建立友谊邦交的前提	第 3 卷第 20 期	1949 年 5 月 12 日
13	林石父	反动派图保残局的斗争	第 3 卷第 24 期	1949 年 6 月 9 日
14	林石父	李宗仁的梦呓	第 3 卷第 25 期	1949 年 6 月 16 日
15	林石父	论新政协与新中国	第 3 卷第 27 期	1949 年 6 月 30 日
16	林石父	从封建地主官僚资产阶级专政到人民民主专政	第 3 卷第 29 期	1949 年 7 月 14 日
17	林石父	论自我教育和改造敌人	第 3 卷第 30 期	1949 年 7 月 21 日
18	林石父	从革命友谊看中苏关系的发展	第 3 卷第 32 期	1949 年 8 月 4 日
19	林石父	论“一边倒”	第 3 卷第 35 期	1949 年 8 月 18 日

附录 11　胡绳为《群众》周刊香港版撰写的文章篇目

序号	署名	篇名	期号	时间
1	友 谷	追怀四·八烈士	第 1 卷第 10 期	1947 年 4 月 3 日
2	沈友谷	民主的思想充实	第 1 卷第 15 期	1947 年 5 月 8 日
3	沈友谷	从学生运动中所看到	第 1 卷第 18 期	1947 年 5 月 29 日
4	沈友谷	中国共产党为什么而奋斗	第 1 卷第 23 期	1947 年 7 月 3 日
5	沈友谷	新中国知识分子的典型	第 1 卷第 25 期	1947 年 7 月 17 日
6	沈友谷	说自力更生	第 1 卷第 34 期	1947 年 9 月 18 日
7	沈友谷	辛亥革命中的革命武力问题	第 1 卷第 37 期	1947 年 10 月 9 日
8	沈友谷	让农民自己动手解放自己	第 1 卷第 41 期	1947 年 11 月 6 日
9	沈友谷	不要幻想，不再上当	第 1 卷第 45 期	1947 年 12 月 4 日
10	沈友谷	列宁在民主革命中无产阶级领导权思想——《两个策略》的读书笔记	第 2 卷第 2 期	1948 年 1 月 22 日
11	沈友谷	百年前的伟大预言——《共产党宣言》发表百周年纪念	第 2 卷第 7 期	1948 年 2 月 26 日
12	沈友谷	二十一条与“新二十一条”——日·袁·美与美·蒋之间	第 2 卷第 17 期	1948 年 5 月 6 日
13	胡 绳	关于知识分子的问题	第 2 卷第 28 期	1948 年 7 月 22 日
14	沈友谷	国际主义和中国民族解放运动	第 2 卷第 32 期	1948 年 8 月 19 日

附录 12　许涤新为《群众》周刊香港版撰写的文章篇目

序号	篇名	期号	时间
1	国民党的财经危机	第 1 卷第 1 期	1947 年 1 月 30 日
2	戳穿国民党的经济魔术	第 1 卷第 4 期	1947 年 2 月 20 日
3	评《经济措施方案》	第 1 卷第 5 期	1947 年 2 月 27 日
4	经济总崩溃更接近了	第 1 卷第 14 期	1947 年 5 月 1 日
5	再论国民党财政危机	第 1 卷第 17 期	1947 年 5 月 22 日
6	是谁造成经济灾难	第 1 卷第 20 期	1947 年 6 月 20 日
7	论新民主主义劳动政策	第 1 卷第 22 期	1947 年 6 月 26 日
8	第三次经济风暴与张群的经济办法	第 1 卷第 24 期	1947 年 7 月 10 日
9	总动员就是要抢劫	第 1 卷第 25 期	1947 年 7 月 17 日

续表

序号	篇名	期号	时间
10	经济总崩溃更接近了	第 1 卷第 25 期	1947 年 7 月 17 日
11	又来一次经济欺骗	第 1 卷第 31 期	1947 年 8 月 28 日
12	抵制日货运动	第 1 卷第 36 期	1947 年 10 月 2 日
13	实现耕者有其田是实行孙中山先生的主要遗教	第 1 卷第 37 期	1947 年 10 月 9 日
14	耕者有其田是发展工商业的前提	第 1 卷第 40 期	1947 年 10 月 30 日
15	算一笔美金账	第 1 卷第 44 期	1947 年 11 月 27 日
16	经济戡乱是在“戡”谁?	第 1 卷第 47 期	1947 年 12 月 12 日
17	关于苏联的币值改革	第 1 卷第 48 期	1947 年 12 月 20 日
18	一年来蒋管区的物价波动	第 1 卷第 49 期	1948 年 1 月 1 日
19	消灭垄断资本与建设新民主主义经济	第 1 卷第 50 期	1948 年 1 月 8 日
20	法郎贬值与资本主义世界的矛盾	第 2 卷第 5 期	1948 年 2 月 20 日
21	为什么要平均分配土地	第 2 卷第 6 期	1948 年 2 月 19 日
22	论城市经济改造	第 2 卷第 10 期	1948 年 3 月 18 日
23	请看反动派的所谓改革	第 2 卷第 13 期	1948 年 4 月 8 日
24	撒谎能挽救经济崩溃吗?	第 2 卷第 14 期	1948 年 4 月 15 日
25	论大资产阶级与中小资产阶级的区别	第 2 卷第 19 期	1948 年 5 月 20 日
26	论新民主主义的劳动政策	第 2 卷第 22 期	1948 年 6 月 10 日
27	“总动员”就是总抢劫	第 2 卷第 25 期	1948 年 7 月 1 日
28	蒋区经济崩溃及其趋势	第 2 卷第 30 期	1948 年 8 月 5 日
29	论城市社会改革	第 2 卷第 32 期	1948 年 8 月 19 日
30	论蒋朝的币制改革	第 2 卷第 33 期	1948 年 8 月 26 日
31	迫害能支持金圆券吗?	第 2 卷第 35 期	1948 年 9 月 9 日
32	论崩溃的蒋朝财政	第 2 卷第 41 期	1948 年 10 月 21 日
33	民族工商业家的出路在哪里?	第 2 卷第 42 期	1948 年 10 月 28 日
34	蒋朝“币改”完全崩溃了	第 2 卷第 44 期	1948 年 11 月 11 日
35	更大的掠夺与无形的膨胀	第 2 卷第 45 期	1948 年 11 月 18 日
36	新中国在大步前进	第 2 卷第 50 期	1948 年 12 月 23 日
37	关于官僚资本的逃遁与变形	第 3 卷第 7 期	1949 年 2 月 10 日

续表

序号	篇名	期号	时间
38	戳穿反动派的新骗局	第 3 卷第 10 期	1949 年 3 月 3 日
39	经济建设一定可以成功	第 3 卷第 12 期	1949 年 3 月 17 日
40	关于华北贸易	第 3 卷第 14 期	1949 年 3 月 31 日

附录 13 “友声”专栏刊载关于土改的专论篇目

序号	作者	篇名	期号	时间
1	狄白超	论划时代的土地改革	第 1 卷第 41 期	1947 年 11 月 6 日
2	陆 诒	对土地法的观感		
3	邓初民	我对土地法大纲的一点看法	第 1 卷第 42 期	1947 年 11 月 13 日
4	陈其瑗	以实现“耕者有其田”来纪念孙中山先生		
5	李伯球	略论中国土地改革	第 1 卷第 43 期	1947 年 11 月 20 日
6	黄药眠	我对于土地法大纲的看法		
7	王思曙	土地改革与中国革命	第 2 卷第 5 期	1948 年 2 月 12 日
8	谭平山	土地改革与民主统一战线	第 2 卷第 9 期	1948 年 3 月 10 日

附录 14 《群众》周刊香港版“友声”栏目文章篇目

序号	作者	篇名	期号	时间
1	狄白超	论划时代的土地改革	第 1 卷第 41 期	1947 年 11 月 6 日
2	陆 诒	对土地法的观感		
3	邓初民	我对土地法大纲的一点看法	第 1 卷第 42 期	1947 年 11 月 13 日
4	陈其瑗	以实现“耕者有其田”来纪念孙中山先生		
5	李伯球	略论中国土地改革	第 1 卷第 43 期	1947 年 11 月 20 日
6	黄药眠	我对于土地法大纲的看法		
7	王思曙	土地改革与中国革命	第 2 卷第 5 期	1948 年 2 月 12 日
8	谭平山	土地改革与民主统一战线	第 2 卷第 9 期	1948 年 3 月 10 日
9	方与严	新式土劣晏阳初	第 2 卷第 13 期	1948 年 4 月 8 日
10	马叙伦	读了中共“五一”口号以后	第 2 卷第 20 期	1948 年 5 月 27 日
11	郭沫若	脑力劳动者对“五一”口号应有的觉悟	第 2 卷第 21 期	1948 年 6 月 3 日

续表

序号	作者	篇名	期号	时间
12	侯外庐	孙中山到毛泽东	第 2 卷第 25 期	1948 年 7 月 1 日
13	曾昭抡	科学家与政治	第 2 卷第 26 期	1948 年 7 月 8 日
14	胡芮莨	区别资产阶级的大中小没有必要吗	第 2 卷第 27 期	1948 年 7 月 15 日
15	张 勤	也谈科学家与政治	第 2 卷第 34 期	1948 年 9 月 2 日
16	康仲平	论中国的官僚资本主义	第 2 卷第 39 期、第 40 期	1948 年 10 月 7 日 1948 年 10 月 14 日
17	李章达	华南人民公意的具体表现	第 2 卷第 42 期	1948 年 10 月 28 日
18	丘 哲	实现华南人民利益的正确政策	第 2 卷第 43 期	1948 年 11 月 4 日
19	彭泽民	一个适应时地的正确政纲	第 2 卷第 46 期	1948 年 11 月 25 日
20	陈其瑗	华侨同胞新年的光荣任务	第 3 卷第 1 期	1948 年 12 月 30 日
21	张六村	革命进程中应有的警惕	第 3 卷第 6 期	1949 年 2 月 3 日

附录 15 《群众》周刊香港版重要撰稿人简况（按姓氏笔划）

序号	署名	籍贯	教育背景（留学国家）	党派	专栏	篇数
1	于光远	上海	清华大学	中国共产党	经济学	1
2	马叙伦	浙江余杭	杭州府中学堂	民主促进会	友声	5
3	王思曙			民主促进会	友声	1
4	方方	广东普宁	广州农民运动讲习所	中国共产党	专论	26
5	方亢（忆新）	广东中山	广西大学经济系	中国共产党	西北局势	4
6	邓初民	湖北石首	东京法政大学	中国共产党	专论	3
7	邓颖超	河南光山	天津南开中学	中国共产党	妇女运动	2
8	艾思奇	云南腾越	留学日本	中国共产党	哲学	2
9	古念良	广东中山	重庆复旦大学	中国共产党	中共土改	4

续表

序号	署名	籍贯	教育背景（留学国家）	党派	专栏	篇数
10	冯乃超	广东南海	东京帝国大学	中国共产党	文艺理论	1
11	冯白驹	广东琼山	上海大夏大学预科	中国共产党	琼崖军事形势	1
12	乔冠华	江苏盐城	清华大学德国士宾根大学	中国共产党	国际问题	46
13	朱德	四川仪陇	苏联东方大学	中国共产党	重要讲话	8
14	任以沛（华民）	江苏吴江	西南联大	中国共产党	专论	6
15	华岗	浙江衢县	浙江省第四中学	中国共产党	专论	23
16	刘宁一	河北满城	直隶第四师范学堂	中国共产党	国际问题	19
17	米谷	浙江海宁	杭州国立艺专高中部和上海美专	中国共产党	漫画	98
18	许涤新	广东揭阳	广东中山大学	中国共产党	专论	40
19	杜埃	广东大埔	广东中山大学	中国共产党	专论	6
20	杜国庠	广东澄海	日本早稻田大学	中国共产党	专论	2
21	李达	湖南零陵	日本东京帝国大学	中国共产党	重要讲话	1
22	李伯球	广东梅县	广东中山大学	中国民主同盟、中国民主促进会	土改专论	1
23	李济深	广西苍梧	北京陆军大学	中国国民党革命委员会	专论	1
24	李普（李薄）	湖南涟源	大学肄业	中国共产党	专论	4
25	李立三	湖南醴陵	留法国勤工俭学	中国共产党	专论和讲话	3

续表

序号	署名	籍贯	教育背景（留学国家）	党派	专栏	篇数
26	李维汉	湖南长沙	留法国勤工俭学	中国共产党	专论	2
27	连贯	广东大埔	上海大同大学	中国共产党	专论	5
28	吴玉章	四川荣县	留学日本	同盟会	专论	3
29	方卓芬（怀庶）	上海	上海大夏师范学校	中国共产党	上海通讯及国统区经济	11
30	廖沫沙（怀湘）	湖南长沙	长沙师范	中国共产党	专论	19
31	陆诒	上海	上海民治新闻学院	中国民主同盟	专论	2
32	陆定一	江苏无锡	上海交通大学	中国共产党	专论	5
33	陈伯达	福建惠安	苏联莫斯科中山大学	中国共产党	专论	10
34	陈其瑗	广东广州	北京大学	中国国民党革命委员会	专论	1
35	陈家康	湖北广济	武汉大学	中国共产党	专论	2
36	陈铭枢	广东合浦	保定陆军军官学校	中国同盟会	专论及讲话	1
37	邵荃麟	浙江慈溪	复旦大学	中国共产党	专论	12
38	林默涵	福建武平	延安马列学院	中国共产党	专论	8
39	范剑崖（朝新）			中国共产党	军情分析	97
40	季方	江苏海门	保定军校	中国共产党、农工民主党	美国通讯	12
41	周而复（荀寰）	安徽旌德	上海光华大学	中国共产党	中共将军专论	7
42	周建人	浙江绍兴	北京大学	中国民主促进会	专论	1

续表

序号	署名	籍贯	教育背景（留学国家）	党派	专栏	篇数
43	胡绳（沈友谷）	江苏苏州	北京大学	中国共产党	专论	13
44	秦牧	广东澄海	香港华侨中学		周末漫谈	5
45	夏衍（任晦之）	杭州	日本帝国大学	中国共产党	茶亭杂话	128
					蜗楼随笔	55
46	特伟（盛松）	上海	上海尚贤中学		漫画	39
47	铁生	江苏泰兴	华中师范大学历史系	中国共产党	专论	15
48	郭沫若	四川乐山	日本九州帝国大学		专论及讲话	10
49	潘汉年（萧恺）	江苏宜兴	上海中华国语专科学校	中国共产党	专论	6
50	黄药眠	广东梅县	广东高等师范英语系	中国民主同盟	土改专论	1
51	龚澎	安徽合肥	燕京大学历史系	中国共产党	专论	3
52	章汉夫	江苏武进	苏联莫斯科东方大学	中国共产党	专论	18
53	康仲平	江苏扬州			官僚资本专论	3
54	彭泽民	广东四会		农工民主党	专论和讲话	2
55	董必武	湖北红安	日本东京私立日本大学		专论	2
56	曾昭抡	湖南湘乡	美国麻省理工学院科学博士		科学家与政治专论	2
57	蔡馥生	广东揭阳	厦门大学	中国共产党	财经问题	3

续表

序号	署名	籍贯	教育背景（留学国家）	党派	专栏	篇数
58	饶彰风（蒲特）	广东大埔	广州陆地测量学校	中国共产党	专论	13
59	潘梓年	江苏宜兴	上海私立大同学院	中国共产党	专论	1
60	谷醒华	四川荣县	成都优级师范学校	国民党左派	专论	4

参考文献

一、报刊

《大众文艺丛刊》

《华商报》

《观察》

《理论与现实丛刊》

《农工月刊》

《群众》

《时与文》

《时代批评》

《野草文丛》

《中央日报》

《自由丛刊》

《展望》

二、资料汇编、年谱、文集、回忆录、传记

（一）资料汇编

［1］四川大学马列主义教研室中共党史科研组．停战谈判资料选编（内部参考）．1979

［2］中国共产党新闻工作文件汇编．新华出版社，1980；李华兴．中国现代思想史资料简编第5卷．浙江人民出版社，1983

［3］广东档案馆．东江纵队史料．广东人民出版社，1984

［4］中央统战部，中央档案馆．中共中央解放战争时期统一战线文

件选编. 档案出版社，1988

［5］中国土地改革史料选编. 国防大学出版社，1988

［6］彭明. 中国现代史资料选辑（第6册）. 中国人民大学出版社，1989

［7］《群众》影印本（1—14册），中国和平出版社，1989

［8］中央档案馆，广东档案馆. 广东革命历史文件汇集（1937—1949）. 北京，1989

［9］中央档案馆，四川档案馆. 四川革命历史文件汇集（1940—1947）甲12. 北京，1989

［10］中央档案馆，广东档案馆. 中共中央香港分局文件汇集，（1947.5—1949.3）. 北京，1989

［11］南方局党史资料（文化工作）. 重庆出版社，1990

［12］上海革命文化大事记. 上海翻译出版社，1991

［13］中国共产党晋察冀边区出版史资料选编. 石家庄：河北出版社，1991

［14］中央档案馆. 中共中央文件选集. 中共中央党校出版社，1991—1992

［15］万仁元，方庆秋. 中华民国史史料长编. 南京大学出版社，1993

［16］广东档案馆. 中国共产党广东省组织史资料（上、下）. 中共党史出版社，1994

［17］中国共产党宣传工作文献选编（1915—1937），（1937—1949）. 学习出版社，1996

［18］金炳华. 上海文化界奋战在“第二条战线”上史料集. 上海人民出版社，1999

［19］中华民国史档案资料汇编（第5辑第3编）. 江苏古籍出版社，1999

[20] 中国国民党中央执行委员会常务委员会会议录. 广西师范大学出版社，2000

[21] 全国民国档案通览（1—10）. 中国档案出版社，2005

[22] 建党以来重要文献选编（1921—1949）. 中央文献出版社，2011

（二）年谱

[1] 朱德年谱. 人民出版社，1986

[2] 周恩来年谱（1898—1949）. 人民出版社，1989

[3] 毛泽东年谱（1893—1949）. 人民出版社、中央文献出版社，1993

[4] 邓小平年谱（1904—1974）. 人民出版社、中央文献出版社，2004

（三）文集

[1] 中国报刊研究文集. 上海人民出版社，1959

[2] 周恩来选集. 人民出版社，1980

[3] 周恩来书信选集. 中央文献出版社，1988

[4] 周恩来军事文选. 人民出版社，1998

[5] 马克思恩格斯论新闻. 新华出版社，1983

[6] 毛泽东新闻工作文选. 新华出版社，1983

[7] 毛泽东军事文集. 军事科学出版社、中央文献出版社，1993

[8] 毛泽东周恩来刘少奇朱德论党的宣传工作. 中共中央党校出版社，1989

[9] 陈云文选（1926—1949）. 人民出版社，1984

[10] 马叙伦政论文选. 文史资料出版社，1985

[11] 孙中山全集. 中华书局，1986

[12] 方方文集. 广东人民出版社，1990

[13] 连贯同志纪念文集. 中国华侨出版社，1995

[14] 陈毅军事文选. 解放军出版社，1996
[15] 周而复. 周而复散文集. 华夏出版社，1999
[16] 许涤新集. 中国社会科学出版社，2000
[17] 方汉奇文集. 汕头大学出版社，2003
[18] 华岗纪念文集. 青岛出版社，2003
[19] 胡绳全书（1—7 卷）. 人民出版社，2003
[20] 张申府文集（第一卷）. 河北人民出版社，2004
[21] 周而复. 空余旧迹郁苍苍. 中国工人出版社，2004
[22] 杜埃文集. 第 4 卷. 花城出版社，2005

（四）回忆录

[1] 蒋经国. 风雨中的宁静. 中华民国六十二年七月一日大专学生集训班印
[2] 古屋奎二. 蒋总统秘录（第 4 卷）.（台湾）“中央日报社”，1976
[3] 李维汉. 回忆与研究. 中共党史资料出版社，1986
[4] 淮海战役亲历记. 文史资料出版社，1988
[5] 天津历史的转折——原国民党军政人员的回忆. 天津，1988
[6] 许涤新. 风狂霜峭录. 生活・读书・新知三联书店，1989
[7] 薛暮桥. 傲霜集. 中国展望出版社，1989
[8] 群众回忆录. 群众杂志出版社，1989
[9] 费正清. 费正清对华回忆录. 知识出版社，1991
[10] 盐城市地方志办公室. 盐城人物志. 江苏教育出版社，1991
[11] 新华社回忆录（二）. 新华出版社，1991
[12] 方卓芬，方梧. 回忆许涤新. 海天出版社，2002
[13] 胡乔木 . 胡乔木回忆毛泽东. 人民出版社，2003
[14] 胡正强. 中国现代报刊活动家评传. 新华出版社，2003
[15] 罗银胜. 才情人生乔冠华. 团结出版社，2004
[16] 凤凰书品编著. 我的父亲母亲口述历史. 凤凰出版社，2013

［17］徐秀丽．我是一个中国的美国人：李敦白口述历史，九州出版社，2014

三、著作

［1］新华社评论集（1945—1950）．新华通讯社，1960

［2］方汉奇．中国近代报刊史．山西人民出版社，1981

［3］方汉奇．报史与报人．新华出版社，1991

［4］董志凯．解放战争时期的土地改革．北京大学出版社，1987

［5］资中筠．美国对华政策缘起和发展．重庆出版社，1987

［6］资中筠．追根溯源——战后美国对华政策的缘起和发展（1945—1950）．中国社会科学出版社，2007

［7］陈不讳．香港出版业．彩色世界出版社，1989

［8］王金铻．中国现代知识分子的历史轨迹．吉林文史出版社，1989

［9］金德群．中国国民党土地政策研究．海洋出版社，1991

［10］钟紫．香港报业春秋．广东人民出版社，1991

［11］俞吾金．意识形态论．上海人民出版社，1993

［12］邹谠．二十世纪中国政治——从宏观历史和微观行动的角度看．牛津大学出版社，1994

［13］闾小波．中国早期现代化的传播媒介．上海三联书店，1995

［14］周淑真．1949 飘摇港岛．时事出版社，1996

［15］唐宝林．马克思主义在中国 100 年．安徽人民出版社，1997

［16］王洪祥．中国现代新闻史．新华出版社，1997

［17］白润生．中国新闻通史纲要．新华出版社，1998

［18］白润生．新闻研究文集．中国文史出版社，2004

［19］蔡洺泽．中国国民党党报历史研究．团结出版社，1998

［20］叶再生．出版史研究（1–6 辑）．中国书籍出版社，1993—1998

［21］郑新如，陈思明．群众周刊史．中共党史出版社，1998

［22］谢泳．逝去的年代——中国自由知识分子的命运．文化艺术出版社，1999

［23］袁小伦．战后初期中共与香港进步文化．广东教育出版社，1999

［24］周葱秀，涂明．中国近现代文化期刊史．山西教育出版社，1999

［25］江沛．毁灭的种子——国民政府时期意识管制分析，陕西人民出版社，2000

［26］汪朝光．中华民国史（第三编第5卷）．中华书局，2000

［27］汪朝光．中国命运的决战（1945—1949）．凤凰出版集团、江苏人民出版社，2006

［28］丁淦林．中国新闻事业史．高等教育出版社，2001

［29］叶文益．广东革命报刊史（1919—1949），中共党史出版社，2001

［30］忻平．中华民国纪事．福建人民出版社，2001

［31］金炳华等．哲学大辞典上册．上海辞书出版社，2001

［32］张育仁．自由的历险——中国自由主义新闻思想史．云南人民出版社，2002

［33］金冲及．转折年代——中国的1947年．生活·读书·新知三联书店，2002

［34］金冲及．决战——毛泽东、蒋介石是如何应对三大战役的．北京大学出版社，2012

［35］金冲及．一本书的历史．中央文献出版社，2014

［36］高郁雅．国民党新闻宣传与战后中国政局变动（1945—1949）．国立台湾大学文史丛刊，2004

［37］张海鹏．东厂论史录：中国近代史研究的评论与思考．广东人民出版社，2005

[38] 王建辉. 出版与近代文明. 河南大学出版社，2006

[39] 雷戈. 第三种历史：一个历史新闻学的文本. 人民出版社，2007

[40] 方克. 中共中央党刊史稿. 红旗出版社，2008

[41] 彭亚新. 中共中央南方局的文化工作. 中共党史出版社，2009

[42] 周为筠. 杂志民国. 金城出版社，2009

[43] 李勇军. 图说民国期刊. 上海远东出版社，2010

[44] 刘朝辉. 民国史料丛刊总目. 大象出版社，2010

[45] 陆恭蕙. 地下阵线：中共在香港的历史. 香港大学出版社，2010

[46] 吴雁南. 中国近代社会思潮 1840—1949（第四卷）. 湖南教育出版社，2012

[47] 董强. 解放军为什么能执行. 黄河出版社，2012

[48] 刘海龙. 宣传：观念、话语及其正当性. 中国大百科全书出版社，2013

[49] 刘统. 解放军史鉴解放军史（1945—1949）上卷. 青岛出版社，2013

[50] 陈勇. 民国史家与史学. 上海大学出版社，2014

[51] 张俊义，刘智鹏. 香港与内地关系研究. 南京大学出版社，2015

四、译著

[1] 施拉姆. 报刊的四种理论. 新华出版社，1980

[2] 池田德真. 宣传战史. 新华出版社，1984

[3] 贝姆. 组织中的传播和权力话语、意识形态和统治. 中国社会科学出版社，2000

[4] 鲍曼. 立法者与阐释者：论现代性后现代性与知识分子. 上海人民出版社，2000

［5］塞弗林，坦卡德. 传播理论：起源、方法与应用. 华夏出版社，2000

［6］文森特·莫斯可. 传播政治经济学. 华夏出版社，2000

［7］麦克卢汉. 理解媒介——论人的延伸. 商务印书馆，2001

［8］史蒂文森. 认识媒介文化. 商务印书馆，2001

［9］彼得斯. 交流的无奈：传播思想史. 华夏出版社，2003

［10］哈罗德·伊尼斯. 传播的偏向. 中国人民大学，2003

［11］费约翰. 唤醒中国——国民革命中的政治、文化与阶级. 生活·读书·新知三联书店，2005

［12］克莱尔. 媒体宣传操纵指南. 河南教育出版社，2005

［13］约翰·B. 汤普森. 意识形态与现代的文化. 译林出版社，2005

［14］李普曼. 公众舆论. 上海世纪出版集团，2006

［15］密尔顿. 论出版自由. 商务印书馆，2008

［16］布鲁斯·兰尼斯·史密斯等. 宣传、传播和舆论指南. 中山大学出版社，2008

［17］拉斯韦尔. 社会传播的结构与功能. 中国传媒大学出版社，2013

［18］胡素珊. 中国内战（1945—1949 的政治斗争）. 当代中国出版社，2014

五、论文

［1］金阳. 抗战初期中共广东省委训练班情况. 广东党史资料（12）. 广东人民出版社，1983

［2］汪荣祖. 自由主义与中国. 香港中文大学文化研究所编：二十一世纪

［3］杜云. 解放战争时期中共在香港的活动——一段罕为人知的香港历史. 社会科学研究参考资料，1996（3—4）

［4］李信. 建国前中国在香港的主要活动. 江苏统战，1997（6）

［5］王垒，袁小伦．论解放战争中后期香港文化阵地与中共财经统战工作．广东社会科学，2004（2）

［6］康满堂．解放战争时期香港《华商报》的历史地位和特点．贵州文史丛刊，2006（4）

［7］王润泽．统一战线报纸的典范华商报．新闻界，2012（4）

［8］潘琦．解放战争时期中共在香港的活动．党史博览，2015（2）

［9］胡俊修等．群众杂志与中共抗战时期的社会动员．光明日报，2013.1（30）

［10］张红春，雷国珍．论群众周刊在抗日战争初期的动员．中共党史研究，2013（6）

［11］崔璇．周恩来革命舆论宣传及对中国抗战之路的贡献——基于《群众》周刊的分析．延安党校学报，2015（3）

［12］陈雷刚．章汉夫与新华日报和《群众》周刊．百年潮，2015（8）

［13］陈雷刚．章汉夫在香港办群众周刊．福建党史月刊，2015（5）

［14］郭启才．群众周刊与马克思主义中国化．南开学报，2016（3）

［15］何建娥，陈金龙．群众周刊与马克思主义在国统区的传播．安徽史学，2016（4）

六、学位论文

［1］周双全．大陆作家在香港（1945—1949）．复旦大学博士论文，2004

［2］刘江船．新民主主义革命时期中国共产党新闻管理思想研究．苏州大学博士论文，2006

［3］宋黎明．中国共产党的政治传播机制研究．中共中央党校博士论文，2007

［4］郑志峰．重建社会重心：战后自由知识分子群体研究（1945—1949）．华东师范大学博士论文，2008

［5］倪琳．近代中国舆论思想演迁．上海大学博士论文，2010

[6] 张炎. 宣传政党领导的合法性建构：以中国共产党为研究对象. 复旦大学博士论文，2010

[7] 张红春. 群众周刊的抗战政治动员研究. 湘潭大学博士论文，2013

七、外文文献

[1] *John Leighton Stuart, Fifty Years In China. The Memoirs of John Leighton Stuart, Missionary and Ambassador, Random House, New York, 1954.*

[2] *Shanghai USIS-USIE Central Office Report for January, March, 1949, RG, Central Decimal Files 1945—1949.*

[3] *Tsou, Tang., America's Failure in China, 1941—1950, The University of Chicago Press, Chicago, 1963.*

[4] *Tsou, Tang., China in crisis. University of Chicago Press, 1968.*

[5] *The China White Paper, August 1949, (United States Relations with China) Stanford: Stanford University Press, 1967.2 Vols.*

[6] *The New York Times, 1945—1949.*

后　记

2020年是极不平凡的一年，岁末之际，我翻开三年前写的后记，思绪万千。

2017年元旦刚过，当雾霾指数已经达到橙色预警的一个清晨，儿子去上学了，先生照例去了自己的画室，我拿起笔，理清思路开始写这篇博士论文的后记。

至今还记得窗外飘来阵阵腊梅的馨香，我眼前浮现一幕幕考博和读博的艰辛历程。并不年轻的我在考博路途上走得很艰辛，四次才终于考取。我先生和已经在攻读博士的女儿一次次鼓励我，大家都知道我不甘心，不甘心这场从2006年就开启的考博历程没有结果。

回眸2013年读博、2014年赴美访学、2017年毕业，萦绕在脑海的是我对师长、挚爱亲朋的感恩、感激和感谢。

衷心感谢我的导师上海师范大学陈勇教授。可以肯定地说，没有他的鼓励、帮助与督促，我无法圆梦。他对论文给予细致的指导。借用《论语·子罕》中一段话，表达我深深的敬意："夫子循循然善诱人，博我以文，约我以礼，欲罢不能，既竭吾才，如有所立卓尔。虽欲从之，未由也已。"

衷心感谢忻平教授、张云教授、王川教授、邵雍教授、徐有威教授、陶飞亚教授、宁镇疆教授、陈德军教授、严泉教授，从论文开题、评审到答辩，他们都提出了许多宝贵的建议，有的章节题目还提出了具体修改意见。他们热情无私的相助和指导，给我极大的信心。在他们身上我读到了这句话："如果你不能从学问中获得陶醉感，那就离学术远一点。"

（韦伯语）

衷心感谢广东省档案馆、四川省档案馆的同志为我能够借阅到反映中国共产党在香港活动的全套档案资料汇编提供的一切方便和热心帮助。

衷心感谢美国佐治亚西南州立大学历史与政治学院系主任 Gary Kline 教授，在美国访学期间给予我无私的帮助，使我在美国前总统卡特父亲捐资修建的图书馆查阅到了 1947—1949 年《纽约时报》对中共相关报道。

衷心感谢香港城市大学陆港文化关系史研究专家陈学然博士在香港帮我查找反映大陆文人在香港活动的相关资料。

衷心感谢美国斯坦福大学胡佛研究院东亚藏馆主任林孝庭博士为我的专题研究提供了宝贵的建议，并接受我的邀请，在百忙之中来到西南交通大学作了一场精彩的学术讲座。

衷心感谢我的朋友红红，远嫁台湾的她不辞辛劳、不怕麻烦，四处为我找书和购书。

衷心感谢我的同门学弟宋红宝和杨俊楠两位博士，为我的开题和预答辩、送审等事忙前忙后，博士后王瑞为我的论文提出宝贵的意见。

衷心感谢我的家人一直在我身旁鼓励、支持我。2013 年还只有 5 岁的儿子用他稚嫩的笔画在卡片上写下了：“妈妈不要懒惰”“妈妈好好写论文”，“懒惰”二字还是用拼音字母替代的。这两张纸片至今还插在我书案上台灯的底座旁，像孩子明亮的双眼每天凝视着我；像孩子稚嫩的细语每天激励着我。

我先生在我攻读博士期间担负了照顾年幼儿子的生活和学习的全部任务，画家不得不放弃所有的笔会和画展邀请。犹如大海上的一艘船，行驶到港口才能靠岸，在他呵护下，我任性与执着地完成着一个又一个心愿。

感谢中共党史出版社领导的大力支持和编辑同志们辛勤付出，感谢西南交通大学马克思主义学院设立的学术专著出版基金，使我能将多年